건설일용직
4대보험
실무총서

건설일용직 4대보험 실무총서

펴낸날 2019년 12월 2일

지은이 노무법인 명문 건설팀
펴낸이 주계수 | **편집책임** 이슬기 | **꾸민이** 유민정

펴낸곳 밥북 | **출판등록** 제 2014-000085 호
주소 서울시 마포구 양화로 59 화승리버스텔 303호
전화 02-6925-0370 | **팩스** 02-6925-0380
홈페이지 www.bobbook.co.kr | **이메일** bobbook@hanmail.net

© 노무법인 명문 건설팀, 2019.
ISBN 979-11-5858-614-0 (13320)

※ 이 도서의 국립중앙도서관 출판시도서목록(CIP)은 e-CIP 홈페이지(http://www.nl.go.kr/
  cip)에서 이용하실 수 있습니다. (CIP 2019046716)

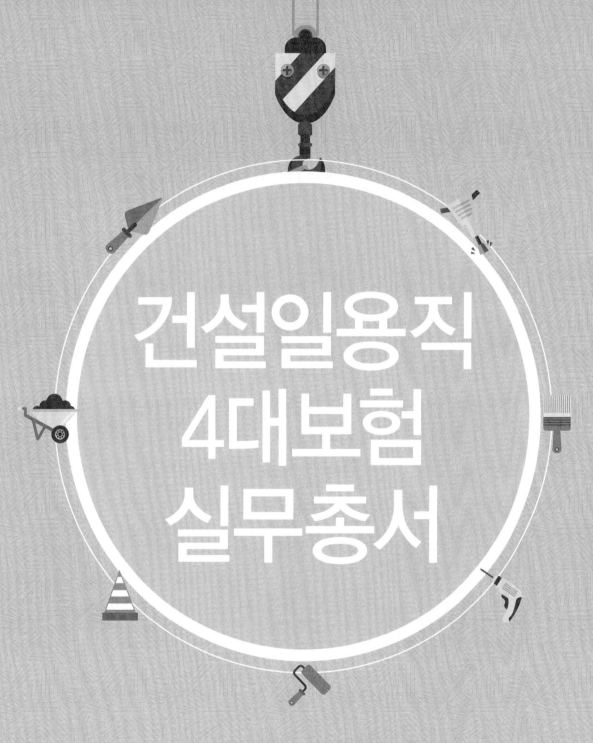

건설일용직
4대보험
실무총서

노무법인 명문 건설팀

Prologue

건설업은 우리 국가 경제의 기반이 되는 중요한 사업 중 하나이다. 최근 몇 년간 건설업은 GDP의 약 5~6%를 차지하고 있으며(한국은행 경제통계시스템) 전문인력부터 일용직근로자까지 인구 중 상당한 비중의 고용 비중을 차지하고 있다. 이처럼 건설업이 경제성장이나 고용 측면에서 적지 않은 비중을 차지하는 만큼 그 종사자들에 대한 근로관계 및 4대보험 관리는 그 업의 지속가능성뿐 아니라 국가 경제의 안정성 차원에서 매우 중요한 과제라 할 수 있다. 그럼에도 불구하고, 아래와 같은 이유로 건설업 사업장이나 종사자들은 건설업 노무 및 4대보험 관리에 크나큰 어려움을 호소해 왔으며, 건설업의 안정적 지속가능성에 꾸준한 의문이 제기되어 왔다.

첫째, 한 건의 건설공사에는 다양한 분야의 전문 종사자가 동시에 작업을 수행하는 경우가 많으며, 단순 노무를 수행할 인력이 다수 필요하다는 특성으로 인해 타 산업에 비해 일용직 채용 비율이 매우 높다. 일용직의 비중이 높다는 것은 노무관리가 더욱 복잡하고 까다롭다는 것을 의미한다. 왜냐하면 상용직과 달리 일용직은 입사와 퇴사가 매우 빈번하며 급여액도 큰 변동을 보여 보험관계의 성립과 상실, 보험료의 변동이 매우 잦을 수밖에 없기 때문이다. 이처럼 변동성이 큰 일용직 인원이 적게는 수십 명, 많게는 수백 명이 투입되는 건설현장에서 건설일용직 4대보험과 관련한 모든 법적, 제도적 절차를 이해하고 이 모든 인력의 4대보험을 관리한다는 것은 매우 어려운 일일 수밖에 없다.

둘째, 건설업의 경우 하나의 업체가 동시에 여러 개의 현장에서 사업을 수행하는 경우가 많다. 소규모의 전문건설 회사라 하더라도 적게는 2~3개에서 많게는 10개에 가까운 현장에서 동시에 건설공사를 진행하는 경우가 많다. 문제는 이 각각의 현장을 하나의 사업장으로 보고 보험관계가 성립된다는 사실이다. 물론 일괄적용이나 사후정산제도와 같은 자진신고 사업장의 특성을 반영한 제도들이 운영되고 있지만, 이러한 제도를 이해하고 제대로 적용하는 것 자체도 매우 어려운 일들일뿐더러, 재하도급과 관련한 문제 등 현실적 문제들로 인해 그 적용 자체도 매우 어려운 일일 수 있다.

셋째, 건설업은 발주자-원도급-하도급-재하도급 등 복잡한 계약 관계로 연결되어 근로관계와 관련된 사항의 주체에 대해 혼동할 가능성이 크다. 예를 들어, 고용산재보험의 경우 하도급사가 고용하여 현장에 투입한 근로자에 대해서도 원도급사가 신고 및 납부의 의무를 부담하는 반면, 연금건강보험의 경우, 하도급사가 채용한 일용근로자가 의무가입 요건을 충족한다면 가입 및 납부 의무를 그 하도급사가 직접 부담하게 된다. 그러나 고용 산재보험의 하수급인 사업주 인정승인제도와 같은 몇몇 예외 조항으로 인해 4대보험 등 근로관계의 의무 부담 주체에 혼란이 가중되기도 한다. 그리고 건설산업기본법에서는 부실공사 등의 우려로 인해 건설업의 재하도급을 원칙적으로 금지하고 있으나, 현실적으로 영세 사업장이나 건설면허가 없는 사업장 등에서 재하도급 공사를 수행하는 경우가 빈번하며, 이러한 사업장에 고용된 근로자들은 4대보험 가입 등에 있어서 법적 사각지대에 놓이게 되는 경우가 대부분이다.

넷째, 대부분 건설업 사업장에는 이렇게 복잡한 건설업 4대보험 및 노무관리를 전담하여 수행할 수 있는 인력이 부족하다. 건설업 종사자는 자신이 수행하는 전문 공사 분야에 특화된 기술력을 보유하고 있는 경우가 대부분이다. 따라서 자신의 전문 분야와는 전혀 다른 건설업 4대보험 관리와 관련한 지식까지 보유하는 것은 여간 어려운 일이 아니다. 그렇다고 해서 건설업 종사자나 건설일용직의 노무관리를 전담할 인력을 채용하는 것 또한 쉬운 일이 아니다. 왜냐하면 이에 대해 완벽한 지식을 갖춘 전문인력을 구하는 것도 하늘의 별 따기일 뿐만 아니라, 그 모든 일을 처리할 수 있을 만큼의 인원을 채용하여 인건비를 부담할 수 있을 만큼 경제적 여력이 없는 경우도 많기 때문이다.

노무법인 명문에서는 위에서 언급한 어려움을 겪고 있는 건설업체의 노무관리에 보탬이 되고자 건설업 4대보험 관리와 관련하여 수년간의 교육 및 연구를 거듭하였다. 이를 통해 현재는 건설업 전문 노무법인으로 거듭나, 수백여 건설업 자문사와 협력적 관계를 맺고 있다. 그러나 시간적, 공간적 제약으로 인해 전국에 있는 모든 건설업체와 협력적 관계를 맺기란 사실상 불가능하다. 이에 네이버블로그, 인스타그램, 유튜브 등 다양한 경로를 통해 건설업 4대보험 관련 노무법인 명문의 노하우를 전달하고자 노력해 왔다. 노무법인명문 이진화 노무사와 조재현 팀장을 중심으로 그간의 교육 및 연구 노하우와, 이를 널리 알리고자 했던 노력을 응집하여 결실로 얻은 것이 바로 이 책이다.

이 책은 건설업의 이론적 측면과 실무 적용 측면을 모두 포괄하고 있으며 이론적 측면은 건설업 4대보험 관리 실무를 이해하기 위해 도움이 될 법적, 이론적 개념들을 위주로 구성되었으며 실무 관련 내용은 건설업 4대보험과 관련한 이론적 기반을 바탕으로 직접 실무를 수행할 수 있도록 도움을 줄 수 있는 개념들로 구성되었다. 구체적으로 이론과 관련해서는 4대보험의 의의 및 주요 사업 등에 대해 설명하였고, 부록으로 건설업 4대보험과 관련하여 근로기준법부터 4대보험법까지 관련 용어의 정의 규정에 대해 분설하였다. 이해하기 어려운 법률 용어들을 최대한 이해하기 쉽게 설명하도록 노력하였으나, 실무자 입장에서는 복잡하고 어렵게 느껴질 내용도 다소 포함되어 있을 수 있다. 그러나 건설업 4대보험이라는 전체적인 숲을 보기 위해서는 개별 법령에서 규정하고 있는 각각의 내용들을 세부적으로 개략적이나마 이해할 필요가 있다고 판단하여 간단하게나마 설명하였다. 실무와 관련한 내용에서는 문자 그대로도 4대보험 관련 실무 수행에 있어서 필요한 절차 및 서류 작성, 각종 신고 방법 등에 대해 실무자의 입장에서 체계적으로 설명하고자 노력하였다.

최대한 정확하고 필수적인 개념들로 구성하고자 노력하였으나, 아직 부족한 점도 적지 않으리라 생각된다. 이에 대해서는 독자 여러분의 넓은 양해를 부탁드린다. 노무법인 명문은 본 졸저의 개선을 위한 지적과 충고에는 언제나 열려있으며 환영한다. 부디 이 책이 건설 사업에 어려움을 겪고 있는 전국의 건설 사업체 중 단 하나의 사업장에라도 도움이 되었으면 하는 것이 이 책을 출간하면서 갖게 된 단 한 가지 바람이다.

마지막으로 묵묵히 자신의 역할과 존재감을 보여주는 이대성 노무사님, 박인수 팀장님, 그리고 4대보험 및 노무관리와 관련하여 범접할 수 없는 지식과 경험으로 모두에게 큰 도움을 주신 임명희 실장님, 건설업 연구와 실무에 대한 토대를 만드는데 지대한 공헌을 해 주신 이혜진 과장님, 엄격함과 철저함, 꼼꼼함으로 뛰어난 업무 능력을 발휘해 주시는 지광희 대리님, 항상 밝은 모습과 목소리로 모두에게 웃음을 주시는 이연주 주임님, 놀라운 학습능력과 친화력으로 법인의 성장을 뒷받침해 주신 이은영 주임님, 그리고 지면에 모두 담지 못한 모든 노무법인명문의 구성원과 관계자 여러분, 이 책이 나오기까지 도와주신 모든 분들께 감사를 표한다.

노무법인명문 건설팀

Chapter 4 **기타 건설일용직
노무관리 관련
제도**

4대보험
제도의 기초

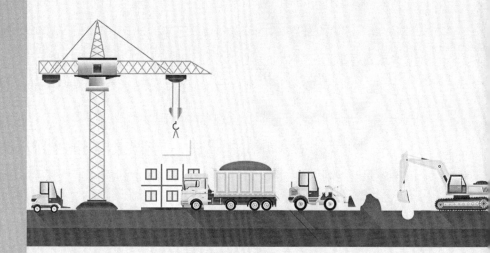

우리나라 사회보험제도에는 국민연금, 건강보험, 고용보험, 산재보험을 포함하여 흔히 4대 사회
보험이라 한다. 가장 먼저 시작한 사회보험은 산업재해 보상보험(산재보험)으로 1964년에 산업재해
로부터 근로자와 사업주를 보호하기 위하여 도입된 우리나라 최초의 사회보장제도이다. 건강보험
은 1977년 국민의 건강증진을 목적으로 도입되어 치료를 목적으로 제반 비용과 의료서비스를 제공
해 주었고, 2000년 국민건강보험으로 명칭이 변경되면서 진료비 보장과 질병치료는 물론 질병의 예
방, 재활, 건강증진까지 보험의 혜택을 확대시켜 포괄적인 의미의 사회보장제도가 되었다. 국민연금
은 국민의 기본생활을 유지하고 소득을 보장하는 제도로 1988년 도입되었으며, 노령, 장애, 사망 등
으로 소득활동을 할 수 없을 때 기본적인 생활이 가능하도록 연금을 지급하고 있다. 또한 고용보험
은 1995년 도입되어 실업을 예방하고 고용의 촉진 및 직업능력개발에 필요한 급여를 지급하여 실직
근로자의 생활안정 및 재취업을 지원하는 사회보험제도이다[1].

본 장에서는 건설업 4대보험 실무에 대한 본격적인 설명에 들어가기에 앞서 4대보험의 기본적 의
의와 목적 등에 대해 살펴보고, 이를 통해 건설업 4대보험 실무 이해에 필요한 기반을 다져보기로
한다.

---

1) 정희선(2011). 2005~2009년 사회보험 가입 실태의 변화. 보건복지포럼, 181(0), 24-32.

제1장

고용보험

I. 고용보험의 의의 및 역사

80년대 초반, 대한민국에서 높은 실업률로 인하여 우리 사회에서 실업보험제도의 필요성이 제기되기 시작하였고 이에 제7차 경제 사회발전계획(1992~1996) 후반기 중 고용보험제도를 도입하기로 결정되었다. 이후 1993년 4월, 신노총, 경총의 중앙노사합의에서 '고용보험 조기실시'를 대정부 건의사항으로 제시하였고, 1993년 7월 신경제 5개년 계획의 대국민 발표를 통해 1995년 고용보험 시행이 고지되었으며 1993년 12월에 고용보험법이 제정되었다. 이후 1995년에 고지된 대로 고용보험제도가 시행되기에 이르렀다.

실업은 개인의 능력 부족이나 게으름에 의해서만 발생하는 것이 아니다. 자본주의 경제는 경기 변동의 위험에 취약하며, 개방 경제체제인 우리나라는 대외적인 요인에 의한 경기 변동의 가능성도 크다. 실업보험은 사회적 위험의 하나인 실직으로 인한 소득상실 위험을 보호하는 제도다. 우리나라는 실직근로자에게 소득을 지원하는 역할뿐만 아니라 실직을 예방하고 취업 취약계층의 고용을 촉진하며 취업능력을 제고하는 역할을 함께 수행한다는 점에서, 실업보험이 아니라 고용보험을 운영하고 있다.[2]

---

[2] 이병희(2015). 고용보험 20년의 평가와 과제: 사각지대와 실업급여를 중심으로. 한국사회보장학회 정기학술발표논문집, 2015(1), 125-155.

이러한 고용보험은 4대 사회보험 중에서 가장 늦게 도입되었지만, 외환위기 직후인 1998년에 적용 범위가 몇 차례에 걸쳐 빠르게 확대되어 동년 10월 1일 가장 먼저 사업규모와 관계없이 전면적으로 적용되었다. 이러한 정책적 노력에 힘입어 고용보험은 실업자에 대한 일차적 사회안전망으로서 외환위기 이후 고실업 극복에 기여한 바가 크다고 평가된다.[3]

고용보험은 근로자(보수의 0.65%)와 사업주(보수총액의 0.9~1.5%)가 공동 부담하는 기금을 재원으로 실업의 예방, 고용의 촉진 및 근로자의 직업능력의 개발·향상은 물론 근로자의 생활에 필요한 급여를 지급하여 실직근로자의 생활안정 및 재취업을 지원한다.

II. 고용보험의 주요 사업

고용보험은 그 시행을 통해 실업의 예방, 고용의 촉진 및 근로자의 직업능력의 개발과 향상을 꾀하고, 국가의 직업지도와 직업소개 기능을 강화하며, 근로자가 실업한 경우에 생활에 필요한 급여를 실시하여 근로자의 생활안정과 구직 활동을 촉진함으로써 경제·사회 발전에 이바지하는 것을 목적으로 한다(고용보험법 제1조). 이러한 목적을 이루기 위한 고용보험사업에는 고용안정·직업능력개발 사업, 실업급여, 육아휴직 급여 및 출산전후 휴가 급여 등이 있다(고용보험법 제4조제1항). 즉, 고용보험의 주요 사업 및 그에 해당하는 재원(보험료율)을 요약하면 다음과 같다.

[표 1-1] 고용보험 주요 사업 및 해당 재원(보험료율)

주요 사업	재원 (보험료)		보험료율	
① 근로자가 실직하였을 경우 일정기간 동안 실직자와 그 가족의 생활안정 그리고 원활한 구직활동을 위하여 실업급여 지급	실업 급여	근로자	2019년 9월까지 0.65%	
			2019년 10월부터 0.8%	
		사업주	2019년 9월까지 0.65%	
			2019년 10월부터 0.8%	
② 근로자를 감원하지 않고 고용을 유지하거나 실직자를 채용하여 고용을 늘리는 사업주를 지원하여 근로자의 고용안정 및 취업취약계층의 고용촉진 지원	고용안정· 직업능력개발 사업	근로자		-
		사업주	150인 미만	0.25%
			150인 이상 우선지원대상	0.45%
③ 사업주가 근로자에게 직업훈련을 하거나 근로자가 자기개발을 위해 훈련을 받을 경우 사업주·근로자에게 일정 비용 지원			150인 이상~1,000인 미만 우선지원대상 제외	0.65%
			1,000인 이상 기업 및 국가, 지자체가 직접 행하는 사업	0.85%

3) 김동헌(2009). 고용보험 현황 및 정책과제. 노동저널: 새로운 노동운동의 지평을 여는, 2009(12), 136-144.

제2장

산업재해보상보험(산재보험)

I. 산재보험의 의의

　산재보험은 공업화가 진전되면서 급격히 증가하는 산업재해 근로자를 보호하기 위하여 1964년에 도입된 우리나라 최초의 사회보장보험이다. 산업재해보상보험은 그 사업 시행을 통해 근로자의 업무상의 재해를 신속하고 공정하게 보상하며, 재해근로자의 재활 및 사회 복귀를 촉진하기 위하여 이에 필요한 보험시설을 설치·운영하고, 재해 예방과 그 밖에 근로자의 복지 증진을 위한 사업을 시행하여 근로자 보호에 이바지하는 것을 목적으로 한다(산업재해보상보험법 제1조).

　산재보험제도는 근로자의 업무상 재해와 관련하여 국가가 사업주로부터 소정의 보험료를 징수하여 그 기금(재원)으로 사업주를 대신하여 보상을 함으로써 재해근로자에게는 치료와 생계, 사회복귀를 지원하여 재해근로자 및 그 가족의 생활안정을 도모하고 사업주에게는 일시에 소요되는 과중한 보상비용을 분산시켜 정상적인 기업 활동을 보장한다.

　산재보험은 근로자를 사용하는 모든 사업 또는 사업장에 적용되며, 법의 적용을 받는 사업주라면 산재보험에 의무적으로 가입(당연 적용)해야 하는 강제 사회보험 방식으로 운영되고 있다. 또한 다른 사회보험제도와 마찬가지로 당연 적용대상이 아니라 할지라도 적용을 받을 수 있는 임의가입제도를 병행해 시행하고 있다.

II. 산재보험료율

산재보험의 재원은 보험가입자인 사업주가 부담하는 보험료에서 주로 조달되며 정부의 일반 회계에서 산재보험사업의 사무집행에 소요되는 비용을 일부 부담하고 있다. 각 사업주가 부담하는 보험료는 사업주가 속한 업종의 보험료율에 의해 규모가 결정된다. 보험료에는 보험사업에 소요되는 비용이 포함돼 있다. 다른 4대보험과는 다르게 산재보험료는 근로자 부담분 없이 사용자만이 전적으로 부담하는 이유는 근로자의 노동 제공 시 발생할 수 있는 업무상 재해나 질병 위험에 대한 안전 보장의 의무를 사용자에게 부여하기 위함이다.

[표1-2] 2019년도 사업종류별 산재보험료율

(단위: 천분율)

사 업 종 류	요율	사 업 종 류	요율
0. 금융 및 보험업	6	5. 운수·창고 및 통신업	
1. 광업		철도·궤도·삭도·항공운수업	8
석탄광업 및 채석업	225	육상 및 수상운수업	18
석회석·금속·비금속광업 및 기타광업	57	창고 및 운수관련 서비스업	8
2. 제조업		통신업	9
식료품 제조업	16	6. 임 업	72
섬유 및 섬유제품 제조업	11	7. 어 업	28
목재 및 종이제품 제조업	20	8. 농 업	20
출판·인쇄·제본 또는 인쇄물가공업	10	9. 기타의 사업	
화학 및 고무제품 제조업	13	건물종합관리, 위생 및 유사서비스업	13
코크스, 연탄 및 석유정제품 제조업	9	기타의 각종사업	9
의약품·화장품 향료·담배 제조업	7	전문기술서비스업	6
유리·도자기·시멘트 제조업	13	보건 및 사회복지사업	6
기계기구, 비금속광물 및 금속제품 제조업	13	교육서비스업	6
금속제련업	10	도·소매 및 소비자용품 수리업	8
전기기계기구, 전자제품 및 정밀기구 제조업	6	부동산업 및 임대업	7
선박건조 및 수리업	24	오락·문화 및 운동 관련 사업	8
수제품 및 기타제품 제조업	12	국가 및 지방자치단체의 사업	9
3. 전기·가스·증기 및 수도사업	8	사업서비스업	8
4. 건 설 업	36	* 해외파견자: 15/1,000	

* 2019년도 통상적인 경로와 방법으로 출퇴근하는 중 발생한 재해에 관한 산재보험료율: 전 업종 1.5/1,000 동일

우리나라의 산재보험료율은 업종별 요율과 개별실적요율을 병행해 사용하고 있다. 개별실적 요율은 업종별 요율을 기초로 해 개별사업장 단위의 보험수지율에 따라 법령에 정해진 비율로 환산한 율을 업종별 요율에 가감한 것이다. 즉, 산업재해 발생 위험률은 사업장마다 다를 수 있으므로, 이를 고려하여 사업장별로 보험료율을 달리 정한 것이다. 업종별 보험료율은 순

보험료율과 부가보험료율로 구성되어 있으며, 업종별로 적용되는 보험료율은 순보험료율과 부가보험료율을 합산해 산정한다. 보험료율은 소수점 이하 네 자리에서 사사오입해 구하며, 이렇게 산정한 보험료율이 1,000분의 2 이하인 경우에는 이를 1,000분의 2로 간주하고 소수점 이하 네 자리까지 산정한 보험료율은 천분율로 표시한다.

2019년 사업종류별 산재보험료율은 위 [표 1–2]와 같다.

III. 산재보험급여의 종류

산재보험급여란 산재보험법의 적용을 받는 사업 또는 사업장 소속 근로자가 업무상 사유로 인하여 부상·질병·장해 또는 사망한 경우에 치료 및 생계보장 등을 위해 지급되는 급여를 말한다.[4]

산재보험급여의 종류에는 (1) 요양급여 (2) 휴업급여 (3) 장해급여 (4) 간병급여 (5) 유족급여 (6) 상병(傷病)보상연금 (7) 장의비(葬儀費) (8) 직업재활급여 등이 있다.

1. 요양급여

근로자가 업무로 인한 질병에 걸리거나 재해를 당한 경우, 근로복지공단이 설치 또는 지정한 의료기관에서 요양을 하고 비용을 의료기관에 직접 지급하는 것을 원칙으로 하고 있지만, 부득이한 사유로 인해 근로자가 요양을 먼저하고 진료를 부담한 경우 및 급여의 성격상 근로자에게 직접 지급하여야 할 비용을 근로자에게 지급하게 되며, 이러한 산재보상 급여를 요양급여라 한다. 요양급여의 범위에 포함되는 진료비의 범위는 다음과 같다.

---

4) 김기범(2019) 「이론·판례 노동법」, 법학사.

① 진찰 및 검사

② 약제 또는 진료재료와 의지(義肢) 그 밖의 보조기의 지급

③ 처치, 수술, 그 밖의 치료

④ 재활치료

⑤ 입원

⑥ 간호 및 간병

⑦ 이송

2. 휴업급여

휴업급여란 업무상 재해를 당하거나 업무상 질병에 걸린 근로자가 요양으로 인하여 취업하지 못한 기간에 대하여 피재근로자와 그 가족의 생활보호를 위하여 지급하는 보험급여이다. 휴업급여의 1일당 지급액은 평균임금의 100분의 70에 상당하는 금액으로 하며, 다만 취업하지 못한 기간이 3일 이내이면 지급하지 아니한다(산재보험법 제52조).

또한 요양 또는 재요양을 받고 있는 근로자가 그 요양기간 중 일정기간 또는 단시간 취업을 하는 경우에는 그 취업한 날 또는 취업한 시간에 해당하는 그 근로자의 평균임금에서 그 취업한 날 또는 취업한 시간에 대한 임금을 뺀 금액의 100분의 90에 상당하는 금액을 지급할 수 있다(산재보험법 제53조제1항). 이러한 급여를 부분휴업급여라 한다.

3. 장해급여

장해급여란 업무상 재해를 당한 근로자가 요양 후 치유되었으나 정신적 또는 신체적 결손이 남게 되는 경우 그 장해로 인한 노동력손실보전을 위하여 지급되는 보험급여를 말한다. 장해급여는 장해등급에 따라 장해보상연금 또는 장해보상일시금으로 하되, 수급권자의 선택에 따라 선택하여 지급한다. 다만, 노동력을 완전히 상실한 장해등급의 근로자에게는 장해보상연금

을 지급하고, 장해급여 청구사유 발생 당시 대한민국 국민이 아닌 자로서 외국에서 거주하고 있는 근로자에게는 장해보상일시금을 지급한다.

4. 간병급여

간병급여란 요양급여를 받은 자 중 치유 후 의학적으로 상시 또는 수시로 간병이 필요하여 실제로 간병을 받는 자에게 지급하는 보험급여를 말한다. 간병급여는 상시 간병급여와 수시 간병급여로 구분되며, 이 구분에 따른 지급 대상은 아래 표와 같다.

[표 1-3] 간병급여의 지급 대상(산업재해보상보험법 시행령 별표 7)

구분	지급대상
상시 간병급여	1. 신경계통의 기능, 정신기능 또는 흉복부 장기의 기능에 장해등급 제1급에 해당하는 장해가 남아 일상생활에 필요한 동작을 하기 위하여 항상 다른 사람의 간병이 필요한 사람. 2. 두 눈, 두 팔 또는 두 다리 중 어느 하나의 부위에 장해등급 제1급에 해당하는 장해가 남고, 다른 부위에 제7급 이상에 해당하는 장해가 남아 일상생활에 필요한 동작을 하기 위하여 항상 다른 사람의 간병이 필요한 사람.
수시 간병급여	3. 신경계통의 기능, 정신기능 또는 흉복부 장기의 기능에 장해등급 제2급에 해당하는 장해가 남아 일상생활에 필요한 동작을 하기 위하여 수시로 다른 사람의 간병이 필요한 사람. 4. 장해등급 제1급(제53조제2항에 따른 조정의 결과 제1급이 되는 경우를 포함한다)에 해당하는 장해가 남아 일상생활에 필요한 동작을 하기 위하여 수시로 다른 사람의 간병이 필요한 사람.

간병급여는 위 지급 대상에 해당하는 사람이 실제로 간병을 받은 날에 대하여 지급하며, 간병급여의 지급 기준은 「통계법」 제3조에 따른 지정통계 중 고용노동부장관이 작성하는 고용형태별근로실태조사의 직종별 월급여총액 등을 기초로 하여 고용노동부장관이 고시하는 금액으로 한다. 이 경우 수시 간병급여의 대상자에게 지급할 간병급여의 금액은 상시 간병급여의 지급 대상자에게 지급할 금액의 3분의 2에 해당하는 금액으로 한다(산업재해보상보험법 시행령 제53조제3항).

간병급여를 청구하기 위해서는 간병시설이나 간병을 받은 장소의 명칭 및 주소, 간병을 한 사람의 이름·주민등록번호 및 수급권자와의 관계(간병시설에서 간병을 받지 않은 경우만 해당한다), 실제 간병을 받은 기간, 간병에 든 비용 및 그 명세를 적은 서류를 첨부하여 공단에 제출하여야 한다(산업재해보상보험법 시행규칙 제50조).

5. 유족급여

근로자가 업무상 사유로 사망 시 또는 사망으로 추정되는 경우 그 근로자와 생계를 같이 하고 있던 유족들의 생활보장을 위하여 지급되는 보험급여이다. 유족급여는 근로자가 업무상의 사유로 사망한 경우에 유족에게 지급한다. 유족급여는 유족보상연금이나 유족보상일시금으로 하되, 유족보상일시금은 근로자가 사망할 당시 유족보상연금을 받을 수 있는 자격이 있는 자가 없는 경우에 지급한다.

유족보상연금을 받을 수 있는 자격이 있는 자(유족보상연금 수급자격자)는 근로자가 사망할 당시 그 근로자와 생계를 같이 하고 있던 유족(그 근로자가 사망할 당시 대한민국 국민이 아닌 자로서 외국에서 거주하고 있던 유족은 제외한다) 중 배우자와 부모 또는 조부모로서 각각 60세 이상인 자, 자녀로서 25세 미만인 자, 손자녀로서 19세 미만인 자, 형제자매로서 19세 미만이거나 60세 이상인 자 등이다(산업재해보상보험법 제63조제1항). 유족보상연금 수급자격자 중 유족보상연금을 받을 권리의 순위는 배우자·자녀·부모·손자녀·조부모 및 형제자매의 순서로 한다(동법 동조 제3항).

6. 상병(傷病)보상연금

상병보상연금이란 요양개시 후 2년이 경과하여도 치유되지 아니하고 요양이 장기화함에 따라 해당 피재근로자와 그 가족의 생활안정을 도모하기 위하여 휴업급여 대신에 보상수준을 향상시켜 지급하게 되는 보험급여이다. 상병보상연금을 받기 위해서는 그 부상이나 질병이 치유되지 아니한 상태이고, 부상이나 질병에 따른 중증요양상태의 정도가 일정 등급 기준에 해당하여야 하며, 요양으로 인하여 취업하지 못한 상태이어야 한다(산업재해보상보험법 제66조제1항).

7. 장의비(葬儀費)

장의비는 근로자가 업무상 사유로 사망하였을 경우, 그 장제에 소요된 비용으로 실비변상적 성질을 가지는 보험급여이다. 장의비는 근로자가 업무상의 사유로 사망한 경우에 지급하되, 평균임금의 120일분에 상당하는 금액을 그 장제(葬祭)를 지낸 유족에게 지급한다. 다만, 장제를 지낼 유족이 없거나 그 밖에 부득이한 사유로 유족이 아닌 자가 장제를 지낸 경우에는 평균임금의 120일분에 상당하는 금액의 범위에서 실제 드는 비용을 그 장제를 지낸 자에게 지급한다(산업재해보상보험법 제71조제1항).

8. 직업재활급여

직업재활급여는 업무상 재해로 인해 요양 등을 한 근로자의 직장 복귀나 재취업을 돕기 위해 지급하는 보험급여이다. 직업재활급여의 종류에는 장해급여 또는 진폐보상연금을 받은 자나 장해급여를 받을 것이 명백한 자로서 대통령령으로 정하는 자(장해급여자) 중 취업을 위하여 직업훈련이 필요한 자(훈련대상자)에 대하여 실시하는 직업훈련에 드는 비용 및 직업훈련수당과 업무상의 재해가 발생할 당시의 사업에 복귀한 장해급여자에 대하여 사업주가 고용을 유지하거나 직장적응훈련 또는 재활운동을 실시하는 경우(직장적응훈련의 경우에는 직장 복귀 전에 실시한 경우도 포함)에 각각 지급하는 직장복귀지원금, 직장적응훈련비 및 재활운동비 등이 있다.

제3장

국민연금

I. 국민연금의 의의 및 역사

　퇴직 후의 생활보장은 고령화를 넘어 초고령화 사회로 진입하고 있는 한국의 사회보장에서 중요한 논쟁영역이다. 종래 산업화시대의 종신 고용과 기업의 퇴직 후 생활보장 방식은 이제 신뢰할 수 없게 되었으며, 10년 이상을 지속할 수 있는 기업이 드문 상황에서 당장의 고용의 불안정성은 근로능력을 상실하게 될 미래의 생활보장에 대비하는 것을 힘들게 한다. 이에 따라 국민연금제도는 국민의 노후생활 보장수단으로서 중요한 기능을 수행할 수밖에 없다.[5]

　즉, 노령화로 인한 사회적 위험의 증가와 전통적으로 공동체 역할을 수행해오던 대가족 제도의 해체 등, 개인 차원에서 다루어지던 다양한 문제들이 이제는 국가 개입의 필요성이 요구되는 사회적 문제로 대두하기 시작하였고, 이러한 다양한 사회적 위험으로부터 모든 국민을 보호하여 노인 빈곤을 해소하고 은퇴 이후에도 국민생활의 질을 향상시키기 위해 국가가 마련한 제도적 장치가 바로 국민연금제도이다. 이에 국민연금제도의 주된 목적은 국민의 노령, 장애 또는 사망에 대하여 연금급여를 실시함으로써 국민의 생활안정과 복지 증진에 이바지하는 것이다(국민연금법 제1조).

　국민연금제도는 1988년 1월부터 상대적으로 관리가 용이한 10인 이상 사업장의 '18세 이

---

5) 정철(2011). 한국 사회법의 변화. 사회법연구, 17, 31-62.

상-60세 미만' 근로자 및 사업주를 우선 대상으로 시행되었으며, 이후 적용대상 확대라는 일관된 정책목표 포괄되는 가입자 수를 늘려 왔다. 1992년 1월 1일 상시근로자 5-9명 사업장의 근로자와 사용자를 가입대상으로 포괄한 것을 기점으로 1995년 7월 1일 농어촌지역(군지역)으로 제도가 확대되었으며, 1995년 8월 4일부터는 상시근로자 5명 이상 사업장의 외국인 근로자 및 사용자에게도 제도가 확대되었다. 이후 1999년 4월 1일부터 도시지역으로 확대 적용됨으로써 '전 국민 연금시대'가 열리게 되었으며, 2003년 7월 1일부터는 5인 미만의 영세사업장, 근로자 1인 이상 법인, 전문직종 사업장을 포괄함은 물론, 임시·일용직과 시간제 근로자의 가입 자격을 보다 완화함으로써 보편적 노후소득보장 제도로 거듭나게 되었다.

그렇지만 국민과 학계로부터 국민연금이 근로관계에서 받았던 임금과 비교할 때(소득대체율) 대체기능을 수행하지 못한다는 지적과, 국민연금은 기여를 전제로 한 급여방식으로서 경제활동 대비 보험료를 납부하지 못하는 규모가 지나치게 커서 연금제도의 사각지대를 만들고 있다는 등의 비판 또한 제기되고 있다.

II. 국민연금 급여의 종류

1. 노령연금

노령연금은 국민연금의 기초가 되는 급여로 국민연금 가입자가 나이가 들어 소득활동에 종사하지 못할 경우 생활안정과 복지증진을 위하여 지급되는 급여로써 가입기간(연금보험료 납부기간)이 10년 이상이면 60세(소득이 있는 업무에 종사하지 않는 경우 55세) 이후부터 평생 매월 지급받을 수 있다. 노령연금은 가입기간, 연령, 소득활동 유무에 따라 노령연금, 조기노령연금이 있으며, 이혼한 배우자에게 지급될 수 있는 분할연금이 있다. 노령연금 수급연령은 아래와 같다.

[표 1-4] 노령연금 수급연령

출생연도	수급개시연령		
	노령연금	조기노령연금	분할연금
1952년생 이전	60세	55세	60세
1953-56년생	61세	56세	61세
1957-60년생	62세	57세	62세
1961-64년생	63세	58세	63세
1965-68년생	64세	59세	64세
1969년생 이후	65세	60세	65세

2. 장애연금

장애연금은 가입자나 가입자이었던 자가 질병이나 부상이 발생하여 완치(진행 중인 때는 초진일로부터 1년 6개월 경과시)되었으나 신체적 또는 정신적 장애가 남았을 때 이에 따른 소득 감소부분을 보전함으로써 자신과 가족의 안정된 생활을 보장하기 위한 급여이다. 장애연금은 장애정도(1급~4급)에 따라 일정한 급여를 지급하며, 다음의 초진일 요건과 국민연금 납부요건이 모두 충족되어야 한다.

[표 1-5] 장애연금 수급요건

초진일요건	국민연금 납부요건
※ 초진일이 18세 생일부터 노령연금 지급연령 사이에 있고, 다음의 ①~③ 기간에 있지 않아야 함 ① 공무원연금, 군인연금, 사립학교교직원연금, 별정우체국연금 가입기간 ② 국외이주, 국적상실 기간 ③ 국민연금 특수직종노령연금 또는 조기노령연금 수급권 취득한 이후의 기간(다만, 조기노령연금의 지급이 정지된 기간은 제외)	※ 다음의 ①~③ 중 하나를 충족하여야 함 ① 초진일 당시 가입기간이 가입대상기간의 1/3 이상 ② 초진일 당시 초진일 5년 전부터 초진일까지의 기간 중 가입기간이 3년 이상(단, 가입대상기간 중 체납기간이 3년 이상인 경우 제외) ③ 초진일 당시 가입기간이 10년 이상

다만, 위 수급요건에 해당하더라도 고의로 장애를 발생시킨 경우(국민연금법 제82조) 또는 연금보험료를 납부한 사실이 없거나 납부하여야 할 기간의 2/3에 미달하는 경우(국민연금법 제85조)에는 장애연금을 지급하지 않을 수 있다. 또한 장애연금 수급권자가 동일한 사유로 근로기준법에 의한 장애보상 또는 일시보상, 산업재해보상보험법에 의한 장해급여 또는 진폐보상

연금, 선원법에 의한 장해보상 또는 일시보상, 어선원 및 어선재해보상보험법에 의한 장해급여 또는 일시보상급여를 받을 수 있는 경우에는 장애연금액의 1/2에 해당하는 금액을 지급하게 된다(국민연금법 제113조).

3. 유족연금

유족연금은 국민연금에 일정한 가입기간이 있는 사람 또는 노령연금이나 장애등급 2급 이상의 장애연금을 받던 사람이 사망하면 그에 의하여 생계를 유지하던 유족에게 가입기간에 따라 일정률의 기본연금액에 부양가족연금액을 합한 금액을 지급하여 남아있는 가족들이 안정된 삶을 살아갈 수 있도록 하기 위한 연금이다.

국민연금법상 유족이란 사망자에 의하여 생계를 유지하고 있던 가족으로, 배우자(사실혼배우자 포함), 25세 미만 또는 장애등급 2급 이상의 자녀, 60세 이상 또는 장애등급 2급 이상의 부모(배우자의 부모 포함), 19세 미만 또는 장애등급 2급 이상인 손자녀, 그리고 60세 이상 또는 장애등급 2급 이상의 조부모(배우자의 조부모 포함) 순위 중 최우선 순위자에게 유족연금을 지급하게 된다.

[표 1-6] 유족연금 수급요건 및 급여수준

수급요건		급여수준	
사망일이 2016.11.30. 전	사망일이 2016.11.30. 이후	가입기간	연금액
■ 다음의 자가 사망한 때 - 노령연금수급권자 - 가입자(다만 가입기간 1년 미만인 자가 질병이나 부상으로 인하여 사망한 경우에는 가입 중에 발생한 질병이나 부상으로 사망한 경우에 한함) - 가입기간 10년 이상인 가입자였던 자 - 장애등급 2급 이상의 장애연금 수급권자 ■ 가입기간 10년 미만인 가입자였던 자로서 가입 중에 발생한 질병이나 부상 또는 그 부상으로 인한 질병으로 가입 중 초진일 또는 가입자 자격상실 후 1년 이내의 초진일로부터 2년 이내에 사망한 때	■ 다음의 자가 사망한 때 - 노령연금수급권자 - 장애등급 2급 이상의 장애연금수급권자 - 가입기간 10년 이상인 가입자(였던 자) - 연금보험료를 낸 기간이 가입대상 기간의 1/3이상인 가입자(였던 자) - 사망일 5년 전부터 사망일까지의 기간 중 3년 이상 연금보험료를 낸 가입자(였던 자). 단, 전체 가입대상기간 중 체납기간이 3년 이상인 경우는 유족연금을 지급하지 않음	10년 미만	기본연금액 40% +부양가족연금액
		10년 이상 20년 미만	기본연금액 50% +부양가족연금액
		20년 이상	기본연금액 60% +부양가족연금액

※ 다만, 노령연금수급권자가 사망한 경우 유족연금액은 사망한 자가 지급받던 노령연금액을 초과할 수 없으며, 노령연금의 지급연기로 인한 가산금액은 유족연금액에 반영되지 않음.
※ 2016.11.30. 이후 사망자 중 연금보험료를 낸 기간이 가입대상 기간이 1/3 이상인 가입자(였던 자) 및 사망일 5년 전부터 사망일까지의 기간 중 3년 이상 연금보험료를 낸 가입자(였던 자)는 사망일이 타공적연금 가입기간이나 내국인의 국외이주 또는 국적상실 기간 및 외국인의 국외거주기간 중에 있는 경우는 유족연금을 지급하지 않음

유족급여의 수급요건 및 급여 수준은 사망일이나 연금 가입 기간 등에 따라 위와 같이 구분된다.

유족연금 수급권자가 동일한 사유로 근로기준법에 의한 유족보상, 산업재해보상보험법에 의한 유족급여, 선원법, 어선원 및 어선재해보상보험법에 의한 유족보상을 받을 수 있는 경우에는 유족연금의 1/2에 해당하는 금액을 지급한다. 또한 유족연금은 가입자 또는 가입자였던 자가 자살한 경우에도 지급되지만, 가입자 또는 가입자였던 자를 고의로 사망하게 한 유족, 유족연금의 수급권자로 될 수 있는 자를 고의로 사망하게 한 유족, 다른 유족연금 등의 수급권자를 고의로 사망하게 한 유족연금 등의 수급권자 등에게는 유족연금을 지급하지 않는다.

4. 반환일시금

반환일시금은 60세 도달, 사망, 국적상실, 국외이주 사유로 국민연금에 더 이상 가입할 수 없게 되었으나 연금수급요건을 채우지 못한 경우, 그동안 납부한 보험료에 이자를 더해 일시금으로 지급하는 급여를 말한다. 반환일시금은 ① 가입기간 10년 미만인 자가 60세가 된 경우(단, 특례노령연금수급권자는 해당되지 않음) ② 가입자 또는 가입자였던 자가 사망하였으나 유족연금에 해당되지 않는 경우 ③ 국적을 상실하거나 국외로 이주한 경우에 지급된다.

반환일시금은 더 이상 국민연금 가입자로 될 수 없는 경우(60세 도달, 사망, 국외이주·국적상실)에만 지급되는 급여로써, 현재 국민연금 자격을 상실한 자라고 하더라도 60세 도달 전에 소득이 있는 업무에 종사하게 되면 재가입하게 되므로 반환일시금을 즉시 지급받을 수 없다. 또한 국외이주의 목적이 아닌 취업, 학업 등 기타사유로 외국에 체류하는 경우에는 기간과 상관없이 반환일시금을 지급 받을 수 없다. 60세 도달로 반환일시금을 수령한 경우에는 국민연금에 재가입할 수 없으나, 60세 도달 시점에서 가입기간이 부족하여 연금을 지급받을 수 없는 경우에 반환일시금을 지급 받지 않고 본인 희망에 의하여 계속가입을 신청하면 가입할 수 있다.

반환일시금은 가입기간 중 본인이 납부한 연금보험료에 대통령령으로 정하는 이자를 더하여 받게 된다. 반환일시금 산정 시 적용하는 이자율은 연금보험료를 낸 날이 속하는 달의 다음 달부터 지급사유발생일이 속하는 달까지의 기간에 대하여 해당 기간의 3년 만기 정기예금이자율[6]을 적용한다. 이자율은 매년 그해 1월 1일 현재 은행법에 의하여 설립된 은행 중 전국을 영업구역으로 하는 은행이 적용하는 이자율을 평균하여 적용한다(2019년 1년 만기 정기예금이자율: 1.6%/2019년 3년 만기 정기예금이자율: 1.8%)

---

[6] 2015.4.16. 전에 납부한 연금보험료에 대하여는 2015.4월부터 3년 만기 정기예금 이자율을 적용하고, 반환일시금 지급 사유발생일이 2015.4.16. 전인 경우에는 종전 규정에 따른 이자율 적용

제4장

건강보험

I. 건강보험제도의 의의 및 역사

1999년 제정된 건강보험법(이 법 제정 이전에는 1963년 제정된 의료보험법에 의해 의료보험 제도가 실시됨)은 국민의 질병·부상에 대한 예방·진단·치료·재활과 출산·사망 및 건강증진 에 대하여 보험급여를 실시함으로써 국민보건을 향상시키고 사회보장을 증진에 이바지함을 목 적으로 제정되었다(국민건강보험법 제1조). 이 법에 의거하여 시행되고 있는 건강보험제도는 질 병이나 부상으로 인해 발생한 고액의 진료비로 가계에 과도한 부담이 되는 것을 방지하기 위하 여, 국민들이 평소에 보험료를 내고 보험자인 국민건강보험공단이 이를 관리·운영하다가 필요 시 보험급여를 제공함으로써 국민 상호간 위험을 분담하고 필요한 의료서비스를 받을 수 있도 록 하는 사회보장제도이다.

한국의 의료보험제도는 1977년에 처음 시행되었다. 당시 제정된 의료보험법에 의해 500인 이상 사업장 근로자를 대상으로 직장의료보험이 시행되었다. 시행 당시 강제가입에 대한 반발 이 있었지만 사회보험은 본질적으로 사회적 사고에 직면한 대상집단의 의무적 가입을 통해 보 험적 기술에 의한 사회적 사고의 사회적 해결을 도모하는 제도임을 근거로 정당화되었다. 1979 년에 공무원 및 사립학교 교직원에 이어 1980년에 군인에 대해서도 확대 실시되었다. 그리고 1988년 농어민에게, 1989년에는 도시민까지 각각 확대 실시되어 12년 만에 전 국민 건강보험

체제를 수립하였다.

1997년 제정된 '국민의료보험법'에 의해 공무원 및 사립학교교직원 의료보험관리공단과 227개의 지역조합이 조직상 통합되었는데 이에 의해 '국민의료보험관리 공단'이 전 국민의 60%에 해당하는 공무원·교직원 그리고 지역의 피보험자의 의료보험을 관리하게 되었다. 이어 1999년 제정된 '국민건강보험법'에 의해 직장조합까지 완전히 하나의 보험자인 '국민건강보험공단'으로 통합됨으로써 전 국민 단일 건강보험체제가 이루어졌다.[7]

그리고 우리 사회가 고령화 사회에 접어들면서 노인 의료비 증가에 대한 사회적 대응책을 마련하고자 2007년 4월에는 노인장기요양보험법이 제정되었고, 2008년 7월부터 노인장기요양보험이 실시되었다. 노인장기요양보험제도의 도입 이전에는 저소득계층 노인에게 이 같은 서비스가 제공되었다면, 도입 이후에는 소득수준과 관계없이 장기요양서비스가 필요한 전체 노인으로 그 대상이 확대되었다. 그 결과 중산층 노인들의 경우 경제적 부담이 적지 않았던 병원 입원비 문제가 상당 부분 해소되었고, 가정에서 수발할 경우 발생하였던 가족의 직장생활이나 사회활동 제약 등의 문제 역시 상당 부분 해소되고 있다는 평가를 받고 있다.[8]

II. 건강보험제도의 특징

■ 강제가입 및 보험료의 강제 부과

건강보험은 보험가입을 기피할 수 있도록 제도화될 경우 질병 위험이 큰 사람만 보험에 가입하여 국민 상호간 위험분담 및 의료비 공동해결이라는 건강보험제도의 목적을 실현할 수 없기 때문에 일정한 법적 요건이 충족되면 본인의 의사와 관계없이 건강보험가입이 강제되며 보험료 납부의무가 부여되도록 설계되었다. 최초 의료보험제도의 도입 시 이러한 강제가입에 대한 반발도 있었지만, 전 국민이 큰 부담 없이 의료 혜택을 받을 수 있는 선진적인 건강보험 체

---

7) 정철(2011). 한국 사회법의 변화. 사회법연구, 17, 31-62.
8) 국민건강보험공단(2017). 「국민건강보험 40년사-통사편」. 국민건강보험공단.

계 구축에 기여하였다는 평가를 받고 있다.

■ 부담능력에 따른 보험료 부과 및 균등한 보장

민간보험은 보장의 범위, 질병 위험의 정도, 계약의 내용 등에 따라 보험료를 부담하는 데 비해, 사회보험방식으로 운영되는 국민건강보험은 사회적 연대를 기초로 의료비 문제를 해결하는 것을 목적으로 하므로 소득수준 등 보험료 부담능력에 따라서 보험료를 부과한다. 그러나 보험료 부담수준과 관계없이 관계법령에 의해 균등하게 보험급여가 이루어진다. 즉, 건강보험은 소득수준에 따라 보험료 부담에는 차등은 두되, 동일 질병에 대한 혜택에 있어서는 동일 수준의 혜택을 받을 수 있도록 하여 사회보험으로서의 소득 재분배 기능도 가지고 있다.

III. 건강보험급여의 종류

건강보험급여란 가입자 및 피부양자의 질병과 부상에 대한 예방, 진단, 치료, 재활, 출산, 사망 및 건강증진에 대하여 법령이 정하는 바에 따라 현물 또는 현금의 형태로 제공하는 서비스를 말한다. 쉽게 말해 건강보험급여란 건강보험에 가입함으로써 가입자 또는 피부양자가 얻게 되는 건강보험상의 혜택 또는 이익을 의미한다. 건강보험급여는 크게 현물급여와 현금급여로 구분되며, 각 급여의 세부 구분에 따른 수급권자는 아래 [표 1-7]과 같다.

[표 1-7] 건강보험급여의 종류 및 수급권자

구분		수급권자
현물급여	요양급여	가입자 및 피부양자
	건강검진	가입자 및 피부양자
현금급여	요양비	가입자 및 피부양자
	장애인보장구	가입자 및 피부양자 중 장애인복지법에 의해 등록한 장애인
	본인부담액 상한제	가입자 및 피부양자
	임신·출산 진료비	가입자 및 피부양자 중 임산부

Chapter 2.

건설일용직
4대보험의 이해

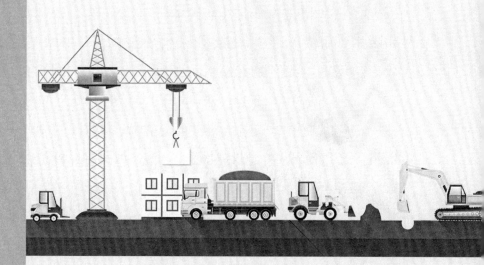

앞서 설명한 바와 같이, 사회보험(4대보험) 제도는 국민의 기본적 삶의 질 향상을 위해 도입되었으나, 건설업 종사자, 특히 건설일용직에 종사하는 근로자들은 이러한 4대보험의 사각지대에 놓여있는 경우가 많았다. 여기에는 여러 가지 이유가 있겠으나, 가장 큰 이유는 4대보험의 적용 및 수급 관련 법령과 제도, 절차가 복잡하여 건설업 종사자들이 쉽게 이해하고 접근하지 못했기 때문일 것이다. 이에 본서의 주요 목적을 건설업 종사자, 특히 건설업체 4대보험 실무 담당자들이 한눈에 건설업 4대보험의 전반적인 내용을 파악할 수 있도록 하는데 두고 있다. 이를 위해서는 먼저 전체 4대보험 체계의 숲을 보고, 세부적인 제도의 나무를 보는 과정이 필요하다. 따라서 본 장에서는 우선 건설업 4대보험의 전반적인 구조를 파악할 수 있도록 건설업 4대보험의 실무 흐름에 대해 큰 틀에서 파악한 후, 세부적인 설명을 이어가도록 한다.

건설업 4대보험은 큰 틀에서 고용·산재보험과 국민연금 및 건강보험으로 구분할 수 있다. 고용·산재보험은 주요 적용기준 및 보험료 산정 등에 관한 사항을 「고용보험 및 산업재해보상의 보험료징수 등에 관한 법률(약칭: 고용산재보험료징수법)」에서 통합하여 규정하여 이 법에서 보험사업 수행 주체를 고용노동부의 위탁을 받은 근로복지공단으로 명시하고 있어(고용산재보험료징수법 제4조) 실무 절차의 대부분이 연계되어 있다. 국민연금, 건강보험의 경우 큰 틀에서는 그 적용기준 및 4대보험 업무 절차가 유사하여 건강보험공단과 국민연금공단의 보험 관련 업무가 연계되어 이루어지는 경우가 대부분이다. 그럼에도 불구하고 국민연금과 건강보험에서 사용하는 용어 및 실무 세부사항에서는 몇 가지 차이점도 있다. 이러한 업무 체계의 구조를 머릿속에 항상 염두에 두면서 지금부터 내용을 살펴본다면 건설업 4대보험 구조를 이해하는 데 큰 도움이 될 것이다.

제1장

건설일용직 고용산재보험

먼저 건설일용직 고용산재보험의 실무는 다음 [표 2-1]과 같은 과정을 통해 이루어진다.

[표 2-1] 건설일용직 고용산재보험 실무 흐름도

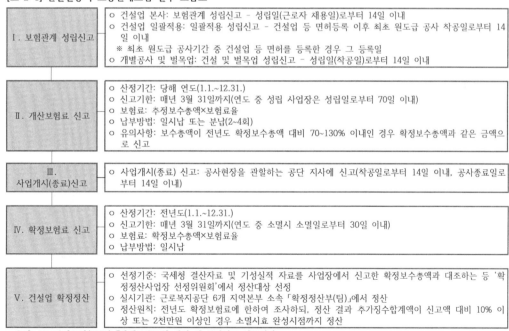

Ⅰ. 보험관계 성립신고	○ 건설업 본사: 보험관계 성립신고 - 성립일(근로자 채용일)로부터 14일 이내 ○ 건설업 일괄적용: 일괄적용 성립신고 - 건설업 등 면허등록 이후 최초 원도급 공사 착공일로부터 14일 이내 　※ 최초 원도급 공사기간 중 건설업 등 면허를 등록한 경우 그 등록일 ○ 개별공사 및 벌목업: 건설 및 벌목업 성립신고 - 성립일(착공일)로부터 14일 이내
Ⅱ. 개산보험료 신고	○ 산정기간: 당해 연도(1.1.~12.31.) ○ 신고기한: 매년 3월 31일까지(연도 중 성립 사업장은 성립일로부터 70일 이내) ○ 보험료: 추정보수총액×보험료율 ○ 납부방법: 일시납 또는 분납(2~4회) ○ 유의사항: 보수총액이 전년도 확정보수총액 대비 70~130% 이내인 경우 확정보수총액과 같은 금액으로 신고
Ⅲ. 사업개시(종료)신고	○ 사업개시(종료) 신고: 공사현장을 관할하는 공단 지사에 신고(착공일로부터 14일 이내, 공사종료일로부터 14일 이내)
Ⅳ. 확정보험료 신고	○ 산정기간: 전년도(1.1.~12.31.) ○ 신고기한: 매년 3월 31일까지(연도 중 소멸시 소멸일로부터 30일 이내) ○ 보험료: 확정보수총액×보험료율 ○ 납부방법: 일시납
Ⅴ. 건설업 확정정산	○ 선정기준: 국세청 결산자료 및 기성실적 자료를 사업장에서 신고한 확정보수총액과 대조하는 등 '확정정산사업장 선정위원회'에서 정산대상 선정 ○ 실시기관: 근로복지공단 6개 지역본부 소속 「확정정산부(팀)」에서 정산 ○ 정산원칙: 전년도 확정보험료에 한하여 조사하되, 정산 결과 추가징수합계액이 신고액 대비 10% 이상 또는 2천만원 이상인 경우 소멸시효 완성시점까지 정산

* 출처: 근로복지공단(2019) 「산재고용보험 가입 및 부과업무 실무편람」

몇 년 동안이나 건설공무를 담당해온 실무 담당자들 중에는 근로내용확인신고를 매월 습관적으로 하고 있으며, 당연히 해야 한다는 사실은 알고 있지만, 이 신고가 4대보험 중 어떤 보험과 관련된 신고인지, 이 신고를 하면 어떠한 관계가 성립하게 되는지조차 모르는 경우가 종종 있다. 건설일용직 4대보험 업무를 정확하고 문제없이 처리하기 위해서는 당장 해결해야 할 업무처리도 중요하지만, 한 번쯤은 시간을 내어 건설업 4대보험의 전체적인 이론적 흐름을 파악하는 것이 좋다. 이 전체적인 흐름을 이해한다면, 향후 접하게 될 4대보험의 세부 내용에 대해 살펴보게 되면서 퍼즐 조각이 하나하나 맞추어지고 궁극적으로 전체적인 큰 그림을 이해할 수 있게 되기 때문이다.

I. 고용산재 보험관계 성립신고

고용산재보험의 모든 보험관계는 성립신고에서 출발한다. 원도급사와 하도급사가 각각 개별적으로 보험관계를 관리하는 국민연금, 건강보험과는 달리, 고용산재보험의 경우 원칙적으로 보험관계 성립 주체를 결정함에 있어서 원하도급 계약 관계가 매우 중요하며, 원칙적으로는 원도급사가 보험관계 성립 및 보험료 납부 의무를 부담한다. 다만, 근로복지공단으로부터 **하수급인 사업주 인정승인**을 받은 공사 건에 한해서는 하수급인이 성립신고 의무를 진다.

고용산재보험에서 보험관계 성립을 위해 가장 우선적으로 이루어져야 할 신고는 건설업 일괄적용 신고이다. 후에 상세히 설명하겠지만, 건설업 일괄적용이란 일정요건을 구비할 경우 2개 이상의 해당 사업 전부를 하나의 사업으로 보아 보험관계를 일괄 적용함으로써 사업주의 업무편의를 도모하고 근로자를 적극적으로 보호하기 위한 제도를 말한다. 일괄적용 성립신고는 건설업 면허 등록 이후 **최초 원도급 공사 착공일(단 공사 도중에 건설업 면허 등록이 이루어졌다면 그 등록일)로부터 14일 이내**에 이루어져야 한다.

II. 개산보험료 신고

고용산재보험료의 신고 및 납부 사업장은 크게 부과고지 사업장과 **자진신고 사업장**으로 구분된다. 간단히 설명하자면 부과고지란 근로복지공단에서 사업장의 보험료를 직접 산정하여 통보하고, 사업장에서는 통보도니 금액대로 보험료를 납부하는 방식을 말한다. 반대로 자진신고란 근로복지공단에서는 보험료 납부 기한과 납부 사실 및 보험료율만을 사업장에 통보하고, 사업장에서는 이를 토대로 보험료를 직접 산정하여 납부하는 체계를 말한다. 자진신고 사업장은 기간의 정함이 있는 사업을 동시에 여러 건 수행하는 특징을 갖는 업종, 즉 건설업과 벌목업 사업장에만 적용되는 특수한 고용산재보험료 징수 및 납부 체계이다. 본서는 건설일용직 4대보험 관리에 관한 내용을 다루고 있으므로, 본 서에서 고용산재보험에서 지칭하는 자진신고 사업장은 건설업 사업장과 동일한 의미로 이해하면 된다.

자진신고 사업장의 보험료 신고에서 개산보험료란 단어 그대로 사업장에서 자체적으로 '개략적으로 산정한' 보험료를 말한다. 고용산재보험의 경우 연금건강보험과는 달리 매월 보험료를 산정하여 납부하는 것이 아니라 1년간 발생'할' 보험료를 개략적으로 산정하여 납부(분할도 가능)한 후, 1년 뒤 실제 발생'한' 보험료와의 차액을 산정하여 환급받거나 다음에 납부할 보험료에 충당하는 구조이다. 여기서 1년간 발생할 보험료를 개략적으로 산정하여 신고·납부하는 절차가 개산보험료 신고이다.

개산보험료의 신고 및 납부 기한은 매년 3월 31일(이날이 휴일일 경우 그다음 날)이며 당해년도 1월 1일부터 12월 31일까지 발생할 보험료를 예정하여 납부하게 된다. 1년간 보험료이므로 사업장에 그 금액이 상당할 수 있으므로 개산보험료의 납부는 2회 혹은 4회로 분할납부가 가능하다.

개산보험료의 산정 방법 원칙은 추정보수총액에 보험료율을 곱하는 방식이나, 추정 보수총액이 전년도 확정보수총액 대비 70~130% 이내인 경우 전년도 확정보수총액과 같은 금액으로 신고·납부하게 된다. 이는 개산보험료는 대략적으로 산정한 보험료에 불과하고 추후 정확한 금액으로 정산이 이루어질 것이므로, 계산상 편의를 위해 전년도와 큰 변동이 없을 것으로 보고 전년도 확정보수총액 기준으로 납부하도록 한 것이다.

III. 사업개시(종료) 신고

일괄적용 신고가 이루어졌다고 해서 모든 공사에 대한 신고 의무를 면제받는 것은 아니다. 건설업의 경우 각각의 현장을 하나의 사업으로 보고 보험관계가 이루어지는 경우가 많은데, 일괄적용 신고는 여러 건설현장을 하나의 사업으로 간주할 수 있도록 공단에 요청하는 의사표시에 불과하며, 모든 건설공사의 신고 의무를 대체할 수 있는 효과가 있는 것은 아니다. 이에 모든 공사착공과 함께 공사 개시에 대한 신고가 각각 이루어져야 하는데, 이를 사업개시신고라 한다. 일괄적용 사업주는 각각의 사업(공사)에 대하여 사업개시신고서를 사업(공사)개시일로부터 14일 이내에 공사현장 관할 지사(지역본부)에 신고하여야 한다. 이 신고를 통해 현장별로 사업장관리번호를 부여받게 되며, 이 관리번호를 통해 해당 공사에서 사용한 일용직에 대한 일용직 근로내용확인신고 등 보험관계와 관련한 신고가 이루어진다.

앞서 잠깐 언급한 바와 같이, 고용산재보험의 신고 및 보험료 납부 의무는 원칙적으로 원도급사에게 있다. 여기서 문제는 원도급사의 입장에서 하도급사가 채용한 일용직의 현황을 매번 일일이 파악하여 직접 신고하고 보험료까지 납부해야 하는데, 여러 하도급사와 계약을 하는 경우 이 절차가 매우 복잡하고 까다로울 수 있다는 점이다. 이에 보험료 납부 의무는 원도급사에 있다 하더라도, 하도급사가 채용한 일용직의 신고 그 자체는 하도급사에서 직접 처리할 수 있도록 하는 절차를 두고 있다. 이 절차가 바로 '고용보험 하수급인 신고'이다. 원도급사가 하도급 계약 후 근로복지공단에 '고용보험 하수급인 신고'를 하면 하도급사에는 '하수급인관리번호'가 부여되며, 하도급사는 이 번호를 통해 자신들이 채용한 건설일용직의 근로내용확인신고를 직접 진행할 수 있게 된다.

하도급사가 '하수급인 사업주 인정승인'을 받은 경우에는 위의 하수급인 신고나 하수급인관리번호 부여의 절차는 별도로 필요 없게 된다. 왜냐하면 '하수급인 사업주 인정승인'이란 고용산재보험(또는 고용보험만)에 있어서 **하수급인을 사업주로 인정하도록 승인**하겠다는 의미이기 때문이다. 즉, 고용산재보험의 신고 및 납부 주체는 원칙적으로 원도급사이지만, 별도 승인을 받은 공사 건에 대해서는 하수급인이 직접 신고 및 납부 주체가 되도록 변경하는 절차가 하수급인 사업주 인정승인이다. 따라서 이 승인을 받게 되면 하수급인 신고나 하수급인관리번호가 별도로 부여됨이 없이, 하도급사가 직접 원도급사처럼 고용산재보험(또는 고용보험만)을 신고하고 보험료를 납부하면 되는 것이다.

Ⅳ. 확정보험료 신고

앞서 개산보험료 신고에서 설명한 바와 같이, 고용산재보험은 1년간 발생'할' 보험료를 개략적으로 산정하여 납부(분할도 가능)한 후, 1년 뒤 실제 발생'한' 보험료와의 차액을 산정하여 환급받거나 다음에 납부할 보험료에 충당하는 구조이다. 이때 실제 발생한 보험료를 확정보험료라 한다. 즉, 1년간 실제 발생한 노무비 등에 보험료율을 적용하여 확정적으로 계산한 보험료가 확정보험료이다. 건설업 사업장에서는 전년도에 신고한 개산보험료와 1년 후 산정한 확정보험료와의 차액을 환급(또는 충당)받거나 추가 납부하게 된다.

확정보험료의 신고기한은 개산보험료와 동일한 매년 3월 31일이다(연도 중 사업이 소멸한 경우에는 소멸일로부터 30일 이내). 그러나 동시에 신고하는 개산보험료와 확정보험료의 산정기간은 정확히 1년의 차이가 있다. 예를 들어 2019년 개산·확정보험료 신고기한인 2019년 4월 1일(3월 31일이 일요일이므로)에는 2018년 확정보험료와 2019년 개산보험료의 신고 및 납부가 이루어진다. 이때 신고한 2018년 확정보험료는 2018년 3월 31일에 신고한 2018년 개산보험료와 그 차액을 계산하여 환급(충당) 또는 추가 납부가 이루어지며, 이때 신고한 개산보험료는 2020년 3월 31일일까지 신고한 2019년 확정보험료와의 차액 정산이 이루어질 것이다.

확정보험료의 원칙적 산정 방식은 확정보수총액에 보험료율을 곱하는 것이다. 그러나 확정보험료는 그 신고금액의 적정성에 따라 환급(또는 충당) 금액의 차이가 날 수도 있다. 확정보험료 산정 방식 속에는 그 정확한 산정 여부에 따라 환급의 여지를 넓힐 수 있는 다양한 포인트가 숨어 있을 수 있다. 이러한 확정보험료의 정확한 산정 방법에 대해서는 다음 장에서 상세히 설명하기로 한다.

V. 건설업 확정정산

지금까지 설명한 바와 같이, 건설업의 고용산재보험의 보험료는 기본적으로 자진신고 및 자진납부 체계이다. 회사에서 직접 보험료를 신고 납부한다니, 그렇다면 회사에서 실제 보험료에 비해 아주 작은 보험료만 신고하고 납부하는 도덕적해이가 발생하지 않을까라는 의문이 들 수 있다. 이러한 자진신고 사업장에서 발생 가능한 도덕적해이의 위험을 통제하기 위해 마련된 제도가 바로 '확정정산' 제도이다.

건설업 고용산재보험 확정정산이란 공단과 보험가입자 간에 당해 보험년도의 개산보험료액과 확정보험료액과의 차액에 대해 추가징수·반환 관계를 정리하는 일련의 과정으로써 공단 소속 6개 지역본부의 확정정산 전담부(팀)에서 수행하는 건설업 정산 업무이다. 근로복지공단 확정정산팀에서는 매년 확정정산 대상을 선정하여 해당 사업장에 공문을 발송하여 통지하고, 서류정산 또는 현지정산을 실시한다. 정산을 통해 누락 또는 축소된 보험료가 확인이 되면 이에 대해 연체금 및 가산금까지 부과되어 추가징수가 이루어진다. 확정정산을 통해 보험료 소멸시효인 과거 3년치 보험료까지 소급하여 부가되어 상당한 규모에 이를 수 있으므로 건설업 사업장에서 특히 조심해야 할 절차이다.

그러나 고용산재보험 의무 혹은 임의가입대상 사업장 전체가 확정정산 대상이 되는 것은 아니며, 대상 선정에 일정 기준이 적용된다. 이러한 선정 기준 및 정산 방법, 이에 대한 대응 등 자세한 사항에 대해서는 다음 장에서 상세히 설명하도록 한다.

제2장

건설일용직 국민연금

[표 2-2] 건설일용직 국민연금 실무 흐름도

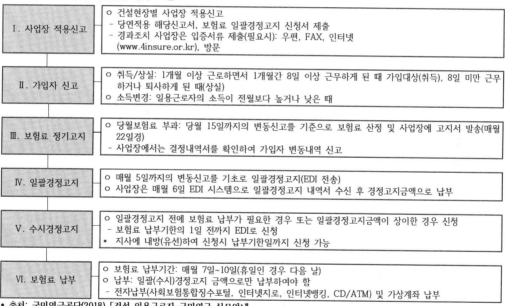

Ⅰ. 사업장 적용신고	○ 건설현장별 사업장 적용신고 - 당연적용 해당신고서, 보험료 일괄경정고지 신청서 제출 - 경과조치 사업장은 입증서류 제출(필요시): 우편, FAX, 인터넷 (www.4insure.or.kr), 방문
Ⅱ. 가입자 신고	○ 취득/상실: 1개월 이상 근로하면서 1개월간 8일 이상 근무하게 된 때 가입대상(취득), 8일 미만 근무하거나 퇴사하게 된 때(상실) ○ 소득변경: 일용근로자의 소득이 전월보다 높거나 낮은 때
Ⅲ. 보험료 정기고지	○ 당월보험료 부과: 당월 15일까지의 변동신고를 기준으로 보험료 산정 및 사업장에 고지서 발송(매월 22일경) - 사업장에서는 결정내역서를 확인하여 가입자 변동내역 신고
Ⅳ. 일괄경정고지	○ 매월 5일까지의 변동신고를 기초로 일괄경정고지(EDI 전송) ○ 사업장은 매월 6일 EDI 시스템으로 일괄경정고지 내역서 수신 후 경정고지금액으로 납부
Ⅴ. 수시경정고지	○ 일괄경정고지 전에 보험료 납부가 필요한 경우 또는 일괄경정고지금액이 상이한 경우 신청 - 보험료 납부기한의 1일 전까지 EDI로 신청 * 지사에 내방(유선)하여 신청시 납부기한일까지 신청 가능
Ⅵ. 보험료 납부	○ 보험료 납부기간: 매월 7일~10일(휴일인 경우 다음 날) ○ 납부: 일괄(수시)경정고지 금액으로만 납부하여야 함 - 전자납부(사회보험통합징수포털, 인터넷지로, 인터넷뱅킹, CD/ATM) 및 가상계좌 납부

* 출처: 국민연금공단(2018) 「건설 일용근로자 국민연금 실무안내」

I. 사업장 적용신고

건설업 사업장의 경우 여러 건설현장에서 공사를 동시에 진행하는 경우가 많다. 이러한 국민연금(건강보험도 동일)에서는 각각의 건설현장을 국민연금 적용대상이 되는 별개의 사업장으로 본다. 이처럼 동일한 건설업체가 수행한 서로 다른 현장의 건설 공사를 국민연금, 건강보험의 적용에 있어서만 별개의 사업장으로 보기 위해 이루어지는 신고가 사업장 적용신고이다. 적법한 절차를 거쳐 사업장 적용신고가 이루어진 경우, 각 현장별로 현장관리번호가 부여되며 이 현장관리번호를 통해 각각의 현장에서 근로한 건설일용직은 별도 사업장 국민연금 가입대상으로 보고 현장별로 국민연금의 취득 및 상실 신고가 진행된다. 따라서 건설업 사업장의 국민연금 성립에 있어서 사업장 적용신고는 매우 중요한 신고라 할 수 있다. 왜냐하면 동일한 건설업 사업장과 근로계약을 맺고 전체 사업장 전체적으로는 1개월 간 국민연금 의무가입대상 요건에 해당하는 근로일수를 근무하였다 하더라도, 사업장 적용신고가 이루어진 서로 다른 현장에서 각각 의무가입대상 미만 근로일수를 일한 경우에는 국민연금 당연 가입대상에서 제외되기 때문이다. 이에 대해 상세한 내용은 다음 장에서 설명하도록 한다.

사업장 적용신고를 위해서는 당연적용사업장해당신고서와 보험료 일괄경정고지 신청서를 함께 작성하여 현장 관할 국민연금공단 지사에 서면, 방문, 우편, FAX, 인터넷(www.4insure.co.kr) 등으로 제출해야 한다. 이때 주의할 점은 본사 사업장 관할 국민연금공단 지사가 아닌 건설현장 관할 국민연금공단 지사에 접수해야 한다는 점이다. 국민연금공단 지사에 사업장 적용신고가 적절히 이루어지면, 국민연금공단에서는 관련 자료를 건강보험공단에도 전송하여 건강보험에 대한 사업장 적용신고까지 함께 이루어진다.

II. 가입자 신고

사업장 적용신고가 이루어졌다고 해서 건설현장에서 근로한 근로자의 국민연금 적용이 자동으로 이루어지는 것은 아니다. 만약 국민연금 당연 가입 사유에 해당하는 근로자가 있는 경우 사업장 적용신고를 통해 부여받은 현장관리번호를 통해 국민연금 취득 신고를 진행하여야한다. 이뿐만 아니라 기존에 취득되어 있던 근로자라 하더라도 월 보수액이 변경되었거나 당연가입 사유에서 제외된 경우 변경 또는 상실 신고를 진행해야 한다. 가입자 신고란 이러한 일련의 취득, 변경, 상실 신고를 총칭하는 절차를 말한다. 이러한 모든 가입자 신고는 사유 발생 다음달 5일까지 진행하여야 한다. 이때 제출할 서류는 사업장가입자격취득신고서(취득시), 사업장가입자격상실신고서(상실시), 사업장가입자 소득 변경 신고서(소득 변경시)이다. 자세한 신고방법 및 절차에 대해서는 다음 장에서 설명하도록 한다.

Ⅲ. 보험료 정기고지

국민연금공단에서는 당월 15일까지 이루어진 위 (2) 가입자 신고의 신고 내역을 바탕으로 보험료를 산정하여 매월 22일~25일 사이에 보험료 결정 내역서 및 고지서를 각 사업장에 송부한다. 이를 보험료 정기고지라 한다.

Ⅳ. 일괄경정고지

일괄경정고지란 매월 근로일수의 변동으로 인해 보수액이 달라지는 건설일용직의 특성을 반영하여 국민연금(건강보험) 당월분 결정 내역서를 확인 후 자격변동 및 보수 변동내역을 신고할 수 있도록 한 제도이다. 이에 따른 자격 및 보수 변동 신고 마감일은 다음 달 5일까지이며, 국민연금공단에서는 이 기한까지 신고된 내역을 기준으로 보험료를 재산정하여 일괄경정고지내역을 송부한다. 일괄경정고지 후 보험료는 전자납부번호(사회보험통합징수포털, 인터넷지로, 인터넷뱅킹, CD/ATM) 및 가상계좌번호로 납부하게 된다.

일괄경정고지가 가능하기 위해서는 앞서 설명한 '사업장 적용신고'를 진행할 때 보험료 일괄경정고지 신청서를 함께 작성하고 제출하는 것이 필수이다. 일괄경정고지를 적용받는 건설현장 사업장에서는 반드시 공단의 최초 고지금액이 아닌 매월 일괄경정에 의한 최종 결정금액을 기준으로 보험료를 납부하여야 한다. 만약 사업장에서 착오로 최초 정기고지금액으로 납부하거나 해당 월의 보험료를 미납하는 경우, 최종 경정고지금액을 기준으로 과오납 정산 또는 연체금(가산금)을 납부하여야 할 수 있다.

V. 수시경정고지 신청

수시경정고지 신청이란 일괄경정고지 전·후에 보험료 납부 및 정산이 필요한 경우에 자격 및 보수변동 내역을 신고하는 제도이다. 수시경정고지 신청 기한은 자격변동 및 보수변동 내역 신고일부터 납부마감일 1일 전(매월 9일)까지이며, 공단 지사를 내방하거나 유선으로만 신청이 가능하다. 국민연금공단에서는 수시경정고지 신청이 접수된 즉시 최종 납부할 금액을 확정하여 고지내역서를 EDI로 재전송한다.

VI. 보험료 납부

사업장에서는 정기고지, 일괄경정, 수시경정 등 모든 절차를 거쳐 확정되어 EDI로 전송된 경정결정 내역서 조회·확인 후 매월 10일까지 보험료를 납부해야 한다.

제3장

건설일용직 건강보험 실무 흐름도

[표 2-3] 건설일용직 건강보험 실무 흐름도

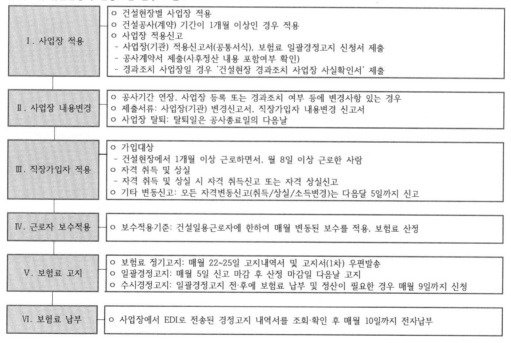

Ⅰ. 사업장 적용	○ 건설현장별 사업장 적용 ○ 건설공사(계약) 기간이 1개월 이상인 경우 적용 ○ 사업장 적용신고 - 사업장(기관) 적용신고서(공통서식), 보험료 일괄경정고지 신청서 제출 - 공사계약서 제출(사후정산 내용 포함여부 확인) - 경과조치 사업장일 경우 '건설현장 경과조치 사업장 사실확인서' 제출
Ⅱ. 사업장 내용변경	○ 공사기간 연장, 사업장 등록 또는 경과조치 여부 등에 변경사항 있는 경우 ○ 제출서류: 사업장(기관) 변경신고서, 직장가입자 내용변경 신고서 ○ 사업장 탈퇴: 탈퇴일은 공사종료일의 다음날
Ⅲ. 직장가입자 적용	○ 가입대상 - 건설현장에서 1개월 이상 근로하면서, 월 8일 이상 근로한 사람 ○ 자격 취득 및 상실 - 자격 취득 및 상실 시 자격 취득신고 또는 자격 상실신고 ○ 기타 변동신고: 모든 자격변동신고(취득/상실/소득변경)는 다음달 5일까지 신고
Ⅳ. 근로자 보수적용	○ 보수적용기준: 건설일용근로자에 한하여 매월 변동된 보수를 적용, 보험료 산정
Ⅴ. 보험료 고지	○ 보험료 정기고지: 매월 22~25일 고지내역서 및 고지서(1차) 우편발송 ○ 일괄경정고지: 매월 5일 신고 마감 후 산정 마감일 다음날 고지 ○ 수시경정고지: 일괄경정고지 전·후에 보험료 납부 및 정산이 필요한 경우 매월 9일까지 신청
Ⅵ. 보험료 납부	○ 사업장에서 EDI로 전송된 경정고지 내역서를 조회·확인 후 매월 10일까지 전자납부

건강보험의 경우 국민연금과 사업장 및 가입자 적용기준, 경정고지 및 납부 기한 등 제도의 적용에 있어 유사·중복되는 사항이 대부분이나 두 제도 사이의 차이점을 비교·분석하기 위해 세부사항 등은 별도로 설명하기로 한다.

건강보험과 국민연금은 국민의 복지를 위한 사회보험의 일환이라는 측면에서도 그 유사성이 있으나, 가장 근본적이고 핵심적인 차이가 있다. 이는 국민연금의 경우 국민의 노후 생활 보장을 위해 강제적인 측면도 있으나 수익자 부담의 원칙이 관철되는 측면이 강한 반면, 건강보험의 경우 보수액에 따라 보험료 부담은 달라지나 동일한 질병에 대해 동일한 금액의 보험금을 수급한다는 점에서 소득 재분배적 성격이 강하다는 점이다. 국민연금 제도와 건강보험 제도를 이해하기 위해서는 이러한 기본적인 큰 틀을 염두에 두고 접근해야 두 제도 사이의 혼동을 줄일 수 있을 것이다.

건설일용직 건강보험의 실무 흐름의 큰 그림은 국민연금의 실무 흐름과 동일하므로 이에 대해서는 위 국민연금 실무 흐름을 참조하도록 하고, 세부적인 내용 및 국민연금과의 차이에 대해서는 다음 장에서 설명하도록 한다. 국민연금(또는 건강보험) EDI 상에서 이루어지는 보험료 고지 및 경정 프로세스를 요약하면 아래 표와 같다.

[표 2-4] 국민연금(건강보험) EDI 고지경정 시스템 업무 프로세스

① 공 단	② 사업장	③ 공 단
당월분 고지내역서 전송(성명, 주민번호, 취득·상실일, 소득등급(보수), 월보험료)	고지내역 조회 및 자격변동사항 정정신고(취득/상실/소득(보수) 자격변동신고)	자격변동 신고사항을 반영하여 일괄경정처리 및 통지
매월 20~22일경	매월 5일까지	매월 6일

⑥ 사업장	⑤ 공 단	④ 사업장
당월분 최종 경정고지내역서 조회 및 납부	자격변동신고내역처리 및 최종 경정고지내역 재송부(가상계좌, 전자납부번호)	당월분 보험료 경정고지 내역서 조회, 납부 또는 경정고지 재신청
매월 10일까지	매월 10일까지	매월 9일까지(재신청)

* 출처: 건강보험공단(2018) 「건설일용근로자 직장가입 기준 개선에 따른 건설현장 건강보험 실무안내」

건설일용직 4대보험 실무

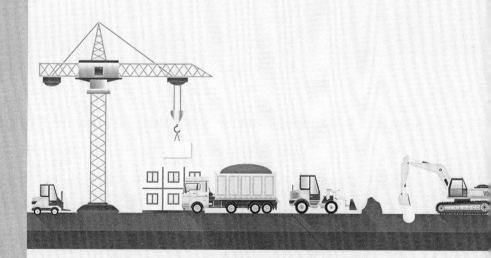

　　제2장에서는 건설일용직 4대보험 성립 및 보험료 고지·납부 업무 흐름에 대해 대략적으로 살펴보았다. 이어서 본 장에서는 건설일용직 4대보험의 가입대상, 보험료 산정, 구체적인 신고 방법 등 실무에 있어서 이해할 필요가 있는 세부 사항에 대해 설명하고자 한다. 본 장을 구성함에 있어서는 세부사항이라 하더라도 실무 적용에 있어서 반드시 필요한 내용만을 서술하고, 꼭 숙지하지 않아도 될 사항은 생략하여 실무자들의 이해를 최대한 돕고자 하였다.

제 1 편

건설일용직 고용산재보험

제1장

건설업 고용산재보험의 가입

I. 건설업 고용산재보험 가입 사업(장) 범위

■ 원칙

원칙적으로 고용산재보험은 근로자를 사용(고용)하는 모든 사업 또는 사업장에 적용한다. 따라서 사업의 종류, 영리성 여부 등과 관계없이 근로자를 사용하는 모든 사업 또는 사업장은 원칙적 가입대상 사업(또는 사업장)이 된다.

다만, 건설업과 관련하여서는 고용·산재법 시행령에서는 「주택법」에 따른 주택건설사업자, 「건설산업기본법」에 따른 건설업자, 「전기공사업법」에 따른 공사업자, 「정보통신공사업법」에 따른 정보통신공사업자, 「소방시설공사업법」에 따른 소방시설업자 또는 「문화재수리등에 관한 법률」에 따른 문화재수리업자가 아닌 자가 시공하는 공사로서 「보험료징수법시행령」 제2조제1항 제2호에 따른 총공사금액 2천만원 미만인 공사이거나 연면적이 100제곱미터 이하인 건축물의 건축 또는 연면적이 200제곱미터 이하인 건축물의 대수선에 관한 공사는 고용·산재보험의 적용을 제외하는 예외를 두고 있었다.

그러나 2018년 7월 1일 법의 적용 제외 사업을 규정하고 있던 산재법 시행령 제2조가 개정 시행되면서 그 적용대상이 모든 건설공사로 확대되었다. 따라서 고용보험의 적용제외 대상은 변함없이 건설업자가 아닌 자가 시행하는 공사 중 총공사금액 2천만원 미만 또는 건축(대수선) 연면적 100 이하이거나 총공사금액 2천만원 미만인 공사건에 대해서는 의무가입대상에서 제외되고, 산재보험의 적용대상은 2018년 7월 1일 기준으로 변경되어 2018년 7월 1일 이후 착공하는 경우 공사금액이나 연면적에 관계없이 모두 의무가입대상이 되었다.

여기서 건설업자란 건설산업기본법에서 규정하는 종합공사를 시공하는 업자와 전문공사를 시공하는 건설업자, 즉 「건설산업기본법」에 따른 건설업자, 「주택법」에 따른 주택건설사업자, 「전기공사업법」에 따른 공사업자, 「정보통신공사업법」에 따른 정보통신공사업자, 「소방시설공사업법」에 따른 소방시설업자, 「문화재수리등에 관한 법률」에 따른 문화재수리업자를 말하며 통상적으로는 '종합건설면허나 전문건설면허를 보유한 건설업자'라고 말하기도 한다. 따라서 건설면허를 보유하고 있지 않으면서 총공사금액 2천만원 미만 또는 건축(대수선) 연면적 100 이하이면서 총공사금액 2천만원 미만인 공사를 수행하는 소규모 건설업체는 고용보험 의무가입 범위에서 제외된다(산재보험은 이와 무관하게 당연 가입이다). 이를 표로 요약하면 다음과 같다.

[표 3-1] 건설업 고용산재보험 의무가입대상 사업(장) 범위

보험구분	의무가입대상 사업(장)
산재보험	모든 건설공사(2018년 7월 1일 이후 착공하는 공사)
고용보험	- 건설업자가 시공하는 원도급공사 - 건설업자가 아닌 자가 시공하는 건설공사 중 ① 총공사금액 2천만원 이상 ② 건축(대수선) 연면적 $100m^2(200m^2)$ 초과하면서 총공사금액 2천만원 이상

[사례] 개인이 건축공사(인테리어 등)를 직영하는 경우 고용산재보험 가입 여부

산재보험의 경우 건설사업자가 아닌 개인이 근로자를 고용하여 건축공사(인테리어 등)를 직영하는 경우라도 연면적 및 총공사금액과 관계없이 산재보험에 의무적으로 가입하여야 한다.
다만, 고용보험의 경우 건축 연면적이 100제곱미터(대수선은 연면적 200제곱미터) 이하이거나 총공사금액이 2천만원 미만인 경우 의무가입은 아니나, 사업주의 의사에 따라(근로자 과반수의 동의를 받은 경우) 근로복지공단의 승인을 얻은 경우 고용보험에 가입할 수는 있다.

II. 건설업 고용산재보험 가입 단위

1. '건설사업자'에 의한 건설공사

건설사업자에 의한 건설공사의 경우, 건설공사현장 전체를 하나의 보험가입 단위로 한다. 여기서 말하는 '건설사업자'란 위에서 언급한 '건설업자(건설면허 등을 보유한 자)'에 더해 면허 없이 사업자등록증을 발급 받아 한국표준산업분류표의 대분류에 따른 건설업을 업으로써 계속적으로 행하는 자를 포함하는 개념이다. 즉, 건설면허를 보유한 건설업자뿐 아니라 건설면허 없이 건설업을 업으로서 계속적으로 행하는 자를 포괄하는 건설사업자가 수행하는 건설공사현장 전체는 하나의 보험가입 단위로 한다.

여기서 '현장 전체를 하나의 보험가입 단위'로 한다는 말의 의미는 '일괄적용'을 받게 됨을 의미한다. 즉, 건설업자에 의한 건설공사는 일괄적용을 받아 건설공사현장 전체를 하나의 가입단위로 보고 보험료 납부 등의 업무를 수행하게 된다.

2. 일반사업

일반사업의 경우, 산재보험은 동일한 장소에 있는 것은 하나의 사업으로 하고, 장소적으로 분리되어 있는 것은 별도의 사업으로 가입(사업장 단위)함을 원칙으로 한다. 후에도 살펴보겠지만 산재보험의 경우 '장소적' 개념이 매우 중요한 역할을 하는데, 이는 산재보험이 사업장에서 발생한 사고에 대해 보상하는 보험이므로 그 특성상 장소가 중요한 역할을 하기 때문이다.

일반사업장의 고용보험의 경우에는 '사업' 단위로 가입함을 원칙으로 하되, 사업주의 신청에 따라 '사업장' 단위로도 가입은 가능하다.

III. 건설업 고용산재보험 가입 사업주

1. 원칙적 보험가입자의 범위

산재 및 고용보험의 적용을 받는 보험 가입 사업주는 법인의 경우 법인 그 자체를, 개인인 경우는 자연인인 대표자를 말한다. 이때 산재보험의 경우에는 사업주만 보험가입자가 되고, 고용보험은 사업주와 근로자 모두 보험가입자가 된다. 쉽게 말해, 고용산재보험의 가입 사업주란 보험관계 성립 등의 신고와 보험료 납부의 주체가 되는 사업주를 말하며, 산재보험의 경우에는 산재보험 가입대상 근로자를 고용한 사업주만이 보험료 부담의 주체가 되고 고용보험의 경우에는 사업주와 근로자 모두가 각자의 부담률(정확한 부담률에 대해서는 아래에서 설명하기로 한다)에 따라 보험료를 부담하는 보험의 주체가 된다.

「고용보험 및 산업재해보상보험의 보험료 징수 등에 관한 법률」 시행령 제5조에서는 보험가입 사업주는 사업 영위 활동으로 각종 보험행정 신고 업무 등의 의무 사항을 이행하기 어려울 때를 대비하여 복수의 대리인을 선임할 수 있도록 하고 있다. 이에 따라 선임 가능한 대리인의 범위는 다음과 같다.

[표 3-2] 보험행정 신고 업무 등의 의무 사항 이행을 위해 선임할 수 있는 대리인의 범위

구분	대리인
법인	임직원, 변호사, **노무사**
개인	임직원, 변호사, **노무사**, 배우자, 직계 존·비속, 형제자매

2. 건설업에서 여러 차례 도급에 의해 사업이 이루어질 경우 보험 가입 사업주

(1) 원칙

건설업에 있어서 건설공사 등이 도급계약 형식으로 여러 차례의 도급에 의하여 시행되는 경우, 원칙적으로 발주자와 직접 계약한 최초 원수급인이 보험가입자가 된다. 이는 고용산재보험과 연금건강보험의 중요한 차이 중 하나이다. 많은 건설업 종사자들이 혼동하는 경우가 있는데, 고용산재보험의 경우 원칙적 보험가입자(보험관계 성립 및 보험료 납부의 주체)는 원도급자이나 연금건강보험의 경우에는 원도급 및 하도급자 각각이 채용한 근로자에 대해 각각 보험가입자가 된다.

(2) 하수급인 명세서 신청

· 의의

고용보험에 있어서 원수급 사업주가 그 사업에 고용된 근로자의 피보험자격 취득 및 상실 등에 관한 사항을 대통령령으로 정하는 바에 따라 고용노동부장관에게 신고하여야 한다(고용보험법 제15조제1항). 따라서 앞서 언급한 바와 같이 건설공사 등이 도급계약 형식으로 여러 차례의 도급에 의하여 시행되는 경우에도 원칙적으로는 발주자와 직접 계약한 최초 원수급인이 하수급인 근로자의 피보험자격의 취득 및 상실 등에 관한 사항을 신고하여야 한다.

그러나 원수급인이 여러 하수급인의 일용근로자를 일일이 파악하여 신고하는 것이 어렵고 번거로우므로 「고용보험법」에서는 하수급인이 채용한 근로자에 대해 보험료 납부 의무는 부담하되, 그 신고는 하수급인이 직접 수행하도록 하고 있다. 이에 따라 「고용보험법」 제15조 제2항에서는 원수급인이 사업주로 된 경우에 그 사업에 종사하는 근로자 중 원수급인이 고용하는 근로자 외의 근로자에 대하여는 그 근로자를 고용하는 하수급인이 동법 동조 제1항에 따른 신고를 하여야 한다고 규정하고 있다. 이 경우 원수급인은 고용노동부령으로 정하는 바에 따라 하수급인에 관한 자료를 고용노동부장관에게 제출하여야 한다. 이때 하수급인에 관한 자료를 제출하는 절차가 하수급인 명세서 신청(고용보험 하수급인 신고)이다.

원수급인이 하도급 계약을 체결한 후 14일 이내에 하도급계약서를 첨부하여 근로복지공단에 신고하면 하수급인은 하수급인관리번호를 부여받으며, 이후 하수급인이 채용하는 건설일용근로자에 대해서는 이 관리번호를 통해 일용근로내용확인신고를 직접 수행하면 된다. 이러한 일련의 절차를 거쳐 신고한 하수급인의 건설일용근로자는 원수급인이 직접 고용보험관계 성립 절차를 수행한 것으로 보며, 이에 대한 보험료는 원수급인이 납부한다.

단, 고용보험법 제15조제2항에서는 하수급인관리번호를 부여받아 근로자에 대한 신고를 직접 수행할 수 있는 하수급인을 다음과 같이 건설면허를 보유한 건설업자로 제한하고 있다.

① 「건설산업기본법」 제2조제7호에 따른 건설업자
② 「주택법」 제4조에 따른 주택건설사업자
③ 「전기공사업법」 제2조제3호에 따른 공사업자
④ 「정보통신공사업법」 제2조제4호에 따른 정보통신공사업자
⑤ 「소방시설공사업법」 제2조제1항제2호에 따른 소방시설업자
⑥ 「문화재수리 등에 관한 법률」 제14조에 따른 문화재수리업자

· 하수급인 명세서 신청 절차

① 우편 또는 팩스 신고

하수급인 명세서

(앞 쪽)

접수번호			접수일자		처리기간 : 5일	
원수급인	❶ 사업주	①본사사업장관리번호		②상호 또는 법인명칭		
		③소재지			(전화번호:)(휴대전화:)	
		④대표자				
	❷ 사업장	⑤사업장(현장)관리번호				
		⑥명칭(공사명)		⑦보험사무대행기관		
		⑧소재지			(전화번호:)(휴대전화:)	
하수급인 (1)	❸ 사업주	⑨사업장관리번호				
		⑩상호 또는 법인명칭			(사업자등록번호:)	
		⑪소재지			(전화번호:)(휴대전화:)	
		⑫대표자			(주민등록번호:)	
	⑬하도급금액					
	※ 하수급인관리번호					
하수급인 (2)	사업주	⑨사업장관리번호				
		⑩상호 또는 법인명칭			(사업자등록번호:)	
		⑪소재지			(전화번호:)(휴대전화:)	
		⑫대표자			(주민등록번호:)	
	⑬하도급금액					
	※ 하수급인관리번호					

「고용보험법」 제15조제2항 각 호 외의 부분 후단 및 같은 법 시행규칙 제4조제1항에 따라 위와 같이 제출합니다.

년   월   일

사업장명
소재지
대표자   (서명 또는 인)
보험사무대행기관
소재지
대표자   (서명 또는 인)

근로복지공단 ○○지역본부(지사)장   귀하

위의 하수급인 명세서를 작성하여 공사현장 관할 근로복지공단 지사에 팩스 또는 우편으로 접수하면 된다.

❶ 하수급인 명세서 신고 대상이 되는 공사의 원수급인과 관련한 정보(본사사업장 관리번호, 소재지, 대표자명 등)를 기록한다.

❷ 해당 공사현장과 관련한 내용을 기록한다. 사업장(현장)관리번호 칸에는 원도급자가 일괄적용사업개시신고 후 부여받은 해당 현장의 사업장관리번호, 공사명, 공사현장의 주소지 등을 기록한다.

❸ 여기에는 하수급인명세서 신고 대상(하수급인관리번호를 내려주고자 하는 하수급인)에 대한 사항을 기록한다. 하수급 계약 당사자인 회사의 사업장관리번호, 상호 또는 법인명칭, 소재지, 대표자 인적사항 등을 기록한다.

② 고용보험 EDI를 통한 신고

하수급인 신고는 고용보험EDI(고용산재토털서비스는 해당 안 됨)를 통해서도 가능하다. EDI를 통한 하수급인 신고 절차는 다음과 같다.

❶ 고용보험 EDI 접속 후 '회원아이디'에 본사 사업장관리번호(일반적으로 사업자등록번호–0)를 입력하고 공인인증서로 로그인

❷ 좌측 중앙의 '피보험자격 신고' 클릭

❸ 새로운 화면이 뜨면, 좌측 메뉴탭 가장 아래쪽에서 두 번째의 '고용보험 하수급인 신고' 메뉴 클릭

❹ 올바른 정보로 로그인을 했다면, 원수급인 사업주 관련 항목은 이미 다 자동으로 채워져 출력되므로 별도로 작성할 내용은 없다.

❺ 그 다음 '사업장'이란 원수급인 건설업 본사가 아닌, 신고 대상인 하수급 계약을 맺은 해당 현장을 말한다. 오른쪽에 있는 '검색' 버튼을 클릭하면 사업장관리번호를

입력하는 창이 뜨는데, 이 창에 하수급인 신고를 하고자 하는 해당 현장의 사업장 관리번호를 입력, 엔터키를 치면 자동으로 해당 현장에 대한 내용들이 기록된다.

❹ 원수급인	사업주	①본사사업장관리번호	1▮▮▮▮▮	
		②상호 및 법인명칭	(주)▮▮▮▮▮	
		③소재지	▮▮▮	
			서울특별시▮▮▮▮▮	(▮▮▮▮▮
		전화번호	02 - 309 - ▮▮	휴대전화번호 ☐-☐-☐
		④대표자	▮▮▮	
❺	사업장	⑤사업장(현장)관리번호	▮▮▮▮ 검색	
		⑥명칭(공사명)	(주)▮▮▮	⑦보험사무대행기관
		⑧소재지	▮▮▮	
			서울특별시▮▮▮▮	(▮▮▮▮
		전화번호	☐-☐-☐	휴대전화번호 ☐-☐-☐

❻ 이 칸에는 신고자가 직접 하수급 계약을 맺은 하수급인 사업장에 관한 사항을 입력해야 한다. 먼저 좌측의 '하수급인(1)' 위 빈 네모 칸에 ☑ 표시하고, 하수급인 의 본사 사업장관리번호(일반적으로 사업자등록번호-0), 사업자등록번호, 상호 또는 법인명칭, 소재지(주소), 대표자 인적사항(성명, 주민번호) 등을 기록한다. 다 음으로 하도급 계약서상에 명시된 하도급금액과 공사기간, 하수급공사명 등을 기 록하고 아래쪽에 '저장'을 클릭한 뒤 '전송'까지 클릭해야 최종적으로 신고가 이루 어진다.

❻ ☐ 하수 급인 (1) ➕	사업주	* ⑨사업장관리번호	▮▮▮ 검색
		* 사업자등록번호	▮▮▮
		* ⑩상호 또는 법인명칭	▮▮▮
		* ⑪소재지	☐ 우편번호 찾기
			▮▮▮ ▮▮▮
		전화번호 ☐-☐-☐	휴대전화번호 ☐-☐-☐
		* 대표자 주민번호 ▮▮▮	* ⑫대표자명 ▮▮▮
	* ⑬하도급금액	▮▮▮ 원	
	⑭하수급공사기간	▮▮▮ 📅 - ▮▮▮ 📅	
	* ⑮하수급공사명	▮▮▮	
	※하수급인관리번호	▮▮▮ 미승인 하수급인 관리번호는 관할지사에서 처리 시 부여됩니다.	

(3) 예외

예외적으로 하도급자가 고용산재보험의 보험가입자가 되는 경우가 있는데, 이러한 경우에는 다음 두 가지가 있다.

① 국내 건설사가 국내에 소재하지 않는 외국 건설사로부터 하도급을 받아 시행하는 경우: 국내 그 최초 하수급인이 보험가입자가 됨.
② 원수급인의 신청에 의하여 하수급인을 보험가입자로 인정해 달라는 신청에 대하여 공단이 승인하는 때(원수급인이 하수급인 사업주 인정승인을 받은 경우): 그 하수급인이 법의 적용을 받는 보험가입자가 됨.

위 ②의 경우에 적용되는 제도가 바로 **하수급인 사업주 인정승인제도**이다. 이 제도는 고용산재보험의 원-하수급자 간 보험가입 주체의 변동을 가져오는 매우 중요한 제도이므로 건설업 4대보험 실무담당자라면 반드시 숙지하고 있어야 한다. 아래에서 하수급인 인정승인제도에 대해 자세히 살펴보도록 한다.

(4) [중요] 하수급인 사업주 인정승인제도

· 의의

하수급인 사업주 인정승인제도란 그 명칭 그대로 고용산재보험(고용보험 및 산재보험만 별도로 승인 신청도 가능)에 있어서 **'하수급인'을 '사업주'(보험가입자)로 '인정'함을 근로복지공단에서 '승인'하는 제도**를 말한다. 즉, 건설공사가 여러 차례의 도급에 의하여 행하여지는 경우, 원칙적으로 그 원수급인이 보험가입자가 되지만, 일정한 요건을 갖추어 근로복지공단의 승인을 얻은 경우 예외적으로 그 승인을 받은 부분에 한하여 하도급사가 보험가입자가 될 수 있도록 승인하는 제도이다. 이 제도는 노무비의 규모나 비중이 큰 공사의 경우 적지 않은 액수의 보험료의 차이를 발생시킬 수 있으므로 신중하게 적용해야 하는 제도이다. 이후에 살펴보겠지만, 확정정산 등 고용산재보험료 추징에 있어서 사업주 인정승인을 받은 공사의 보험관계 신고를 어떻게 했느냐에 따라 그 추징 금액이 크게 달라질 수도 있다.

「고용보험 및 산업재해보상보험의 보험료 징수 등에 관한 법률 시행령」 제9조제1항 (도급사업의 일괄적용) '건설업 등 대통령령으로 정하는 사업이 여러 차례의 도급에 의하여 시행되는 경우에는 그 원수급인을 이 법을 적용받는 사업주로 본다. 다만, **대통령령으로 정하는 바에 따라 공단의 승인을 받은 경우에는 하수급인을 이 법을 적용받는 사업주로 본다.'**

· 요건

하수급인 사업주 인정승인을 받기 위해서는 다음의 요건을 모두 충족해야 한다.

① 건설업에 한함.
② 하수급인 사업주가 건설업자, 주택건설사업자, 전기공사업자, 정보통신공사업자, 소방시설업자, 문화재수리업자일 것(종목별 면허 보유 필수임. **즉, 건설면허 등을 보유하지 않은 하도급자는 하수급인 사업주 인정승인을 받을 수 없음).**
③ 원수급인이 하수급인과 보험료 납부의 인수에 관한 서면계약을 체결하고(반드시 하도급계약서 등에 하수급인 인수에 관한 사항을 명시해야 함), 하도급공사의 착공일부터 30일 이내에 하수급인 사업주 보험가입 승인신청서를 제출할 것.
※ 다만, 다음의 (가), (나)의 사유에 어느 하나라도 해당되는 신청은 승인 불가
  (가) 하도급공사 착공 후 15일부터 승인신청 전까지 재해가 발생하는 경우.
  (나)하도급공사의 착공 후 승인신청 전까지 원수급인이 보험관계 성립신고를 게을리한 기간 중에 재해가 발생한 경우.

· 구비서류

하수급인 사업주 인정승인 신청 시에는 다음 서류를 함께 제출해야 한다.

① 도급계약서 사본 1부
② 보험료납부인수에 관한 서면계약서 사본 1부

· 신청방법

① 우편 또는 팩스

다음의 신청 서식을 작성하여 첨부서류와 함께 우편 또는 팩스로 관할 근로복지공단에 제출하면 된다.

[ ]고용보험 [ ]산재보험	하수급인 사업주 보험가입 승인신청서					
※ 유의사항 및 작성방법은 뒷면을 참고하여 주시기 바라며, 색상이 어두운 난은 신청인이 적지 않습니다.						(앞면)
접수번호		접수일			처리기간	5일

원수급인 (신청인)	❶ 본사	상호·법인명칭		대 표 자		
		소재지				
		전화번호		팩스		전자우편주소
	❷ 원수급 사업	우편물 수령지				수취인
		관리번호 (사업개시번호)		현장명		
		소재지				전화번호

하수급인	❸ 본사	상호·법인명칭		대 표 자		
		사업자등록번호		법인등록번호		
		소재지				
		전화번호		팩스		전자우편주소
		우편물 수령지				수취인
		고용보험 업종코드				
	❹ 하수급 사업	사업장명(현장명)				
		건설업면허관련	면허종류	면허번호		등록일자
		하수급(공사)금액 (재료 시가환산액 포함)		공사기간		(실제착공일:)
		소재지				전화번호
		상시근로자수		총피보험자수		
		업무상 재해 발생 여부	[ ] 없음 [ ] 있음 ([ ] 착공 후 14일 이내, [ ] 착공 후 15일~신청일)			
		사업장관리번호 (사업개시번호)				

「고용보험 및 산업재해보상보험의 보험료징수 등에 관한 법률 시행령」 제7조제3항 및 같은 법 시행규칙 제6조제1항에 따라 위와 같이 신청합니다.

년   월   일

신청인(원수급인) (서명 또는 인)

□ 보험사무대행기관 (서명 또는 인)

근로복지공단 ○○ 지역본부(지사)장 귀하

❶ 원수급 본사의 상호(법인인 경우 법인 명칭), 대표자, 소재지 등을 기록한다.

❷ 원수급 사업: 하수급인 사업주 인정승인을 받고자 하는 현장의 사업장에 관한 사항을 기록한다. 하수급인 사업주 인정승인을 받기 위해서는 사업개시신고가 선행되어 사업개시번호가 부여되어 있는 현장이어야 한다.

❸ 하수급인 본사의 상호, 대표자, 사업자등록번호, 법인등록번호 소재지 등을 기록한다.

❹ 하수급인 사업주 인정승인을 받고자 하는 현장명, 건설면허에 관한 사항, 하수급금액, 공사기간 등을 기록한다.

② **고용산재토탈서비스를 통한 신고**

❶ 고용산재토탈서비스(http://total.kcomwel.or.kr)에 접속하여 사업장으로 공인인증서 로그인.

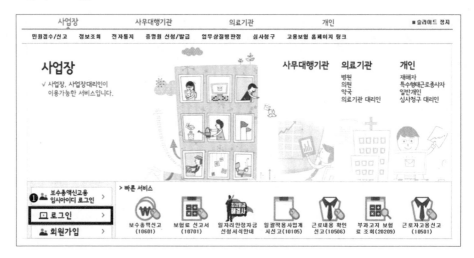

❷ '민원접수/신고' 클릭 후 좌측 메뉴의 '보험가입신고' → '하수급인사업주 승인신청(10104)' 클릭.

❸ '보험구분' 칸에 하수급인사업주 인정승인을 받고자 하는 보험 종류만 선별하여 ☑ 체크(고용보험 산재보험 모두, 또는 각 보험 중 한 종류만 별도 신청도 가능).

❹ '원수급인 사업장관리번호(일괄관리번호: 일반적으로 사업자등록번호–6)'를 입력하면 '본사' 공란에 내용이 자동 입력되며, '사업개시번호'란에 하수급인사업주 인정승인을 받고자 하는 공사현장의 사업개시신고 후 부여된 사업개시번호를 입력하면 '원수급사업' 공란에 내용이 자동 입력된다.

❺ '사업장 관리번호'에 하수급인 본사 사업장 관리번호를 입력하면 '본사' 공란에 내용이 자동 입력되며 '건설면허관련'에는 하수급인이 보유한 건설면허에 관한 사항을 기재하고 하수급사업장의 현장명, 하수급금액, 공사기간 등 해당 공사와 관련된 사항을 기재한다. 마지막으로 '업무상 재해 발생여부' 탭에 해당 내용을 체크한다.

❻ '필수첨부서류인 '도급계약서'와 '보험료납부인수에 관한 서면계약서' 사본(파일형식
은 pdf, 엑셀, 이미지 파일 등 가능)을 첨부하고 아래 '접수' 탭을 클릭한다.

임시저장 접수 초기화

[주의] 하수급인명세서 신청과 하수급인사업주 보험가입 승인 신청의 비교

4대보험 신고에 대한 이해가 부족한 하도급 건설업체의 경우, 종종 '하수급인명세서' 신청을 '하수급인사업주 보험
가입 승인' 신청으로 오인하여 착오 신청하는 경우가 종종 발생하므로 주의를 기울여야 한다.

구분	보험	구비서류	제출기한
하수급인명세서	고용보험	하도급계약서	하도급계약 14일 이내 (원수급인이 제출)
하수급인사업주 보험가입승인신청서	고용·산재보험	- 하도급계약서 - 보험료, 납부인수에 관한 서면 계약	하도급 착공 후 30일 이내(원수급인이 신청)

[사례] 개인 건축공사를 도급 준 경우 보험가입자 판단

「고용보험 및 산업재해보상보험의 보험료징수 등에 관한 법률」제9조(도급사업의 일괄적용)에 따라 건설업이 여러
차례 도급에 의하여 시행되는 경우에는 그 원수급인이 고용·산재보험의 보험가입자가 된다. 따라서 건축주 A가 2
억5천만원에 건설사업자인 B에게 전부 도급을 준 경우 보험가입자는 건설사업자인 B가 보험가입자 및 보험료납부
의무자가 된다.

다만, 같은 법 제2조제4호 단서에 따라 발주자가 사업의 전부 또는 일부를 직접 하는 경우에는 발주자가 직접
하는 부분(발주자가 직접 하다가 사업의 진행경과에 따라 도급하는 경우에는 발주자가 직접 하는 것으로 본다)에
대하여 발주자를 원수급인으로 판단한다.

Ⅳ. 보험 성립신고

■ 보험관계 성립일과 제출 서류

(1) 의무가입 건설업 사업장

고용산재보험 의무가입 건설업 사업장의 경우, 고용산재보험 의무가입 요건에 해당하는 사업이 시작된 날 또는 일정 규모 이상의 사업에 해당하게 된 날이 보험관계 성립일이 되며, 근로자를 사용하는 사업인 경우에는 근로자 유형(일용, 상용, 시간제 등)에 관계없이 근로자 채용일부터 보험관계 성립일이 된다. 이때 보험관계 성립 신고를 위해 제출해야 할 서류로는 보험관계성립신고서, 공사도급계약서(공사비내역서 포함), 건축허가서가 있다. 이러한 서류는 보험관계가 성립한 날로부터 14일 이내(14일 이내에 종료되는 사업은 사업의 종료일의 전날)에 근로복지공단에 제출하여야 한다.

보험관계 성립과 동시에 또는 이후에 근로자를 채용한 사업장에서는 고용보험 피보험자격취득 신고서(산재보험 근로자 고용 신고서)를 근로자를 고용한 날이 속하는 달의 다음달 15일까지 제출하여야 한다. 건설일용직의 경우 고용관계의 변동 및 취득 상실이 빈번히 이루어질 수 있으므로 피보험자격취득 신고(근로자 고용 신고)를 근로내용확인신고로 갈음할 수 있다. 이에 대해서는 후에 자세히 살펴보기로 한다.

(2) 임의가입 건설업 사업장

의무가입 사업장의 경우 사업이 시작됨과 동시에 보험관계가 성립한 것으로 즉시 의제(성립 신고는 별도로 하여야 함)하는 반면, 임의가입 사업장에서는 보험가입신청서를 공단에 접수한 날의 다음 날, 즉 보험관계 성립의 의사표시를 한 날의 다음 날이 보험관계 성립일이 된다. 임의가입제도가 보험가입자의 보험 가입 의사에 따라 보험에 가입시키는 제도이기 때문이다. 이때 보험관계 성립을 위해 제출해야 할 서류는 보험가입신청서, 공사도급계약서(공사비내역서 포함) 건축허가서로, 의무가입 사업장과 동일하며 이 서류들은 사업(건설공사) 종료일의 전날까지 제출하여야 한다. 근로자를 채용한 사업장에서의 피보험자격 취득 신고(근로자 고용 신고)에 관한 사항 또한 의무가입 사업장과 동일하다.

지금까지 설명한 의무가입 사업장과 임의가입 사업장의 보험관계 성립 절차를 비교·요약하면 아래 표와 같다.

[표 3-3] 의무가입, 임의가입 건설업 사업장의 보험관계 성립일과 제출서류

	의무가입사업장	임의가입사업장
성립일	해당 사업이 시작된 날 또는 일정 규모 이상의 사업에 해당하게 된 날	보험가입신청서를 공단에 접수한 날의 다음날(하수급인사업주 보험가입 승인을 받은 경우에는 하도급공사 실제 착공일)
제출서류	- 보험관계성립신고서 - 공사도급계약서(공사비내역서 포함) - 건축 또는 벌목허가서	
제출기한	보험관계 성립한 날부터 14일 이내 (14일 이내 종료되는 사업은 종료일의 전날)	건설공사 및 벌목업의 경우는 사업 종료일의 전날
근로자 고용신고서 (피보험자격 취득 신고서)	근로자 고용한 날이 속하는 달의 다음 달 15일까지	

※ 「전자정부법」 제36조제2항에 따른 행정정보의 공동이용을 통하여 사업자등록증 및 주민등록표 초본의 확인에 동의하는 경우에는 해당 서류의 제출을 생략가능하나, 확인에 동의하지 아니하는 경우에는 해당서류를 첨부하여야 함

■ 건설업 일괄적용

(1) 의의

건설업 일괄적용이란 일정 요건을 구비할 경우 2개 이상의 해당 사업 전부를 하나의 사업으로 보아 보험관계를 일괄 적용함으로써 사업주의 업무 편의를 도모하고 근로자를 적극적으로 보호하기 위한 제도이다. 건설업의 경우 동시에 여러 건설현장에서 사업을 진행하는 경우가 많으므로 여러 건설현장의 보험 적용과 관련한 업무 편의 및 근로자의 보험 적용이 용이하다는 점에서 그 의의가 있다.

건설업 일괄적용에 해당할 경우, 고용산재보험 일괄관리번호를 부여받게 되며 각 현장 근로자 채용으로 인해 발생한 보험료를 각각 납부하고 정산하는 것이 아닌 이 일괄관리번호로 각 보험료를 모두 합산하여 한 번에 납부하고 정산하게 된다(반면, 건강보험과 국민연금의 경우에는 일괄적용제도가 없으므로 현장별로 납부하고 정산해야 한다).

(2) 당연 일괄적용의 요건

다음의 요건을 모두 충족할 경우 당연 일괄적용 대상 사업장에 해당하게 된다.

① 사업주가 동일인일 것

② 각각의 사업은 기간이 정하여져 있는 사업일 것

③ 한국표준산업분류표의 대분류에 따른 건설업일 것

[표 3-4] 한국표준산업분류표의 대분류에 따른 건설업

건설업 (41~42)	41	종합건설업	411	건물 건설업	4111	주거용 건물 건설업	41111	단독 주택 건설업
							41112	아파트 건설업
							41119	기타 공동주택 건설업
					4112	비주거용 건물 건설업	41121	사무·상업용 및 공공기관용 건물 건설업
							41122	제조업 및 유사 산업용 건물 건설업
							41129	기타 비주거용 건물 건설업
			412	토목 건설업	4121	지반조성 건설업	41210	지반조성 건설업
					4122	토목 시설물 건설업	41221	도로 건설업
							41222	교량, 터널 및 철도 건설업
							41223	항만, 수로, 댐 및 유사 구조물 건설업
							41224	환경설비 건설업
							41225	산업 생산시설 종합 건설업
							41226	조경 건설업
							41229	기타 토목 시설물 건설업
	42	전문직별 공사업	421	기반조성 및 시설물 축조 관련 전문공사업	4211	건물 및 구축물 해체 공사업	42110	건물 및 구축물 해체 공사업
					4212	기반조성 관련 전문공사업	42121	토공사업
							42122	보링, 그라우팅 및 관정 공사업
							42123	파일공사 및 축조관련 기초 공사업
							42129	기타 기반조성 관련 전문공사업
					4213	시설물 축조 관련 전문공사업	42131	철골 및 관련 구조물 공사업
							42132	콘크리트 및 철근 공사업
							42133	조적 및 석공사업
							42134	포장 공사업
							42135	철도 궤도 전문공사업
							42136	수중 공사업
							42137	비계 및 형틀 공사업
							42138	지붕, 내·외벽 축조 관련 전문공사업
							42139	기타 옥외 시설물 축조 관련 전문공사업
			422	건물설비 설치 공사업	4220	건물설비 설치 공사업	42201	배관 및 냉·난방 공사업
							42202	건물용 기계·장비 설치 공사업
							42203	방음, 방진 및 내화 공사업
							42204	소방시설 공사업
							42209	기타 건물 관련 설비 설치 공사업
			423	전기 및 통신 공사업	4231	전기 공사업	42311	일반 전기 공사업
							42312	내부 전기배선 공사업
					4232	통신 공사업	42321	일반 통신 공사업
							42322	내부 통신배선 공사업
			424	실내건축 및 건축마무리 공사업	4241	도장, 도배 및 내장 공사업	42411	도장 공사업
							42412	도배, 실내 장식 및 내장 목공사업
					4242	유리 및 창호 공사업	42420	유리 및 창호 공사업
					4249	기타 건축 마무리 공사업	42491	미장, 타일 및 방수 공사업
							42492	건물용 금속 공작물 설치 공사업
							42499	그 외 기타 건축 마무리 공사업
			425	시설물 유지관리 공사업	4250	시설물 유지관리 공사업	42500	시설물 유지관리 공사업
			426	건설장비 운영업	4260	건설장비 운영업	42600	건설장비 운영업

특히 건설업의 경우 당연일괄 적용대상은 건설업자(「건설산업기본법」에 따른 건설업자, 「주택법」에 따른 주택건설사업자, 「전기공사업법」에 따른 공사업자, 「정보통신공사업법」에 따른 정보통신공사업자, 「소방시설공사업법」에 따른 소방시설업자, 「문화재수리등에 관한 법률」에 따른 문화재수리업자) 및 면허 없이 사업자등록증을 발급받아 한국표준산업분류표의 대분류에 따른 건설업을 업으로써 계속적으로 행하는 자의 경우 공사현장 전체를 하나의 보험가입 단위로 한다. 즉, 건설면허가 없더라도 한국표준산업분류표의 대분류에 따른 건설업에 해당한다면 일괄적용의 대상이 된다.

다만, 산재보험의 경우 2018년 개정으로 인해 공사금액 및 규모에 관계없이 건설공사는 당연일괄적용 대상이 되나, 고용보험의 경우에는 연면적 100제곱미터 초과인 건축 또는 연면적 200제곱미터 초과인 건축물의 대수선 공사에 해당하면서 총공사금액 2천만원 이상 원도급 공사를 개시한 경우에만 당연일괄적용을 받게 된다. 고용보험법 시행령 개정을 통해 2천만 원 미만 공사는 일괄적용 제외 대상임을 명시한 규정이 삭제되어, 2천만 원 미만 공사라 하더라도 근로복지공단에 임의 일괄적용 신청을 하면 고용보험도 일괄적용을 받을 수 있다.

(3) 임의 일괄적용의 요건

위 당연 일괄적용의 요건에 해당하지 않는 경우, 사업장에서 임의로 일괄적용을 신청할 수 있는데, 이를 위한 요건은 다음과 같다.

① 사업주가 동일인일 것.
② 산재보험의 경우엔 고용노동부 장관이 정하는 사업종류가 같은 경우에 한함.
③ 건설업의 경우 관련법에 의한 당연 일괄적용 대상은 아니지만 당연일괄적용을 받는 사업주 외의 사업주가 위 ① (산재보험은 고용노동부 장관이 정하는 사업종류가 동일한 경우에 한함)에 해당하는 사업 전부를 하나의 사업으로 보아 일괄적용을 받고자 하는 경우에는 근로복지공단의 승인을 얻어 일괄적용 가입이 가능함.

⑷ 일괄적용 승인신청(임의일괄적용) 또는 성립신고(당연일괄적용) 방법

1) 우편 또는 팩스 신고

일괄적용 성립신고(또는 승인신청)을 위해서는 다음 고용·산재보험료징수법 시행규칙 [별지 제6호] 서식을 작성하여 사업장 관할 근로복지공단에 우편 또는 팩스로 접수하면 된다.

❶ [대표자] 항목에는 일괄적용 성립신고(임의 일괄의 경우 승인신청)를 하려는 사업장의 대표자와 관련한 사항을 기재한다.

❷ [본사사업장] 항목에는 일괄적용 성립신고를 하려는 본사 사업장의 법인명, 소재지, 사업자등록번호 등 해당 사항을 모두 기재한다.

❸ [건설업] 항목에는 건설업 관련 면허사항과 면허 등록 후 최초로 시행한 공사의 기간 및 공사금액을 기록한다.

[ ]고용보험 [ ]산재보험	일괄적용	[ ]승인신청서 [ ]성립신고서

※ 유의사항 및 작성방법은 뒷면을 참고하여 주시기 바라며, 색상이 어두운 난은 신청인이 적지 않습니다. (앞면)

접수번호			접수일		처리기한: 7일
사업장관리번호(일괄적용)					
❶ 대표자	성 명		주민(외국인)등록번호		
	주 소			전화번호	
❷ 본사 사업장	상호·법인명		대규모기업	[ ]해당 [ ]비해당	
	소 재 지			전화번호	
	우편물 수령지			전화번호	
	E - mail		팩스번호	휴대전화	
	사업자등록번호		법인등록번호		
	사업종류		(주생산품명·제공되는 서비스명:)		
	총상시근로자수		총피보험자수		
	주된(본사)사업우편물 수령지				
❸ 건설업	건설업면허관련	면허종류	면허번호	등록일자	
	공사현장				
	공사기간	(실제착공일:)	공사금액		
일반사업	사업장관리번호	지점·지사·공장명	소재지	사업종류	
일괄적용 현황	총상시근로자수		총피보험자수		
고용보험 성립일(일괄적용)			고용업종코드		
산재보험 성립일(일괄적용)			산재업종코드		

「고용보험 및 산업재해보상보험의 보험료징수 등에 관한 법률 시행령」 제6조제2항 및 같은 법 시행규칙 제4조, 제7조제4항에 따라 위와 같이 신청(신고)합니다.

년 월 일

신청·신고인(사업주) (서명 또는 인)
보험사무대행기관 (서명 또는 인)

근로복지공단 ○○○○지역본부(지사)장 귀하

2) 고용산재보험 토탈서비스를 이용한 신고

❶ 고용산재보험토탈서비스(http://total.kcomwel.or.kr)에 접속하여 사업장으로 로그인 후 화면 위쪽 좌측의 [민원접수/신고] 버튼 클릭

| **민원접수/신고** | 정보조회 | 전자통지 | 증명원 신청/발급 | 업무상질병판정 | 심사청구 |

❷ 좌측 메뉴탭에서 [보험가입신고] – [일괄적용 보험관계성립 신고/승인 신청(10103)] 클릭

일자리안정지원신청 ˅

보험가입신고 ˄

› 보험관계성립신고/보험가입신청 (10101)
› 건설공사 별목업 보험관계성립신고/보험가입 신청(10102)
› 일괄적용 보험관계성립신고/승인신청(10103)
› 하수급인사업주 승인신청(10104)
› 일괄적용사업개시신고(10105)
› 대리인 선임/해임 신고(10106)
› 해외파견 산재보험 가입신청 (10107)
› 중소기업사업주 산재보험 가입신청(10108)
› 자영업자 고용보험 가입신청 (10109)

❸ 일괄적용성립신고를 하려는 보험 종류에 ☑ 체크를 한다. 해당 칸을 체크하기 위해 클릭하면 아래와 같은 새로운 창이 뜬다.

고용보험	☐ 일괄적용성립신고서	☐ 승인신청서
산재보험	☐ 일괄적용성립신고서	☐ 승인신청서
사업장 관리번호	- - -

▶ 고용보험 성립신고

Check
• 산재/고용보험을 동시에 성립신고하시는 경우 아래 "위 내용에 해당하지 않습니다."를 선택해 주시기 바랍니다.

◉ 이미 산재보험에 가입된 사업장입니다.
◉ 고용보험만 사업일괄적용 사업체 입니다.
◉ 위 내용에 해당하지 않습니다.

고용보험과 산재보험 일괄적용을 동시에 성립신고하는 경우라면 '위 내용에 해당하지 않습니다'를 체크하고, 만약 둘 중 어느 하나의 보험이 먼저 일괄적용이 되어 있었다면 그에 맞는 문장을 골라 체크하면 된다.

❹ 일괄적용 신고를 하려는 본사 사업장 대표자에 관한 사항을 기록한다.

❺ 연계된 보험사무대행기관이 있다면 사무대행을 위탁하고자 하는 보험종류별로 ☑를 클릭한다. 사무대행 위탁으로 체크한 경우, 첨부서류 등록 시 반드시 사무위탁서를 첨부하여야 한다.

● 대표자			
성명*		주민(외국인)등록번호*	-
주소*	🔍 우편검색 -		
전화번호*	- -		

● 보험사무 수임신고			
사무위탁여부 (전자위탁포함)	☐ 고용위탁 ☐ 전자고용위탁 ☐ 산재위탁 ☐ 전자산재위탁	실수임일(고용) 📅 실수임일(산재) 📅	※ 보험사무를 위탁한 경우 반드시 '사무위 화일)을 첨부하여야 합니다.(토탈서비스 전자 위.수탁한 경우 첨부 생략)

❻ 일괄적용 신고를 하려는 본사 사업장의 명칭, 형태, 사업자등록번호 등 주요 사항을 입력한다.

● 본사 사업장	
명칭*	
사업장형태*	⦿ 개인 ○ 법인
사업자등록번호*	- - 🔍 ☐ 사업자등록번호 없음 **법인등록번호** -
대규모기업*	○ 해당 ○ 비해당
소재지*	🔍 우편검색 - •전화번호 - - •휴대전화 - -
우편물 수령지*	🔍 우편검색 - ○ 소재지와 동일 ○ 자택주소와 동일 ○ 직접입력 •수취인 •휴대전화 - -
E-mail*	@ 전자우편▼ **팩스번호** - -
총 상시근로자수	명 **총 피보험자수** 명
사업종류*	사업종류 (주생산품명 제공되는 서비스명)
주된(본사) 사업장의 사업장 관리번호	관리번호선택 ▼
사업 구분	○ 건설업임 ○ 건설업 아님

가장 아래쪽의 [사업 구분] 항목에 '건설업임'을 클릭하는 경우 다음과 같은 화면이 추가된다.

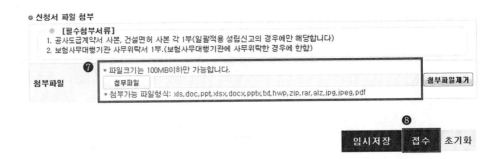

여기에는 건설면허와 관련된 사항과 건설면허 취득 후 최초 개시한 공사에 관한 사항을 기록한다.

❼ 건설면허 사본 1부, 그리고 건설면허 취득 후 최초 개시한 공사의 도급계약서 사본 1부(보험사무대행기관이 있는 경우 사무위탁서 사본 포함)를 첨부파일로 등록한다.

❽ 마지막으로 [접수]를 클릭하면 신고가 완료된다.

(5) 일괄적용의 유지 및 해지

위 일괄적용 요건에 해당하여 당연 및 임의 일괄적용을 받게 된 건설업 사업주는 일괄적용관계가 해지되지 않는 한 별도의 신고 없이 그 보험 연도 이후의 보험 연도에도 계속 일괄적용 관계가 유지된다. 일괄적용을 승인받은 보험가입자가 승인을 해지하고자 할 경우에는 다음 보험 연도 개시 7일 전까지 일괄적용해지신청서를 제출하여야 한다.

(6) 사업개시신고

일괄적용에 해당된다 하더라도 모든 공사현장이 자동적으로 보험관계가 성립되는 것은 아니다. 건설업체에서 개시한 각 공사현장이 보험관계 일괄적용을 받기 위해서는 공사가 개시되었음을 공단에 알리는 신고 절차가 필요한데, 이 절차가 사업개시신고이다. 사업개시신고는 원도급 공사에만 해당되며, 동종사업 일괄적용사업의 사업주는 각각의 사업에 대하여 사업개시신고서를 사업 개시일로부터 14일 이내에 공사현장 관할 지사(지역본부)에 신고하여야 한다.

① 우편 또는 팩스 신고

❶ 일괄적용 사업: 사업의 명칭, 사업 관리번호 등 일괄적용 사업과 관련한 정보를 기록한다.

❷ 건설공사 개시: 사업개시신고를 하고자 하는 공사현장의 공사명, 총공사금액, 공사기간, 현장 소재지, 발주자 정보 등의 내용을 기록한다.

위 ❶, ❷ 외 나머지 사항들은 건설업 사업개시신고와는 무관하므로 공란으로 두고 사업주 날인 후 해당 공사현장 관할 근로복지공단에 우편 또는 팩스로 접수한다.

일괄적용사업의 [✓]고용보험 [✓]산재보험 [✓]사업 개시 [ ]사업 종료 신고서

※ 뒷면의 유의사항과 작성방법을 읽고 작성하여 주시기 바라며, [ ]에는 해당되는 곳에 "✓" 표를 합니다. (앞면)

접수번호		접수일		처리기간 1일

❶일괄적용 사업	명칭		대표자	
	일괄적용 사업 관리번호		전화번호	

❷ 건설공사 개시	공사명				
	총공사금액 (재료 시가환산액 포함)	원	발주공사총금액 (분리발주된 경우)		원
	공사기간				
	현장 소재지		현장 전화번호		
	건축허가사항		공동도급공사 [ ]해당 [ ]비해당		
	발주자명				
	발주자 주소		전화번호		

벌목작업 개시	벌목 현장명	전화번호
	현장 소재지	
	벌목 재적량	벌목기간
	인원	발주자명

지점·지사· 공장 등 개시	지점·지사·공장명	전화번호
	소재지	
	사업종류	사업 개시일
	사업자등록번호	인원

사업 종료	개시번호
	명칭
	종료일

「고용보험 및 산업재해보상보험의 보험료징수 등에 관한 법률」 제11조제3항 및 같은 법 시행규칙 제8조에 따라 위와 같이 신고합니다.

년 월 일

신고인(사업주) (서명 또는 인)

[ ]보험사무대행기관 (서명 또는 인)

근로복지공단 ○○지역본부(지사)장 귀하

---

② 고용산재토털서비스 전자신고

건설일괄 사업개시신고는 고용산재토털서비스(http://total.kcomwel.or.kr)를 통해서도 가능하다. 신고 절차 및 방법은 다음과 같다.

❶ 고용산재토털서비스(http://total.kcomwel.or.kr)에 접속하여 사업장으로 공인인증서 로그인

❷ '민원접수/신고' 클릭 후 좌측 메뉴의 '보험가입신고' → '일괄적용사업개시신고' 클릭

❸ 보험구분에 먼저 ☑ 체크 표시를 한다(체크 전에는 사업장관리번호 입력이 불가함). 이어서 해당 업체의 일괄적용사업장관리번호를 입력하면, 상호, 대표자 등 사업장 관련 사항이 자동 입력된다.

❹ 공사형태는 건설공사에 체크하고, 조달청계약여부는 조달청 나라장터를 이용한 공사계약 체결 건인 경우에만 '해당'에 체크하고 그 외에는 '비해당'에 체크한다. 나라장터 공사계약 건인 경우에는 공사계약서에 명시된 나라장터 시설공사 계약번호만 입력하면, 아래 ❺의 사항들이 대부분 자동으로 입력된다.

❺ 사업개시신고를 하고자 하는 현장의 공사명, 공사기간, 공사금액, 현장소재지 등 관련 사항을 입력한다. 총 공사금액 중 '재료환산액'은 발주자가 제공한 별도의 재료환산액이 없는 경우 0으로 기입하면 된다.

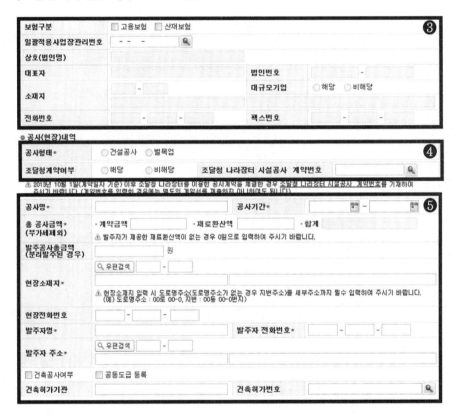

❻ 필수제출서류인 공사계약서(원도급공사계약서)를 첨부파일로 등록하고 '접수'를 클릭한다.

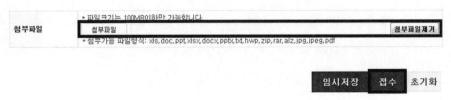

Ⅴ. 보험관계의 변경

■ 변경신고 대상인 변경 내용

사업주는 보험에 가입된 사업에 변경 사항이 있을 경우, 그 변경된 날부터 14일 이내에 공단에 신고하여야 한다. 변경신고 대상에 해당하는 변경 내용은 다음과 같다.

① 사업주(법인의 경우에는 대표자)의 이름 및 주민등록번호

② 사업의 명칭 및 소재지

③ 사업의 종류

④ 사업자등록번호(법인인 경우에는 법인등록번호 포함)

⑤ 사업의 기간(건설공사 또는 벌목업 등 기간의 정함이 있는 사업)

⑥ 상시근로자 수(「고용보험법 시행령」 제12조에 따른 ※우선지원대상기업의 해당 여부에 변경이 있는 경우)

> **※ 우선지원대상기업이란?**
>
> 　고용보험법 시행령 제19조제2항에서는 고용안정·직업능력개발 사업을 실시할 때 근로자의 수, 고용안정·직업능력개발을 위하여 취한 조치 및 실적 등 대통령령으로 정하는 기준에 해당하는 기업을 우선적으로 고려하여야 한다고 규정하고 있다. 여기서 대통령령으로 정하는 기준에 해당하는 기업을 우선지원대상기업이라 한다. 건설업의 경우 고용보험법 시행령 제12조에 따라 상시 사용하는 근로자가 300명 이하인 경우 우선지원대상기업에 해당된다. 이에 해당하지 않는 기업이라도 「중소기업기본법」 제2조제1항 및 제3항의 기준에 해당하는 기업은 제1항에도 불구하고 우선지원 대상기업으로 본다.

■ 신고 방법

(1) 우편 또는 팩스를 이용한 신고

위 변경 대상에 해당하는 변경 사항이 있을 경우, 「보험관계변경신고서」 1부를 작성하여 공단에 우편이나 팩스로 신고할 수 있다. 이때 작성해야 할 「보험관계변경신고서」의 서식 및 작성방법은 다음과 같다.

❶ 변경 신고의 주체가 되는 사업장의 사업장관리번호, 명칭, 소재지 등 기본 정보를 기

재한다.

❷ 변경 신고 해당 사업장의 사용자 성명, 주민번호 등 인적사항을 기록한다.

❸ 사용자(대표자)와 관련한 사항에 변동이 있을 경우, 해당 변경 항목 칸에만(예를 들어 대표자 주소지만 변경되었을 경우 '주소' 항목에만 기록) 변경일과 변경 전–후 사항을 기록한다.

❹ 사업장과 관련한 사항에 변동이 있을 경우 해당 변경 항목 칸에만 변경일 및 변경 내용을 기록한다.

국민연금 [ ]사업장 내용변경신고서
건강보험 [ ]사업장(기관) 변경신고서
고용보험 [ ]보험관계 변경신고서
산재보험 [ ]보험관계 변경신고서

※ 유의사항 및 작성방법은 뒷면을 참고하여 주시기 바라며, 색상이 어두운 난은 신청인이 적지 않습니다. (앞면)

접수번호		접수일자			처리기간	3일
사업개시번호	고용보험			산재보험		

❶ 사업장	사업장관리번호			전화번호(유선/이동전화)	
	명칭				
	소재지				

| 보험사무
대행기관
(고용·산재) | 명칭 | | 번호 | |

| ❷ 사용자(대표자) | 성명 | | 주민(외국인)등록번호 | |

❸ 사용자 (대표자/ 공동대표자)	변경항목	변 경 일	변 경 전	변 경 후
	성명			
	주민(외국인)등록번호			
	주소			
	전화번호			

❹ 사업장	변경항목	변 경 일	변 경 내 용
	명칭		
	전화번호		
	FAX번호		
	전자우편주소		
	소재지		
	우편물 수령지		
	사업자등록번호		
	법인등록번호		
	종류(업종)		
	사업의 기간		
	그 밖의 사항		

| 건강보험증 수령지 | [ ]사업장 주소지 [ ]해당 직장가입자 주민등록표 등본의 주소지 |

위와 같이 신고합니다.

년　　　월　　　일

신청인(가입자) (서명 또는 인)

[ ]보험사무대행기관(고용·산재보험만 해당) (서명 또는 인)

국민연금공단 이사장/국민건강보험공단 이사장/근로복지공단 지역본부(지사장) 귀하

(2) 고용산재토털서비스를 이용한 신고

고용산재토털서비스에서는 사업장소재지 변경 등 일부 변경 신고가 제한될 수 있으므로 고용산재토털서비스에서 불가능한 변경 신고는 위 우편 또는 팩스의 방법을 이용하여야 한다.

❶ 고용산재토털서비스(http://total.kcomwel.or.kr)에 사업장 공인인증서로 로그인 후 '민원접수/신고' → '보험변경신고' → '보험관계 변경사항 신고' 클릭

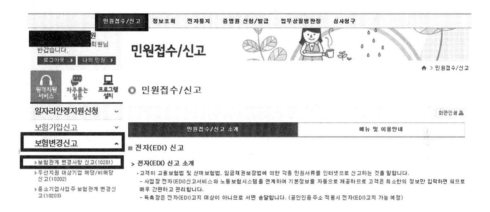

❷ 사업장관리번호를 직접 입력 또는 돋보기 클릭하여 사업자등록번호 등으로 검색하여 입력한다.

❸ 변경사항이 해당되는 항목에 ☑ 표시: 체크 표시를 한 항목에 대해서만 변경 내용을 입력하도록 빈칸이 뜬다. 해당 칸에 변경 내용을 입력한 후 '접수'를 클릭한다.

VI. 보험관계의 소멸

1. 보험관계 소멸 사유

보험관계의 소멸이란 특정 사유로 인해 성립되었던 보험관계가 더 이상 지속되지 않는 것을 말한다. 보험관계의 소멸 사유로는 (1)사업의 폐지 또는 종료, (2)직권소멸, (3)임의가입 보험계약의 해지 신청, (4)근로자 사용관계(근로계약관계)의 종료, (5)일괄적용의 해지가 있다.

(1) 사업의 폐지 또는 종료

사업이 폐지 또는 종료되어 더 이상 사업이 운영되지 않는 사유를 말한다. 여기서 사업의 폐지 또는 종료란 사실상의 폐지 또는 종료를 의미하므로, 법인의 해산등기 완료, 폐업신고 또는 보험관계소멸신고 등은 이러한 사유에 해당하지 않는다.

(2) 직권소멸

근로복지공단에서 보험관계를 더 이상 유지할 수 없다고 인정하여 직권소멸 조치를 취하여 보험관계가 소멸되는 사유를 말한다.

(3) 임의가입 보험계약의 해지 신청

앞서 언급한 바와 같이, 임의가입이란 당연가입 사유에는 해당하지 않으나 보험관계 당사자의 의사에 따라 보험 가입이 이루어지는 것을 말한다. 이러한 임의가입자의 경우 사업주의 의사에 따라서 보험계약의 해지 또한 가능하다. 단, 보험계약 해지의 신청을 할 수 있는 시기는 보험가입승인을 얻은 해당 보험연도 종료 이후이다.

(4) 근로자 사용관계(근로계약관계)의 종료

사업주가 근로자를 사용하지 아니하여 사용관계가 종료되는 경우, 사업주가 근로자를 사용하지 아니한 최초의 날부터 1년이 되는 날의 다음 날에 보험관계는 소멸된다.

(5) 일괄적용의 해지

보험가입자가 일괄적용 승인을 해지하고자 할 경우에는 다음 보험연도 개시 7일 전까지 일괄적용해지신청서를 제출하여야 한다.

2. 보험관계의 소멸일 및 제출 서류

(1) 사업의 폐지 또는 종료의 경우

사업의 폐지 또는 종료 사유로 보험관계가 소멸되는 경우, 사업이 사실상 폐지 또는 종료된 날의 다음 날이 소멸일이 된다. 이때 보험관계소멸신고서 1부를 사업이 폐지 또는 종료된 날의 다음 날부터 14일 이내에 근로복지공단에 제출해야 한다.

(2) 직권소멸조치한 경우

공단의 직권소멸 조치로 보험관계가 소멸되는 경우 소멸일은 공단이 소멸을 결정·통지한 날의 다음날이 되며, 별도로 제출해야 할 서류는 없다. 통상적으로 건설현장의 경우 일일이 사업장 소멸 신고를 하지 않더라도 직권소멸조치가 취해진다.

(3) 보험계약의 해지신청

임의가입 보험계약의 해지신청을 하는 경우, 그 소멸일은 보험계약해지를 신청하여 공단의 승인을 얻은 날의 다음 날이 된다. 해지신청 시 제출해야 할 서류는 보험관계해지신청서 1부이다. 이때 고용보험의 경우 근로자(적용제외 근로자 제외) 과반수의 동의를 받은 사실을 증명하는 서류(고용보험 해지신청 동의서)를 첨부하여야 한다. 보험계약의 해지가 사용자 일방의 의사가 아닌 근로자의 의사 또한 포함되어 있음을 확인하기 위함이다.

제2장
근로자 가입정보 신고

I. 보험 가입 근로자

■ 보험 가입대상 근로자

원칙적으로 고용산재보험 가입대상 근로자는 근로기준법상 근로자, 즉 '직업의 종류를 불문하고 사업 또는 사업장에서 임금을 목적으로 근로를 제공하는 자'이다. 따라서 정규직 비정규직 여부, 상용직 일용직 여부 등과는 무관하게 근로를 제공하고 그 대가로 임금을 지급받았다면 고용산재보험의 가입대상 근로자가 된다(보험 가입 제외 대상 근로자는 제외). 또한 특례에 따라 비록 근로자는 아니나 특수형태근로종사자, 자활수급자, 현장실습생 등의 경우에도 근로자와 동일하게 보험을 적용한다.

■ 보험 가입 제외 대상 근로자

근로기준법상 근로자에 해당한다 하더라도 다른 법률에 따라 산재보험 또는 고용보험과 유사하게 보호를 받는 경우 산재보험 또는 고용보험에서 적용을 제외한다. 또한 고용보험과 산업재해보상보험은 약간의 차이는 있지만 연령, 소정근로시간, 국적 등에 따른 적용제외 대상을 두고 있다.

(1) 산업재해보상보험 가입 제외 대상 근로자

① 「공무원연금법」 또는 「군인연금법」에 따라 재해보상이 되는 자.

② 「선원법」 또는 「어선원 및 어선재해보상보험법」에 따라 재해보상이 되는 자.

③ 「사립학교교직원연금법」에 따라 재해보상이 되는 자.

(2) 고용보험 가입 제외 대상 근로자

① 65세 이후에 고용되거나 자영업을 개시한 자는 실업급여 적용만을 제외한다(고용안정·직업능력개발 사업은 적용).

② 소정근로시간이 대통령령으로 정하는 시간 미만인 자: 월간 소정근로시간이 60시간 미만인 자(1주간 소정근로시간이 15시간 미만인 자 포함)는 고용보험 가입에서 제외하나, 3월 이상 계속하여 근로를 제공하는 자와 「고용보험법」 제2조제6호의 규정에 의한 1개월 미만의 기간 동안 고용된 일용근로자는 가입대상 근로자이다.

③ 「국가공무원법」과 「지방공무원법」에 따른 공무원. 다만, 대통령령으로 정하는 바에 따라 별정직 및 임기제 공무원의 경우는 본인의 의사에 따라 고용보험(실업급여에 한함)에 가입할 수 있다. 이 경우 최초 임용된 날로부터 3개월 이내에 고용보험 가입을 신청해야 한다(3개월 경과 시 가입 불가).

④ 「사립학교교직원 연금법」의 적용을 받는 자.

⑤ 「별정우체국법」에 따른 별정우체국 직원.

⑥ 외국인 근로자: 외국인 근로자의 경우 체류자격에 따라 고용보험이 강제 가입, 임의 가입, 가입 제외로 구분된다. 체류자격 별 고용보험 가입대상 여부는 아래 [표 3-5]와 같다.

[표 3-5] 출입국관리법 시행령에 따른 외국인 체류자격별 고용보험 적용

체류자격	고용보험 적용여부	체류자격	고용보험 적용여부
1. 외교(A-1)	X	19. 교수(E-1)	△(임의)
2. 공무(A-2)	X	20. 회화지도(E-2)	△(임의)
3. 협정(A-3)	X	21. 연구(E-3)	△(임의)
4. 사증면제(B-1)	X	22. 기술지도(E-4)	△(임의)
5. 관광통과(B-2)	X	23. 전문직업(E-5)	△(임의)
6. 일시취재(C-1)	X	24. 예술흥행(E-6)	△(임의)
7. 단기상용(C-2)	삭제<2011.11.1.>	25. 특정활동(E-7)	△(임의)
8. 단기종합(C-3)	X	25의3. 비전문취업(E-9)	△(임의)
9. 단기취업(C-4)	△(임의)	25의4. 선원취업(E-10)	△(임의)
10. 문화예술(D-1)	X	26. 방문동거(F-1)	X
11. 유학(D-2)	X	27. 거주(F-2)	○(강제)
12. 산업연수(D-3)	X	28. 동반(F-3)	X
13. 일반연수(D-4)	X	28의2. 제외동포(F-4)	△(임의)
14. 취재(D-5)	X	28의3. 영주(F-5)	○(강제)
15. 종교(D-6)	X	28의4. 결혼이민(F-6)	○(강제)
16. 주재(D-7)	★(상호주의)	29. 기타(G-1)	X
17. 기업투자(D-8)	★(상호주의)	30. 관광취업(H-1)	X
18. 무역경영(D-9)	★(상호주의)	31. 방문취업(H-2)	△(임의)
18-2. 구직(D-10)	X		

① ○: 의무적으로 가입
② ×: 적용제외
③ △: 근로자가 신청을 원하는 경우에 가입
④ ★(상호주의): 국가 간 상호주의 원칙에 따라 법 적용(해당 외국인의 본국법이 대한민국 국민에게 보험을 적용하지 아니하는 경우 제외)

II. 근로자 가입, 탈퇴 및 근로내용확인신고

건설업 사업장에서 근로하는 근로자는 크게 본사 또는 현장에서 근무하는 상용직과 건설일용직으로 구분할 수 있다. 특히 다수의 일용직을 빈번히 사용하는 건설업의 경우 고용·산재보험에 있어서 근로 유형을 이와 같이 구분하는 것이 중요한 의미를 가진다. 왜냐하면 일용근로자의 경우 취득 및 상실이 빈번히 이루어지고 보수액의 변동도 심하여 신고의 편의를 위해 고용보험에서는 고용보험법 제2조제6호[1]에 따른 일용근로자의 취득 및 상실 신고에 대한 특례인 '일용근로내용확인신고' 제도를 두고 있기 때문이다. 여기서는 먼저 일반적 상용직 근로자의 가

---

1) 제2조(정의) 이 법에서 사용하는 용어의 뜻은 다음과 같다.
   6. '일용근로자'란 1개월 미만 동안 고용되는 자를 말한다.

입, 탈퇴에 대해 먼저 설명하고, 이어서 건설일용직의 취득 및 상실 신고에 갈음하는 근로내용 확인신고에 대해 알아보도록 한다.

1. 상용직 근로자 자격취득(고용) 신고

(1) 신고 사유 및 시기

사업주는 근로자를 고용하여 고용·산재보험 취득(고용) 신고 사유가 발생한 경우 그 근로자의 성명 및 주민등록번호 등을 근로자를 고용한 날이 속하는 달의 다음 달 15일까지 공단에 신고하여야 한다. 단, 근로자가 동 기일 이전에 고용보험 피보험자격의 신고를 요구하는 경우에는 지체 없이 신고하여야 한다.

근로자가 자격 취득 사유에 해당하게 되면 「고용·산재보험 근로자 자격취득(고용) 신고서」를 제출하여 자격 취득 신고를 하여야 한다. 보험 종류 및 취득 사유별 「고용·산재보험 근로자 자격취득(고용) 신고서」를 제출(취득 신고) 시기는 다음과 같다.

[표 3-6] 보험종류 및 사유별 자격취득 시기

구분	사유	취득(고용)일
공통	고용·산재보험 적용제외근로자가 적용을 받게 된 경우	적용을 받게 된 날
	고용·산재 보험관계 성립일 전에 고용된 근로자의 경우	보험관계가 성립한 날
	고용보험 가입신청한 외국인의 경우	가입신청한 날의 다음 날
고용보험	고용보험 가입 신청한 별정직·임기제 공무원의 경우	가입신청한 날의 다음 날
	총공사금액 2천만원 미만 건설공사가 일괄적용을 받게 되는 경우	일괄적용 관계가 성립한 날
	새로이 보험관계가 성립되는 사업의 경우	보험관계가 성립한 날
	피보험자격이 없는 근로자가 근로계약의 변경 등으로 피보험자격을 취득하게 되는 경우	새로운 근로계약에 따라 근로를 시작한 날
	둘 이상의 사업장에 동시 고용된 근로자가 피보험자격 취득 중인 사업장에서 피보험자격을 상실하는 경우	피보험자격을 상실한 날 (나머지 사업장에서 취득)
산재보험	자진신고 사업에서 부과고지 사업으로 사업종류 변경된 경우	변경된 날
	해외파견 사업에서 국내 부과고지 사업으로 복귀하는 경우	복귀한 날
	특수형태근로자가 고용관계가 변동되어 일반 근로자가 되는 경우	고용관계가 변동된 날
	근로자 정보 신고제외자가 고용관계가 변동되어 신고대상이 되는 경우	고용관계가 변동된 날
	적용제외 사업장이 적용사업장으로 변경된 경우	변경된 날

(2) 고용보험 소급 취득 신고

고용보험의 피보험기간은 원칙적으로 자격취득 신고가 이루어진 날부터 기산한다. 그러나 만약 신고 누락 등으로 인해 피보험자격 취득에 관하여 신고가 되어 있지 아니하였던 피보험자의 경우 보험기간은 자격취득 신고를 한 날 또는 자격 취득이 확인된 날로부터 소급하여 3년이 되는 날이 속하는 보험연도의 첫날에 그 피보험자격을 취득한 것으로 보아 피보험기간을 계산한다. 다만, 사업주가 다음 각 호의 어느 하나에 해당하는 날부터 소급하여 3년이 되는 해의 1월 1일 전부터 해당 피보험자에 대한 고용보험료를 계속 납부한 사실이 증명된 경우에는 고용보험료를 납부한 기간으로 피보험기간을 계산한다(고용보험법 제50조제5항). 이 경우 제출하여야 할 증빙자료는 임금대장, 근로소득원천징수영수증 등 근로사실을 입증할 수 있는 서류이다.

(3) 신고 시 유의사항

1) 최초 고용산재보험 가입 사업장의 경우

최초로 고용·산재보험에 가입하는 사업장의 「보험관계성립신고서」의 신고기한은 성립일부터 14일이고, 「근로자 자격취득(고용) 신고서」의 신고기한은 다음달 15일까지로 서로 상이하나, 「보험관계성립신고서」와 「근로자 자격취득(고용) 신고서」를 동시에 제출하여야 성립일이 속하는 달의 보험료를 적기에 산정 및 부과가 가능하다.

2) 고용보험-산재보험 사업장관리번호가 상이한 사업장의 경우

고용보험과 산재보험의 사업장관리번호가 서로 다른 사업장의 경우에는 고용보험 「피보험자격취득 신고서」와 산재보험 「근로자고용신고서」를 각각 작성하여 해당 각 보험의 사업장관리번호로 신고하여야 한다.

(4) 재외국민의 고용보험 피보험자격 취득 신고

대한민국 국민으로서 외국의 영주권을 가진 『재외국민』에 대한 피보험자격 취득신고는 고용보험 가입 제외 대상 근로자가 아닌 한 취득신고서에 재외국민 국내거소 신고증(국내거소 신고한 경우) 사본을 첨부하여 신고하여야 한다.

재외국민은 주민등록번호 말소 여부에 관계없이 국내거소신고를 하지 않더라도 국내기업에 취업이 가능하나, 국내거소신고가 되지 아니한 경우에는 먼저 국내거소신고부터 처리하여야 한다.

(5) 건설공사의 일괄적용을 받는 사업장의 경우

건설공사의 일괄적용을 받는 사업장의 사업주는 사업의 개시일(공사 개시일)로부터 14일 이내에 개별사업의 소재지 관할 근로복지공단 지사에 사업개시신고를 해야 하며, 개별사업 (개별 공사건)의 고용보험 피보험자에 대한 취득신고는 취득사유가 발생한 날이 속하는 달의 다음 달 15일까지 신고하여야 한다**(자진신고 사업장으로 산재보험은 신고 불필요)**.

(6) 자활근로자

자활근로자란 지역자활센터 및 지방자치단체가 수행하는 자활사업에 참여하는 근로자를 뜻하며 취득신고 시 보험료부과 구분 부호 및 사유 란에 보장자격을 구분하여 신고한다. 건설업 사업장에서 주의해야 할 점은, 근로자가 생계급여수급자라 하여 보험료부과구분 부호 및 사유란에 자활근로자로 체크하여 신고하지 않도록 해야 한다는 점이다.

[사례] 건설업(자진신고) A 사업과 제조업(부과고지) B사업 사업장 관리번호가 상이한 경우 고용산재보험 취득신고

순번	근로자명	고용보험	산재보험
1	김근로	관리번호 A (건설업: 자진신고)	
2	이복지		
3	조공단		
4	최고용		관리번호 B (제조업: 부과고지)
5	김산재		
6	조보험		
7	정건설		
8	박사업		

☞ 관리번호 A 사업장(건설업)
 - 산재보험 근로자 고용신고 대상: 해당 없음(자진신고)
 - 고용보험 피보험자격 취득신고 대상: 김근로, 이복지, 조공단, 최고용, 김산재, 조보험, 정건설, 박사업
☞ 관리번호 B 사업장(제조업)
 - 산재보험 근로자 고용신고 신고 대상: 최고용, 김산재, 조보험, 정건설, 박사업
  (고용보험은 본사로 신고, 산재는 장소적으로 분리 적용 사업장에 고용신고)

(7) 신고내용

· 근로자별 고용보험과 산재보험 구분

대부분의 근로자는 고용보험과 산재보험 가입대상 모두에 해당하지만, 근로자에 따라서 특정 보험만 적용 제외 대상에 해당하는 경우가 있다. 예를 들어 선원법 및 어선재해보상법 적용자, 국가기관에서 근무하는 청원경찰 등은 산재보험법의 적용 제외 대상에 해당한다(건설업 근로자의 경우 산재보험 제외 대상은 거의 없다고 보아도 무방하다). 또한 고용보험 적용 제외 대상에 해당하는 특정 체류자격의 외국인 근로자나 65세 이상에 고용된 근로자 등은 산재보험만 가입하게 된다. 이러한 근로자의 신고 시에는 각각 해당하는 보험 종류에만 ☑ 체크 표시를 하면 된다.

그러나 건설업(자진신고 사업장)의 경우 산재보험 고용신고는 별도로 하지 않으며, 특히 일용직의 경우에는 일용근로내용확인신고로 취득 및 상실 신고를 갈음하고 있으므로 고용보험 적용대상에 해당하는 경우에만 신고를 하고, 적용 제외 대상에 해당하지 않는다면 신고에서 제외하면 된다.

· 사업장관리번호

① 일반적인 경우

고용보험과 산재보험 사업장관리번호가 동일한 경우에는 한 장에 작성하되, 앞서 **'(2)-2) 고용보험-산재보험 사업장관리번호가 상이한 사업장의 경우'**에서 설명한 바와 같이 사업장관리번호가 서로 다른 경우에는 각각 작성해야 한다. 물론 건설업(자진신고) 사업장의 경우는 산재보험 별도 신고가 불필요하므로 관리번호가 다른 경우 고용보험 사업장관리번호를 통해 고용보험 신고만 이루어지면 된다.

② 고용보험법 제15조제2항에 의하여 하수급인이 피보험자격 취득신고를 하는 경우

고용보험법 제15조제2항[2]에 의하여 하수급인이 피보험자격 취득신고를 하는 경우란

---

2) 제15조(피보험자격에 관한 신고 등) ②보험료징수법 제9조에 따라 원수급인(元受給人)이 사업주로 된 경우에 그 사업에 종사하는 근로자 중 원수급인이 고용하는 근로자 외의 근로자에 대하여는 그 근로자를 고용하는 다음 각 호의 하수급인(下受給人)이 제1항에 따른 신고를 하여야 한다. 이 경우 원수급인은 고용노동부령으로 정하는 바에 따라 하수급인에 관한 자료를 고용노동부장관에게 제출하여야 한다.

위에서 언급한 '하수급인 사업주 인정승인'을 받아 하수급인이 고용(또는 산재)보험의 가입자가 되는 경우를 말한다. 이러한 경우에는 하수급인관리번호란에 하수급인관리번호를 기재하고 사업장란에는 하수급인의 사업장 명칭, 소재지, 전화번호를 기재한다.

· 월 평균보수

근로자 고용 신고 시 기록해야 하는 월 평균보수란 취득(고용)일로부터 1년간(1년 이내의 근로계약기간을 정한 경우에는 그 기간) 지급하기로 정한 보수총액을 해당 근무개월 수로 나눈 금액을 말한다.

· 근로자 자격취득(고용)일

근로자 자격취득(고용)일 칸에는 실제 근로자를 고용한 날을 기재하면 된다. 단, 고용보험 피보험자격취득일과 산재보험 고용일이 서로 다른 경우 줄을 달리하여 기재한다.

· 직종부호

원칙적으로는 한국고용직업분류의 소분류(136개) 직종에 따라 해당 코드를 기재하되, 이에 대한 판단이 곤란한 경우에는 구체적으로 서술하여 기재한다. 그러나 실무적으로는 직종 판단이 곤란한 경우에는 직종이 보험관계 성립에 있어서 큰 차이가 있는 항목은 아니므로 건설업에서 일반적으로 채용하는 코드를 임의로 기재하여도 무방하다.

· 주 소정근로시간: 1주간의 소정근로시간

주 소정근로시간 항목에는 근로계약 당시 당사자 간에 근로하기로 약정한 시간을 주 단위로 환산하여 기록한다(**일일 소정근로시간이나 월 소정근로시간을 기입하지 않도록 주의**).

---

1. 「건설산업기본법」 제2조제7호에 따른 건설업자
2. 「주택법」 제4조에 따른 주택건설사업자
3. 「전기공사업법」 제2조제3호에 따른 공사업자
4. 「정보통신공사업법」 제2조제4호에 따른 정보통신공사업자
5. 「소방시설공사업법」 제2조제1항제2호에 따른 소방시설업자
6. 「문화재수리 등에 관한 법률」 제14조에 따른 문화재수리업자

소정근로시간이 월 단위로 정해진 경우 주 단위 환산 식은 다음과 같다(소수점 이하는 반올림).

$$\cdot\ (월\ 소정근로시간\ \times\ 12)\ /\ 365\ \times\ 7$$

· 계약종료연월(계약직만 작성)

여기서 계약직이란 '기간의 정함이 있는 근로자'를 말한다. 이러한 계약직 근로자의 경우, 계약직 근로자 여부에 대해 ☑ 표시를 하고, 계약 종료일을 연도와 월까지만 기재한다. 계약직 근로자도 단순한 근로계약 기간이 정해진 근로자, 건설공사기간에만 근로하기로 약정한 근로자, 사업이나 특정 업무의 완성을 위해 채용된 근로자로 구분할 수 있는데, 각각의 경우 근로계약기간이 정해져 있다면 근로(고용)계약 만료일이 속한 월을, 건설공사기간으로 계약을 체결하였다면 예상 공사종료일이 속한 월을, 사업이나 특정 업무를 완성하는 것으로 계약을 체결하였다면 예상 완성일이 속한 월을 기재하면 된다.

· 보험료 부과구분 부호 및 사유(해당자만 기재)

[표 3-7] 근로자에 따른 사유코드 및 보험료 부과 범위

부호	사유코드	사유(대상근로자)	부과범위			
			산재보험		고용보험	
			산재	임채	실업급여	고안직능
51	09	고용보험 미가입 외국인근로자	O	O	X	X
	10	월 60시간 미만 근로자				
	11	항운노조원(임채부과대상)				
52	03	현장실습생	O	X	X	X
	13	항운노조원(임채소송승소)				
	24	시간선택제채용공무원(18.9.21.부터 산재보험 제외)	X	X	X	X
54	22	자활근로종사자(급여특례, 차상위계층, 주거급여·의료급여 또는 교육급여 수급자)	O	X	O	O
55	05	국가기관에서 근무하는 청원경찰	X	X	O	O
	06	선원법 및 어선재해보상법 적용자				
	07	해외파견자(「산재보험법」의 적용을 받지 않는 자)				
56	01	별정직·임기제공무원	X	X	O	X
	16	노조전임자(노동조합 등 금품 지급)				
57	14	시간선택제임기제공무원, 한시임기제공무원 (18.9.21.부터 산재보험 제외)	X	X	O	X
58	21	자활근로종사자(생계급여 수급자)	O	X	X	O

※ 해당보험에 취득(고용)되어 있을 경우 보험료가 부과되는 범위를 말함(O 표시되어있는 보험에 의무적으로 가입해야 하는 것을 의미하는 것이 아님)

고용보험료는 실업급여와 고용안정·직업능력개발 사업 급여로 구성되며, 산업재해보상 보험료에는 임금채권보장보험료가 포함되어 있다. 근로자에 따라서는 어느 보험료 납부 대상에는 해당하지만 어느 보험료 납부 대상에서는 제외되는 경우가 있으므로, 아래 표와 같이 일부 보험료만 부과되는 근로자의 경우에는 보험료부과구분 란에 해당하는 부호와 사유 코드를 각각 기재한다.

⑧ 신고서 작성 방법 실무

1) 우편 또는 팩스 신고

국민연금 [ ] 사업장가입자 자격취득 신고서　　**건강보험 [ ] 직장가입자 자격취득 신고서**
고용보험 [ ] 피보험자격취득 신고서　　**산재보험 [ ] 근로자 고용 신고서**

※ 유의사항 및 작성방법은 제2쪽을 참고해 주시기 바라며, 색상이 어두운 란은 신고인이 적지 않습니다.
※ [ ]에는 해당되는 곳에 √ 표시를 합니다.
※ 같은 사람의 4대 사회보험의 자격취득일 또는 소득(보수)월액, 월평균보수액이 서로 다른 경우 줄을 달리하여 적습니다.

(제1쪽)

처리기간: 3일(고용보험은 5일)

위 서식은 4대보험 공통서식으로, 상용직 입사 시 4대보험 취득 신고를 위해서는 위 서류를 작성하여 각 공단 지사 중 한 군데에 1회만 우편 또는 팩스로 제출하면 된다. 단, 보험 종류별로 적용 제외에 해당하는 사항이 있다면 해당 보험 종류에만 체크하지 않고 작성한다. 본 장에서는 고용산재보험에 관해 설명하고 있으므로 고용산재보험 취득신고서 작성 방법에 대해 설명하고, 국민연금, 건강보험의 취득신고에 대해서는 다음 장에서 설명을 이어가도록 한다.

먼저 위 서식의 사업장에 관한 사항을 기재하고, 입사한 근로자의 성명, 주민번호 등 인적사항을 기록한다. 그리고 근로계약 당시 합의된 월 소득액, 자격취득일(입사일) 등을 기록한다. 이어서 고용보험 계약직 여부를 체크하고 일자리 안정자금 지원 대상 여부를 확인하고 일자리 안정자금 지원 신청에 체크한다. 작성이 끝나면 위 서류를 우편이나 팩스로 관할 근로복지공단에 보내면 된다.

2) 고용산재토털서비스 신고

마찬가지로 근로자 고용 신고 또한 고용산재토털서비스로 가능하다. 고용산재토털서비스를 활용한 근로자 고용 신고 절차 및 방법은 다음과 같다.

고용산재토털서비스 공인인증서 로그인 후 [민원접수/신고] → [고용관리] → [근로자고용신고(10501)] 클릭

❷ 사업장관리번호 기입 후 근로자 취득신고를 하고자 하는 보험 종류에 ☑ 표시한다(근로자 취득 신고는 4대보험 공통으로 고용산재토털서비스 뿐 아니라 건강보험EDI, 국민연금 EDI를 통해서도 4대보험 일괄 취득 신고가 가능함).

❸ 대상 근로자의 주민등록번호를 기입한다(나머지 인적사항은 주민번호 입력 후 자동 기록됨).

❹ 월평균보수, 주소정근로시간 등 공란에 해당 사항을 입력한다.

❺ 모든 필수기재사항 입력이 완료되면 [대상자 추가]를 클릭한다.

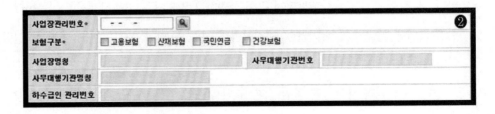

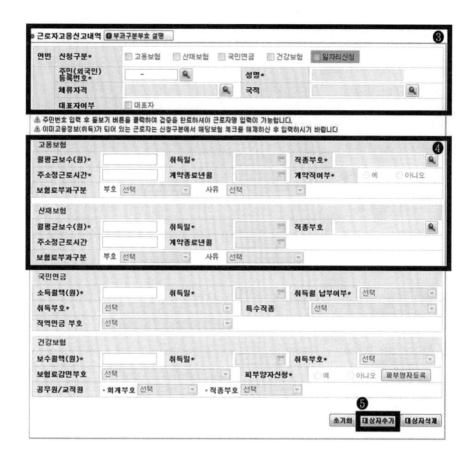

❻ 입력완료 후 [대상자 추가]를 하면 해당 인원이 아래에 등록되며, 전체 취득인원 대상
자 추가가 완료되면 [신고자료 검증]을 클릭한다. 그러면 자동으로 입력 오류가 있었
는가를 검토하여 추가입력 또는 수정할 사항을 자동으로 알려준다.

❼ 신고자료 검증이 완료되면 [접수]를 눌러 신고를 완료한다.

※ 신고 대상이 여러 명일 경우, 엑셀 파일 불러오기를 통한 신고도 가능하다.

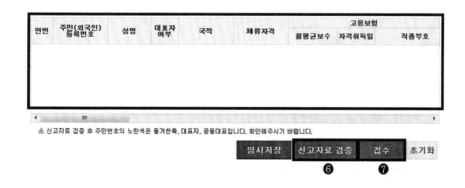

2. 근로자 자격상실(고용종료) 신고

근로자를 사용하는 사업주나 하수급인은 법 제15조에 따라 고용노동부장관에게 그 사업에 고용된 근로자의 피보험자격 취득 및 상실에 관한 사항을 신고하거나 법 제16조에 따라 고용노동부장관에게 피보험 단위기간, 이직 사유 및 이직 전에 지급한 임금·퇴직금 등의 명세를 증명하는 서류(이하 "이직확인서"라 한다)를 제출하려는 경우에는 그 사유가 발생한 날이 속하는 달의 다음 달 15일까지(근로자가 그 기일 이전에 신고하거나 제출할 것을 요구하는 경우에는 지체 없이) 신고하거나 제출하여야 한다. 이 경우 사업주나 하수급인이 해당하는 달에 고용한 일용근로자의 근로일수, 임금 등이 적힌 근로내용 확인신고서를 그 사유가 발생한 날의 다음 달 15일까지 고용노동부장관에게 제출한 경우에는 피보험자격의 취득 및 상실을 신고하거나 이직확인서를 제출한 것으로 본다(고용보험법 시행령 제7조제1항).

위 조항에 따르면 상용직 근로자의 자격상실의 경우에는 '이직확인서'를 제출하며, 일용근로자의 보험 자격 취득 및 상실에 관해서는 근로내용확인신고로 갈음할 수 있도록 하고 있다. 이에 여기서는 상용직 근로자의 자격상실에 대해 먼저 설명하고, 일용근로자의 자격 및 취득 상실 신고를 갈음하는 '근로내용확인신고'에 대해서는 이어서 별도로 설명하기로 한다.

(1) 신고 사유 및 시기

사업주는 고용된 근로자가 이직 등 상실(종료)사유가 발생한 경우 상실연월일, 상실사유, 보수총액 등을 이직한 날이 속하는 달의 다음 달 15일까지 공단에 신고해야 한다. 단, 근로자가 동 기일 이전에 고용보험 피보험자격의 상실신고를 요구하는 경우에는 지체 없이 신고하여야 한다.

다음과 같은 퇴직 사유가 발생한 경우 「고용·산재보험 근로자 자격상실(고용종료) 신고서」를 제출하여야 한다.

[표 3-8] 근로자 자격상실 사유 및 상실일

구분	사유	자격상실(고용종료)일
공통	근로자가 고용·산재보험 적용 제외 근로자가 된 경우	적용 제외된 날
	고용·산재보험 적용제외 사업으로 근로자의 고용관계가 변경되는 경우	변경된 날
	보험관계가 소멸하는 경우	보험관계가 소멸한 날
	사업주와 고용관계가 종료된 경우 (근로자가 이직한 경우)	고용관계가 끝나는 날의 다음 날 (이직한 날의 다음 날)
	근로자가 사망한 경우	사망한 날의 다음 날
고용보험	근로계약의 변경 등으로 피보험자격을 상실한 경우	기존 근로관계 끝나는 날의 다음 날
	고용보험에 가입된 외국인근로자가 고용보험 탈퇴 신청한 경우	탈퇴 신청한 날의 다음 날
	고용보험에 가입된 별정직·임기제 공무원이 고용보험 탈퇴신청한 경우	
	이중고용으로 먼저 취득한 피보험자격을 상실한 경우	나중에 고용된 사업에서의 피보험자격을 취득한 날
산재보험	해외파견 사업으로 파견되는 경우	국내 사업에서 고용관계가 끝나는 날의 다음 날
	사업종류 변경으로 부과고지 사업에서 자진신고 사업으로 변경된 경우	변경된 날

(2) 신고 시 유의사항

보험관계가 소멸한 경우에는 「보험관계소멸신고서」와 「보수총액신고서」의 신고기한은 소멸일로부터 14일이고, 「근로자 자격상실(고용종료) 신고서」의 신고기한은 다음 달 15일까지로 서로 상이하나, 「보험관계소멸신고서」와 「근로자 자격상실(고용종료) 신고서」, 「보수총액신고서」를 함께 제출해야 한다.

상실사유는 고용보험 실업급여 수급자격 및 고용안정지원금과 관련하여 중요한 기초 자료가 되므로 정확하게 확인하여 상실사유와 구분코드를 구체적으로 기재하여야 한다. 원칙적으로 근로자의 자발적 퇴사로 인한 상실은 실업급여 수급 자격에서 제외되며, 단 자발적으로 퇴사한 경우라도 정당한 사유가 있는 경우에는 실업급여를 받을 수 있다. 퇴사사유 중 실업급여를 받을 수 있는 정당한 사유는 다음과 같다.

① 임금체불에 의한 퇴직, 회사의 휴업이나 강제휴직 등으로 인한 퇴직
② 회사의 경영상 문제로 정리해고가 예정됨에 따른 퇴직
③ 권고사직, 희망퇴직, 명예퇴직
④ 결혼·임신·출산에 따른 퇴직, 자녀 양육에 따른 퇴직
⑤ 회사 이전에 따른 통근 불편으로 인한 퇴직
⑥ 결혼 등으로 배우자와의 동거를 위한 퇴직

⑦ 계약기간 종료 및 정년에 따른 퇴직

⑧ 장시간 근로에 따른 퇴직

⑨ 개인적인 질병 및 부상에 따른 퇴직

상실사유 분류 중 '자진퇴사에 의한 이직', '회사 사정과 근로자 귀책사유에 의한 이직' 및 '정년 등 기간만료에 의한 이직'은 이직으로 인하여 피보험자격을 상실하는 것이고 '기타'는 고용보험 가입 제외 대상으로 됨에 따라 피보험자격을 상실하는 것을 말하므로 상실사유 입력 시 이를 잘 구분하여야 한다.

(3) 신고 내용

· 사업장관리번호

고용보험과 산재보험 사업장관리번호가 같은 경우는 한 장에 작성하되, 다른 경우에는 각각 작성한다. 또한 고용보험법 제15조제2항에 의하여 하수급인이 피보험자격 취득신고를 하는 경우에는 하수급인관리번호란에 하수급인관리번호를 기재, 사업장란에는 하수급인의 사업장명칭, 소재지, 전화번호를 기재한다.

· 전화번호(이동전화)

통지서 등을 알림톡으로 수신이 가능하도록 근로자의 이동전화번호를 기재한다.

· 상실연월일

상실연월일 칸에는 자격상실(고용종료)일을 기재한다.

· 상실사유 및 구분코드

앞서 신고 시 유의사항에서 설명한 바와 같이, 상실사유는 실업급여 수급자격 및 고용안정사업 지원 등과 관련하여 중요한 기초자료가 되므로 정확하게 확인하여 상실사유를 구체적으로 기재하고, 구분코드를 정확히 기재하여야 한다. 만약 상실과 관련한 사실관계를 확인할 수 없는 경우에는 그 사유를 구체적으로 기재하여야 한다.

근로자 자격상실(고용종료)일이 속한 년도 초일부터 자격상실(고용종료)일 전일까지 발생한 보수를 기재한다.

(4) 신고서 작성 실무

1) 팩스 또는 우편 신고

팩스나 우편으로 근로자 상실 신고를 하고자 할 경우에는 아래 서식을 작성하여 관할 근로복지공단에 팩스 또는 우편으로 접수한다.

❶ 위 서식은 4대보험 공통 서식이므로 상실처리 대상이 되는 보험 종류에 ☑ 표시를 한다(건설업의 경우 산재보험에 별도 체크 불필요).

❷ 사업장관리번호, 사업장 명칭 등 가입대상이었던 사업장 관련 사항을 기록한다.

❸ 성명, 주민번호 등 상실처리 대상 근로자의 인적사항을 기록한다. 여기서 고용보험의 상실사유는 향후 근로자의 실업급여(구직급여) 수급 대상 요건을 판단하는 중요한 근거가 되므로, 정확한 사유를 기록하도록 한다. 또한 해당 근로자가 구직급여 수급 대

상일 경우 반드시 「고용보험 이직확인서」를 작성하여야 한다(자세한 내용은 **5. 이직확인서** 참조)

❶  고용산재토털서비스 공인인증서 로그인 후 [민원접수/신고] → [고용관리] → [근로자고용종료신고(10502)] 클릭

❷ 사업장관리번호를 입력하면 사업장 관련 사항이 자동으로 입력된다.

❸ 고용종료(상실) 대상자의 주민등록번호를 입력하면 보험구분 및 성명이 자동으로 기입된다(건설업의 경우 산재보험은 체크되지 않음). 통상적으로 퇴사자 발생 시 4대보험관계가 모두 종료되므로 산재보험을 제외한 모든 보험에 체크되어 있으면 된다.

❹ 상실일과 상실사유 등을 선택한다. 고용보험의 경우 상실사유는 퇴사자의 실업급여 수급요건에 중요한 역할을 하므로, 반드시 정확하게 선택해야 한다.

❺ 고용종료 대상자의 해당 사항 기록이 모두 완료되면 [대상자추가]를 클릭한다.

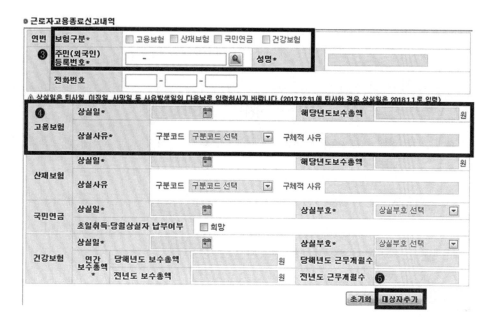

❻ 위에서 [대상자추가] 된 대상자가 공란에 확인된다.

❼ [접수]를 클릭하면 고용종료신고서만 접수된다.

❽ [접수 및 피보험자 이직확인신고 바로가기]를 클릭하면 이직확인서를 작성할 수 있는 서식으로 넘어가게 된다(이직확인서에 대해서는 아래 3. **이직확인서** 참조).

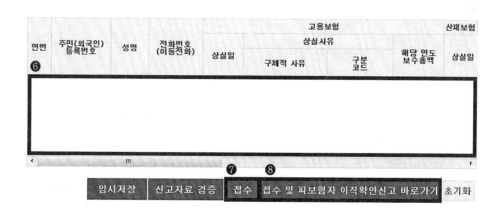

3. 이직확인서[3]

(1) 신고 사유 및 시기

'이직확인서'란 '피보험 단위기간·이직사유 및 이직 전에 지급한 임금·퇴직금 등의 이직 명세를 증명하는 서류('고용보험법」제16조)를 말한다. 사업주는 고용하는 피보험자가 이직 으로 피보험자격을 상실한 경우에는 '피보험자격상실신고서(이직확인서)'에 피보험 단위기 간, 이직사유, 이직 전에 지급한 임금, 이직 전 1일 소정근로시간을 증명하는 내용을 기재 하여 그 사유가 발생한 날이 속하는 달의 다음 달 15일까지 제출하여야 한다. 여기서 특히 이직사유는 실업급여 수급자격 제한 여부를 판단하는 기초 자료이므로 가능한 한 구체적 으로 기재하여야 한다.

가장 최근 이직 전 사업장의 피보험단위기간이 180일 미만이어서 동 사업장 근무 전 사 업장의 피보험단위기간 등의 합산이 필요한 경우에는 이전 사업장의 이직확인서를 함께 제 출하여야 한다.

(2) 신고 내용

이직확인서를 통해 신고해야 할 내용에는 이직일, 이직사유, 피보험단위기간산정대상기 간, 보수지급기초일수, 임금내역, 기준보수, 1일 소정 근로시간 등, 실업급여의 수급과 관련 된 판단을 위한 기초 자료들이 포함된다.

(3) 신고 시 유의사항

1) 상실신고의 선행

이직확인서는 상실신고가 먼저 되어야만 처리가 가능하므로 먼저 상실신고를 진행하여 야 한다.

---

3) 고용보험법에서 말하는 '이직'이란 '피보험자와 사업주 사이의 고용관계가 끝나게 되는 것'을 의미한다(고용보험법 제2조).

이직사유가 상실신고서 상의 상실사유와 동일하지 않은 이유가 이직확인서의 이직사유를 잘못 작성한 것으로 확인된 경우에는 보완된 이직확인서를 제출한다. 이에 반해 당초 신고한 상실신고서 상의 상실사유를 잘못 작성한 경우에는 정정요청서(상실사유 확인가능자료 일체 포함)를 제출하여야 한다. 피보험자격 상실신고서와 이직확인서가 함께 제출된 경우 「피보험자격확인통지서」에 의해 통보하고, 사업주가 사후에 이직사유 정정신고를 하는 등 당초와 다른 이직사유를 신고할 경우 300만원 이하의 과태료가 부과될 수 있으므로 주의하여야 한다(고용보험법 제118조제1항제2호).

(4) 신고서 작성방법

1) 팩스 또는 우편 신고

❶ 사업장관리번호, 사업장 명칭, 소재지 등 사업장 관련 사항을 기재한다.

❷ 만약 근로자가 특정 공사에만 근로하는 근로자이고, 그 공사가 하도급 공사이면서 하수급인 사업주 인정승인을 받지 않은 미승인 하수급인인 경우 해당 공사의 하수급인 관리번호를 기재한다.

❸ 피보험자 성명, 주민번호, 주소, 연락처 등 상실신고 대상 피보험자 인적사항을 기록한다.

❹ 피보험자격 취득일: 입사일을 기록한다.

❺ 이직일: 마지막 근로제공한 날을 기록한다.

❻ 이직사유: 구분코드에는 다음과 같이 사유에 해당하는 코드를 입력하고 구체적 사유를 13자 이상 상세하게 기재한다. 앞서 언급한 바와 같이, 이직사유는 구직급여 수급자격 판단에 중요한 요소이므로 정확하게 기록한다.

이직사유	상세사유 및 코드
자진퇴사	11. 개인사정으로 인한 자진퇴사 12. 사업장 이전, 근로조건 변동, 임금 체불 등으로 자진퇴사
회사사정과 근로자 귀책 사유에 의한 이직	22. 폐업·도산 23. 경영상 필요 및 회사불황으로 인한 인원감축 등에 따른 퇴사(해고·권고사직·명예퇴직 포함) 26. 근로자의 귀책사유에 의한 징계해고·권고사직
정년 등 기간만료에 의한 이직	31. 정년 32. 계약기간 만료, 공사 종료
기타	41. 고용보험 비적용 42. 이중고용

❼ 피보험단위기간 산정 대상 기간: 피보험 단위기간의 산정 대상기간은 기준기간을 각 월로 구분하여 기재하되 이직일(상실일의 전날)을 포함하여 피보험 단위기간이 180일이 될 때까지 기재한다. 이때 보수지급이 전혀 없는 피보험 단위기간 산정대상기간은 기재하지 않는다.

❽ 보수지급 기초일수: 보수지급 기초일수에는 보수지급의 기초가 된 일수를 기재한다. 즉, 보수를 목적으로 근로한 날 외에 유급휴일, 사업장의 사정으로 휴업한 기간에 휴업수당을 받은 기간, 출산전·후 휴가기간 중 사업주로부터 금품을 지급받는 기간 등을 포함하지만 무급휴(무)일은 제외하고 산정한다. 예시) 주40시간제 사업장의 경우 근로일(월~금), 유급휴일인 주휴일(통상 일요일)은 보수지급기초일수에 포함하고, 주40시간제라 하더라도 주6일 근무 등으로 토요일에 근무하는 경우에는 보수지급기초

일수에 토요일을 포함한다.

❾ 통산피보험단위기간: 여기에는 보수지급 기초일수의 총합계를 기재하며 통산 피보험단위기간이 180일을 초과할 때는 180일로 기재한다.

❿ 기준기간 연장: 여기에는 기준기간 연장사유가 있는 경우에 기재하며, 그 구체적 사유와 기간을 기록하고 필요 시 그 사실을 확인할 수 있는 증명서를 제출하여야 한다.

⓫ 임금계산 기간: 임금계산 기간에는 평균임금 산정 대상기간(3개월)을 사업장별 임금계산 기간별로 구분하여 기재한다. 단 취업기간이 3개월 미만인 경우에는 그 기간만을 대상으로 구분 기재한다.

⓬ 총일수: 총일수에는 임금계산기간의 총일수를 기재하되 평균임금계산에서 제외되는 기간의 일수는 공제해야 한다.

⓭ 임금내역: 매월 단위로 지급되는 임금은 기본급과 기타 수당을 구분하여 기간별로 기재하고 상여금,정근수당, 연차수당 등 1개월을 초과하는 기간을 대상으로 지급되는 임금은 이직일 이전 12개월간의 지급총액 중 평균임금산정 대상기간의 지급액을 산정하여 기재한다. 그 외의 임금액은 기타란에 기재한다.

⓮ 통상임금: 통상임금이란 근로자에게 정기적이고 일률적으로 소정근로 또는 총 근로에 대하여 지급하기로 정한 시간급 금액, 일급 금액, 주급 금액, 월급 금액 또는 도급금액을 말한다(근로기준법 시행령 제6조제1항). 반면에 평균임금이란 이를 산정하여야 할 사유가 발생한 날 이전 3개월 동안에 그 근로자에게 지급된 임금의 총액을 그 기간의 총일수로 나눈 금액을 말한다(근로기준법 제2조제1항제6호). 평균임금이 통상임금보다 적으면 통상임금을 평균임금으로 하여 불이익을 방지하고 있으므로 이직일을 기준으로 근무한 기간이 3개월 미만인 경우는 통상임금을 반드시 기재해야 한다.

⓯ 기준보수: 기준임금(기준보수)는 평균임금 산정대상이 되는 전 기간의 보험료를 기준보수로 납부한 경우에 기재한다.

⓰ 1일 소정근로시간: 이직 전 1일 소정근로시간은 이직 전의 1일 평균 소정근로시간을 체크한다.

근로복지공단에서는 유튜브, 공단 홈페이지, 고용산재보험 토탈서비스 등 다양한 인터넷 경로를 통해 이직확인서 작성방법을 쉽게 알려주고 있다. 구체적인 확인 경로는 다음과 같다.

사이트	「이직확인서 작성방법」 동영상 조회 방법
YouTube	- 전체 동영상(9분 14초), 1편~ 4편 동영상(각 3분 내외)
공단 홈페이지	- 공지사항 → 「고용보험이직확인서 작성방법」 전체 및 1편~4편 동영상 - 동영상 → 「고용보험이직확인서 작성방법」 전체 동영상 - 서식자료 → 「피보험자이직확인서」 → 전체 및 1편~4편 동영상 - 가입납부서비스 → 피보험자관리 → 피보험자 자격관리 → 이직확인서→ 전체 및 1편~4편 동영상
고용·산재보험 토탈서비스	- 고용산재보험토탈서비스(www.total.comwel.or.kr) → 「민원접수/신고」 → 고용관리 → 피보험자이직확인(10507) → 전체 및 1편~4편 동영상
고용보험EDI 건강보험EDI 국민연금EDI 4대사회보험	- 고용보험홈페이지(www.ei.go.kr) - 건강보험EDI(www.edi.nhis.or.kr) - 국민연금EDI(www.edi.nps.or.kr) - 4대사회보험(www.4insure.or.kr)

2) 고용산재토털서비스 신고

고용종료신고 시 마지막에 [접수 및 피보험자 이직확인신고 바로 가기]를 클릭하면 이직확인서를 등록할 수 있는 화면으로 접속이 가능하며, 입력 사항은 위 서식과 큰 차이가 없으므로 자세한 설명은 생략하기로 한다.

4. [중요] 근로내용확인신고

일용직, 특히 건설업 일용직의 경우 보험 관계의 취득 및 상실이 빈번히 이루어지고 보수액도 근로일수나 근로시간 등에 따라 변동이 심하므로 일일이 보험관계 취득 및 상실 신고를 수행하는 것이 매우 번거롭고 어렵다. 이에 고용보험법 시행령에서는 일용직의 취득 및 상실 신고 절차 간소화를 위한 별도의 예외 조항을 두고 있는데, 이것이 근로내용확인신고 제도이다.

근로내용확인신고는 일용직을 사용하는 건설업 사업장에서 빈번하게 활용하는 일용직 보험관계 성립 및 상실 신고일뿐 아니라, 만약 산재가 발생하였을 경우 사업장 근로 내역을 확인하는 기초 근거 자료가 되기도 한다. 또한 건강보험공단의 사업장지도점검이나 국민연금의 일용직 근로 내역 확인 시에도 고용보험 근로내용확인신고 내역을 근거 자료로 요청하기도 한다. 그

만큼 중요한 자료이므로 건설업 사업장에서는 반드시 숙지하고 매월 일용직을 사용할 때마다 신고기한 내에 신고를 잘 마쳐야 한다.

(1) 신고 사유 및 시기

「고용보험법」 제2조제6호에 따른 일용근로자는 「근로내용확인신고서」를 제출하는 경우 근로자 취득(고용) 및 상실(고용종료) 신고를 한 것으로 본다. 따라서 사업주는 근로자 취득(고용)신고, 상실(고용종료)신고 및 이직확인서를 별도로 신고함이 없이 일용근로자에 대하여는 「근로내용확인신고서」를 **신고사유 발생일 다음 달 15일까지** 공단에 신고(다만, 근로자가 조기 신고를 요구하는 경우 지체 없이 신고)한다. 이 신고기한을 하루라도 넘길 경우, 과태료가 부과될 수 있으므로 반드시 기한을 준수하도록 한다. 근로복지공단에서는 해마다 일정 기간 자진신고 기간을 두고 있으므로 만약 누락된 신고가 있을 경우 이 기간에는 과태료 등의 염려 없이 신고를 처리할 수 있어 잘 활용하는 것도 좋다.

(2) 신고 시 유의사항

· 월별로 각각 신고

근로내용확인신고는 여러 달 분량을 한 장에 할 수 없으므로, 월별로 각각 신고해야 한다. 예를 들어 2019년 5, 6월 근무 시 (일용)근로내용확인신고서를 2019년 5월, 6월분을 각각 신고(파일작성 시에도 해당 월이 다를 경우 다른 파일로 작성)해야 한다.

· 외국인 일용근로자

앞서 외국인 근로자의 경우 체류자격에 따라 당연가입, 임의가입, 적용제외로 구분됨을 설명한 바 있다. 이 구분에 따라 당연적용 대상인 외국인근로자 중 일용근로자는 국내근로자와 같이 「근로내용확인신고서」에 따라 신고한다. 고용보험 임의가입대상인 외국인 일용근로자는 근로내용확인신고서 제출기한까지 외국인 고용보험 가입 신청서를 근로내용확인신고서와 함께 제출해야 하며, 이 경우 그 가입의 사유가 발생한 날에 피보험자격을 취득한 것으로 본다.

다만, 고용보험 EDI 상에서 '전산파일대체신고(엑셀 등으로 취합된 자료를 전산에 등록하여 한꺼번에 신고하는 방법)'를 할 경우, 외국인이 해당 자료 목록에 포함되어 있다면 '외국인은 전산대체 신고를 할 수 없습니다'라는 오류 메시지가 뜬다. 따라서 외국인의 경우 전산대체신고는 불가하며 [일용직근로내용확인신고] 메뉴에서 직접 한 명씩 입력해야 한다.

· 건설업 일용근로자의 경우

건설업의 경우에 한하여 근로내용확인 신고 시 고용관리책임자를 기재하며, 고용관리책임자는 「건설근로자의 고용개선 등에 관한 법률」 제5조제1항 및 제3항에 따라 사업장별(건설공사별)로 지정하여 신고하여야 한다.

· 국세청 신고

일용근로자 근로내용확인신고서를 제출 시 사업자등록번호를 기재한 경우, 당해 근로자에 대해서는 국세청에 별도로 신고할 필요가 없다. 그러나 사업자등록번호와 국세청 일용근로소득 신고 란은 필수 기재 항목이 아니며, 국세청에 직접 신고를 원하는 경우 기재하지 않아도 된다. 따라서 국세청 통보를 원치 않는 경우 '사업자등록번호'를 기재하지 않아도 무방하다.

일당 15만원 이하 근로자로 소득세액이 0원인 경우, 사업자등록번호를 기재하여 제출한 사업장은 국세청에 모두 통보(기재금액이 없는 경우 포함)됨에 따라 사업자등록번호는 있고 기재금액이 없는 경우에는 0원 신고한 것으로 간주한다.

사업자 동거친족 등으로 고용보험 가입대상에서 제외되어 근로내용확인신고 대상이 아닌 자에 대해서는 국세청에 별도로 신고해야 한다. 왜냐하면 국세청 전송 대상은 고용·산재보험 신고대상 근로자에 대해서만 전송되기 때문이다.

Q	일용근로자란?
A	일용근로자라 함은 1개월 미만 동안 고용되는 자를 말한다. 여기서 1개월 미만 동안 고용된다 함은 현실적으로 1개월 미만으로 고용된 경우를 말하는 것은 아니며, 근로계약기간이 1일 단위, 또는 1월 미만인 경우에 해당한다. 따라서 임금의 산정이나 지급형태가 일 단위 혹은 시간 단위로 이루어진다 하여 일용근로자로 분류되는 것은 아님에 주의해야 한다. 즉, 일일 단위 근로계약형태로 채용되었다면 실제 근로일수가 1월 이상 되는 경우도 일용근로자로 간주한다.

Q	일용근로자와 단시간근로자의 구분
A	일용근로자라 함은 '1개월 미만 동안 고용'되는 자를 말하며, 단시간근로자는 1주간의 소정근로시간이 당해 사업장의 동종 업무에 종사하는 통상근로자의 1주간의 소정근로시간에 비하여 짧은 근로자(근로기준법 제2조1항8호)를 말한다. 1개월 미만으로 고용되는 일용근로자는 근로시간이 짧더라도 '소정근로시간이 대통령령으로 정하는 시간 미만인 자'로 볼 수 없다. 따라서 일용근로자는 소정근로시간이 1개월간 60시간 미만인 경우에도 신고 대상자가 된다. '소정근로시간이 대통령령으로 정하는 시간 미만인 자'는 근로계약기간이 1개월 이상인 상시근로자에 해당된다.

(3) 신고 방법

1) 우편 또는 팩스 신고

우편 또는 팩스로 근로내용확인신고를 할 경우, 아래 「고용보험법」 시행규칙 [별지 제7호 서식]의 고용산재보험 근로내용확인신고서를 작성하여 관할 근로복지공단 지사에 송부하면 된다.

[√]고용보험 ❶[ ]산재보험 근로내용 확인신고서 (2019년 1월분)

※ 제2쪽의 유의사항과 작성방법을 읽고 작성하여 주시기 바라며, [ ]에는 해당되는 곳에 '√' 표시를 합니다.　　　　(제1쪽)

접수번호	접수일		처리기간: 7일

❷공통사업장	사업장관리번호　123-45-67890-0		명칭	
	사업자등록번호 (국세청에 일용근로소득지급명세서 제출을 갈음하고자 할 때 필히 기재)		하수급인관리번호(건설공사등 미승인 하수급인에 한함)	
	소재지　울산시 중구 종가로 340		보험사무대행기관 번호	보험사무대행기관 명칭
	전화번호　(유선) 052-123-4567(휴대전화)010-1234-5678		FAX번호 052-123-5678	
	공사명	고용관리 책임자 (※건설업만 해당)	(성명) (직무내용)	(주민등록번호)　　　　　　　(직위) (근무지)[ ]본사 [ ]해당 사업장(현장) [ ]다른 사업장(현장)

❸성명	김근로			
❸주민등록번호 (외국인등록번호)	123456-1234567	–	–	–
❸국적　❸체류자격	한국			
❸전화번호(휴대전화)	010-1234-9876			
❹직종 부호	701			

❺근로일수 ('o'표시)

1	2	3	4	5	1	2	3	4	5	1	2	3	4	5	1	2	3	4	5
O		O																	
6	7	8	9	10	6	7	8	9	10	6	7	8	9	10	6	7	8	9	10
			O																
11	12	13	14	15	11	12	13	14	15	11	12	13	14	15	11	12	13	14	15
		O																	
16	17	18	19	20	16	17	18	19	20	16	17	18	19	20	16	17	18	19	20
21	22	23	24	25	21	22	23	24	25	21	22	23	24	25	21	22	23	24	25
	O																		
26	27	28	29	30	26	27	28	29	30	26	27	28	29	30	26	27	28	29	30
31					31					31					31				

❺근로일수　❺일평균근로시간	5 일	10 시간	일	시간	일	시간	일	시간
❻보수지급기초일수	5 일		일		일		일	
❼보수총액(과세소득)	500,000원		원		원		원	
❼임금총액	500,000원		원		원		원	
❽이직사유 코드	1							
❾보험료부과구분 (해당자만) 부호 사유								

국세청 일용 근로 소득 신고	지급월			월		월		월
	총지급액 (과세소득)		원		원		원	원
	비과세소득	원		원		원		원
	원천징수액　소득세	원		원	원	원		원
	지방소득세	원		원		원		원

일자리안정자금 지원 신청	[√]예　[ ]아니오	[ ]예　[ ]아니오	[ ]예　[ ]아니오	[ ]예　[ ]아니오

「고용보험법」 시행령 제7조제1항 후단 및 같은 법 시행규칙 제5조제2항, 「고용보험 및 산업재해보상보험의 보험료징수등에 관한 법률 시행규칙」 제16조의6 후단에 따라 위와 같이 확인하여 신고합니다.

　　　　　　　　　　　　　　　　　　　　　　　　　　　　　　　　　　　　　년　　월　　일

신고인(사용자·대표자)　　　　　　　　　　　이 복지 (서명 또는 인)

[ ] 보험사무대행기관

　　　　　　　　　　　　　　　　　　　　　　　　　　　　　　　　　　　(서명 또는 인)

근로복지공단○○지역본부(지사)장 귀하

❶ 자진신고 사업장인 건설업 사업장에서는 고용보험 근로내용확인신고만 작성하고 산재보험 근로내용확인신고를 별도로 작성하지 않으므로 '산재보험' 칸에는 체크하지 않는다.

❷ 사업장에 관한 사항을 기재한다. 여기서 '사업장'이란 건설일용직 근로자가 근무한 해당 현장을 의미한다. 따라서 [사업장관리번호] 항목에는 해당 건설공사의 사업개시신고 후 부여받은 사업장관리번호를 입력해야 한다. 하도급사의 경우에는 하수급인 사업주 인정승인을 받지 않은 미승인하수급이라면 [사업장관리번호]도 기재하고 원도급사의 하수급인 신고를 통해 내려받은 [하수급인관리번호]도 별도로 기재해야 한다. 또한 당해 공사명과 고용관리 책임자까지 모두 기재해야 한다.

❸ 근로자 성명, 주민등록번호 등 신고 대상 근로자의 인적사항을 기재한다. 근로자 항목은 한 페이지에 4개의 칸으로 구분되어 있어 페이지당 최대 4명까지 신고가 가능하다. 외국인 근로자의 경우 [체류자격]을 정확히 확인하고 기재해야 한다.

❹ '직종부호'는 한국고용직업분류(KECO '18) 중 소분류(136개) 직종현황을 참고하여 기록한다. 건설 관련 근로자의 직종부호는 다음과 같다.

14. 건설·채굴 연구개발직 및 공학 기술직	7. 건설·채굴직
	70. 건설·채굴직
140 건축·토목공학 기술자 및 시험원	701 건설구조 기능원 702 건축마감 기능원 703 배관공 704 건설·채굴 기계 운전원 705 기타 건설 기능원(채굴포함) 706 건설·채굴 단순 종사자

❺ [근로일수('O' 표시)] 항목의 우측에는 1부터 31일까지 숫자가 모두 기록되어 있는데, 이는 각 월의 1일부터 31일까지를 의미하는 숫자이다. 따라서 근로자가 해당월에 근무한 일자마다 동그라미로 표시하여 근로한 날짜를 기록하면 된다. 그리고 아래 [근로일수] 칸에는 총 근로일수(O 표시된 개수)를 기록하고 근로자의 일평균근로시간도 기재한다.

❻ [보수지급기초일수]에서 '보수'란 「고용보험법」 제2조제5호(「소득세법」 제20조에 따른 근로소득에서 대통령령으로 정하는 금품을 뺀 금액)에 따른 보수를 의미한다. '보수지급기초일수'란 피보험기간 중 '보수지급의 기초가 된 일수'를 말하며, 여기에는 유급주

휴일과 같이 현실적으로 근로하지 않은 날이 포함될 수도 있다. 무급휴일이나 결근일 등과 같이 보수지급일수에서 제외하는 경우에는 [보수지급기초일수] 산정에서 제외해야 한다.

❼ [보수총액]에서 보수란 앞서 보수지급기초일수에서 설명한 '보수'를 의미하며 [임금총액]은 「근로기준법」 제2조에 따른 임금(사용자가 근로의 대가로 근로자에게 임금, 봉급, 그 밖에 어떠한 명칭으로든지 지급하는 일체의 금품)을 의미한다. 정확한 정의는 아니지만, 식대 등 비과세 항목을 모두 포함한 급여를 '임금', 여기에서 비과세 근로소득을 뺀 금액을 '보수'라고 생각하면 이해하기 쉽다.

❽ [이직사유 코드] 칸에는 다음 중 어느 하나의 사유코드를 기재하면 된다.

> ◈ 1. 회사의 사정에 의한 이직(폐업, 공사중단, 공사 종료, 계약기간 만료 등)
> ◈ 2. 부득이한 개인사정에 의한 이직 (질병·부상, 출산 등)
> ◈ 3. 기타 개인사정에 의한 이직(전직, 자영업을 위한 이직 등)

❾ 보험료부과구분에는 근로자가 아래 표 중 어느 하나에 해당하는 경우에 이를 기록한다. 반드시 해당 사항이 있는 경우에만 작성해야 한다.

부호	부과범위				대상 근로자
	산재보험		고용보험		
	산재보험	임금채권부담금	실업급여	고용안정직업능력개발	
51	O	O	x	x	09. 고용보험 미가입 외국인근로자, 11. 항운노조원(임금채권부담금 부과대상)
52	O	x	x	x	03. 현장실습생 (직업교육훈련촉진법 제7조의 교육이수자) 13. 항운노조원(임금채권부담금 소송승소) 24. 시간선택제채용공무원
54	O	x	O	O	22. 자활근로종사자(급여특례, 차상위계층, 주거급여·의료급여 또는 교육급여 수급자)
55	x	x	O	O	05. 국가기관에서 근무하는 청원경찰 06. 「선원법」 및 「어선원 및 어선 재해보상보험법」 적용자 07. 해외파견자 (산재보험법의 적용을 받지 않는 자)
56	x	x	O	x	01. 별정직·임기제 공무원 16. 노조전임자(노동조합 등 금품 지급)
57	O	x	O	x	14. 시간선택제임기제공무원, 한시임기제공무원
58	O	x	x	O	21. 자활근로종사자(생계급여 수급자)

❶ 고용보험EDI(https://www.ei.go.kr) 접속 후 [기업회원]에서 본사 사업장관리번호(일
반적으로 사업자등록번호–0)를 입력하고 공인인증서 인증을 통해 로그인한다.

❷ 로그인 후 화면 중앙 좌측의 [일용직근로내용확인신고]를 클릭

❸ [사업장관리번호] 옆의 [검색]을 클릭하면 본사 관리번호뿐 아니라 현재 사업개시신고 가 완료된 모든 현장의 사업장관리번호를 검색할 수 있다. 따라서 여러 현장 중 신고 하려는 일용직 근로자가 근무한 현장을 클릭하면 아래에 사업장 명칭, 전화번호, 성 립일, 주소 등이 자동 입력된다. 원도급사뿐만 아니라 '하수급인 사업주 인정승인'을 받은 하도급사의 경우에도 해당 현장의 관리번호를 [사업장관리번호] 옆에 있는 [검 색]을 클릭하여 사업장관리번호를 찾을 수 있다(하수급인 사업주 인정승인은 고용산 재보험에 있어서 하수급인을 원수급인과 동일한 주체로 만드는 절차이기 때문이라 생각하면 이해하기 쉽다). 그러나 미승인하수급인(사업주 인정승인을 받지않은 하수 급인)의 경우에는 [미승인하수급관리번호]의 오른쪽 옆에 있는 [검색]을 클릭하여 신 고하고자 하는 현장을 찾아야 한다. 종종 원도급사에서 '하수급인 신고'를 해주지 않 아 미승인하수급인관리번호에 해당 현장이 확인되지 않는 경우가 있는데, 이런 경우 에는 원도급사에 먼저 하수급인 신고를 처리해 줄 것을 요청하여야 한다. 마찬가지로 미승인하수급인관리번호 해당 현장을 찾아서 클릭하면 공사현장에 관한 아래 사항 이 자동으로 입력된다.

> **사업장 기본 정보**

접수번호		접수일자	2019/09/17	처리기간	7일

* 표시된 부분은 필수 입력사항입니다. ❶ 표시된 용어는 간단한 용어설명을 보실 수 있습니다.

* 사업장관리번호		검색	미승인 하수급관리번호		검색
사업자등록번호		※ 국세청 신고 시 사업자등록번호를 반드시 입력 하시기 바랍니다.			
사업장 명칭	(주)	휴대전화번호	- -		
사업장 전화번호	02 - -	사업장 FAX번호	- -		
성립일	2001	소멸일			
* 사업장 주소					
	서울특별시				

※ 사업장정보 및 대표자정보 변경은 근로복지공단에 문의해주시길 바랍니다.

❹ 고용보험과 산재보험 중 일용근로내용확인신고를 하려는 보험 종류를 선택하면 된다. 단, 앞서 설명한 바와 같이 자진신고 사업장인 건설업의 경우 산재보험에는 체크하지

않으며, 전산입력 시 해당 항목에는 애초에 체크가 되지 않도록 설정되어 있다.

❺ 가입자 정보 항목은 앞서 **'우편 및 팩스 신고'**에서 설명한 내용과 거의 동일하므로 자세한 설명은 생략하기로 한다.

❻ 고용보험 일용근로내용확인신고 시 국세청 항목은 필수 입력 사항은 아니며, 민원의 업무 편의를 위해 일괄 신고할 수 있도록 추가된 내역이다. 일용근로내용확인신고 시 사업자등록번호를 입력하고 이 항목을 정확히 기재한 후 근로복지공단 지사에서 최종적으로 처리완료가 되면 국세청으로 해당 내역이 통보된다.

❼ 모든 사항이 입력이 완료되면 [저장]을 클릭한다.

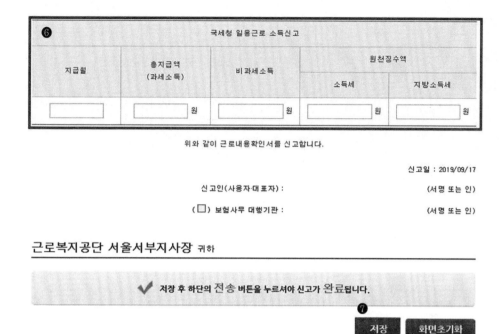

위와 같이 근로내용확인서를 신고합니다.

신고일 : 2019/09/17

신고인(사용자·대표자) :   (서명 또는 인)

(□) 보험사무 대행기관 :   (서명 또는 인)

근로복지공단 서울서부지사장 귀하

✔ 저장 후 하단의 전송 버튼을 누르셔야 신고가 완료됩니다.

❽ 신고해야 할 모든 근로자의 입력이 완료되면 화면 아래쪽의 [등록현황 목록]에서 지금까지 등록한 근로자의 신고 사항을 한꺼번에 확인할 수 있다. 최종적으로 [전송]을 클릭하기 전에는 [수정/삭제]를 클릭하여 입력 사항을 수정하거나 대상 근로자를 선별적으로 삭제할 수 있다.

❾ 반드시 [전송]을 클릭해야 최종적으로 신고가 완료된다.

> **등록현황 목록**

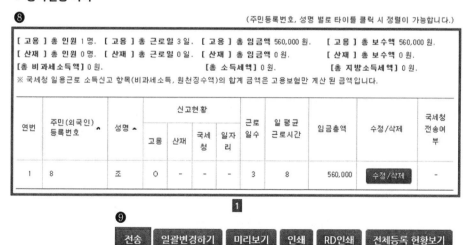

제3장
근로자 휴직, 변경, 정정, 취소

I. 근로자 휴직 등(상용근로자에만 해당)

■ 신고 사유 및 시기

사업주는 근로자가 휴업 또는 휴직하는 경우 그 사유 발생일로부터 14일 이내에 근로복지공단에 신고해야 한다.

■ 신고 내용 및 사유

(1) 신고 내용

근로자 휴직 신고 시에는 그 근로자의 성명, 주민등록번호, 휴업·휴직기간의 시작일 또는 종료일, 휴직사유 등의 내용을 신고해야 한다.

(2) 휴직 등의 신고 사유

휴직 등의 신고를 해야 하는 사유에는 다음과 같은 것이 있다.

① 사업장 사정에 의한 휴업·휴직

② 근로자 사정에 의한 휴직

③ 출산전후휴가, 유산사산휴가

④ 육아휴직, 육아기 근로시간단축

⑤ 노동조합 등으로부터 금품을 지급받는 노조전임자(산재보험만 해당)

단, 근로시간면제제도(타임오프제) 시행에 따른 근로시간면제자는 휴직 등 신고대상이 아니며, 노조전임자의 경우 고용보험 실업급여만 부과되므로 신분변동(일반근로자↔노조전임자)이 있는 경우에는 「피보험자·고용정보 내역 정정 신청서」를 제출하여야 한다.

(3) 신고방법(고용산재보험토털서비스를 이용한 신고)

근로자 휴직 등 신고는 서면에 의한 신고와 전자신고의 절차가 크게 복잡하거나 다르지 않으므로 고용산재보험토털서비스를 중심으로 간략하게 설명하고자 한다.

❶ 고용산재토털서비스에 공인인증서 로그인 후 좌측 메뉴의 [고용관리] → [근로자 휴직 등 신고(10505)]를 클릭하면 아래와 같은 화면을 확인할 수 있다. 여기서 신고하고자 하는 근로자의 수가 적을 경우에는 [화면입력방식]에 체크하여 직접 입력하는 것이 편리하며, 여러 명의 신고 대상자를 별도 프로그램으로 관리하여 엑셀파일로 정리가 가능한 경우에는 [엑셀 파일 불러오기]를 선택하여 등록하는 것이 편리하다.

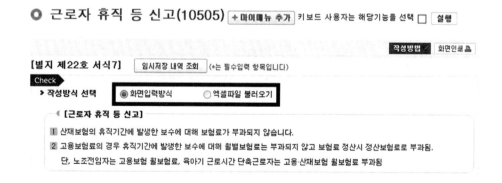

❷ 휴직신고를 하고자 하는 보험구분 칸에 ☑ 체크를 하고 대상 근로자가 소속된 사업장 관리번호를 입력한다. 사업장관리번호만 입력하면 사업장 명칭, 소재지 등 사업장 관련 사항은 모두 자동으로 입력된다.

❸ 대상 근로자의 주민등록번호를 입력하면 성명은 자동으로 입력되며, 휴직 시작일 및 종료일, 사유 등을 입력한 후 [대상자추가]를 클릭한다.

❹ [대상자추가]를 클릭하면 앞서 휴직신청 내용을 입력한 근로자 등록 내역이 이 공란에 기록된다.

❺ 휴직신청을 할 전체 근로자 내용 입력 후 [신고자료 검증]을 클릭하면 자동으로 입력 누락이나 오류 사항이 없었는지를 체크하게 된다. 체크가 완료되고 [접수]를 클릭하면 모든 신청이 완료된다.

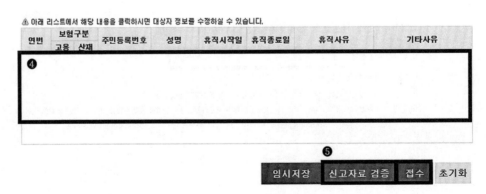

II. 근로자 내역(정보) 변경 신고

■ 신고 사유 및 시기

사업주는 근로자의 성명, 주민등록번호, 휴직종료일, 자활근로종사자의 보장자격이 변경된 경우 변경일로부터 14일 이내에 근로복지공단에 신고해야 한다.

■ 신고 내용

사업주는 위와 같은 변경 신고 사유가 발생한 경우에는 그 변경된 근로자의 성명, 주민등록번호, 정보 변경 내용 등을 신고해야 한다. 신고해야 할 정보 변경 내용에는 다음과 같은 것이 있다.

① (고용보험, 산재보험 모두 해당) 성명, 주민등록번호, 휴직종료일의 변경
② (고용보험만 해당) 자활근로종사자의 보장 자격

■ 신고 시 유의사항

(1) 근무장소가 변경된 경우

근로자의 근무장소가 변경된 경우에는 고용보험 「피보험자전근신고서」, 산재보험 「근로자전보신고서」, 월평균보수가 변경된 경우에는 「월평균보수변경신고서」로 별도로 신고해야 한다.

(2) 성명·주민등록번호가 변경되는 경우

근로자의 성명·주민등록번호가 변경되는 경우에는 가족관계증명부, 법원판결문, 변경통

지서 등을 첨부하여 고용보험 「피보험자 내역변경신고서」, 산재보험 「근로자정보변경신고서」를 공단에 제출해야 한다.

III. 근로자 가입정보 정정 신청

근로자 보험 가입 신고를 진행하다 보면 착오 또는 갑작스러운 내용의 변경으로 인해 신고 내용을 정정할 필요가 생기는 경우가 있다. 이러한 경우에 진행해야 할 절차가 근로자 가입정보 정정 신청이다.

■ 근로자 가입정보 정정 신청 항목

기업정보 정정 신청이 가능한 항목에는 다음과 같은 것들이 있다.

① 고용보험, 산재보험 공통: 취득일(고용일), 상실일(고용종료일), 전근(전보)일, 휴직시작일, 휴직사유, 보험료부과구분
② 고용보험만 해당: 주소정근로시간, 직종 등 기타 취득신고 내용, 상실사유, 이직사유(이직확인서), 평균임금 등 기타 이직 확인 내용

근로자 가입정보의 정정은 4대 사회보험 공통으로 처리할 수 없으므로, 국민연금, 건강보험 가입자 내역 정정은 각 해당 기관으로 신청하여야 한다는 사실에 주의하여야 한다.

■ 근로자 가입정보 정정 신청 방법

(1) 서면신고의 경우

서면으로 신고하고자 하는 경우, 아래의 「피보험자·고용정보 내역 정정 신청서」를 작성하여 방문·우편·팩스로 제출하면 된다.

피보험자 · 고용정보 내역 정정 신청서

접수번호		접수일자				처리기간 7일				
❶사업장관리번호										
사업장	사업장명					전화번호				
	소재지					FAX번호				
❷ 보험구분	❸성명	생년월일	성별	외국인여부	❹정정 내용					
					정정부호	정정 전	정정 후	변경일	정정사유	
□고용 □산재			□ 남 □ 여	□						
□고용 □산재			□ 남 □ 여	□						
□고용 □산재			□ 남 □ 여	□						
□고용 □산재			□ 남 □ 여	□						
□고용 □산재			□ 남 □ 여	□						
제출서류	• 상기 사실을 입증할 수 있는 근로계약서, 급여대장, 급여계좌이체내역, 출근부 등 자료를 구비하여 제출									

작성방법

[보험구분] 정정하고자 하는 해당보험에 √표시(고용산재보험 동시 정정 시 양쪽 모두 √표시)
[정정부호]
• 공통사항: 3.취득일(고용일) 4.상실일(고용종료일) 5.전근일(전보일) 6.휴직시작일 8.휴직사유 9.보험료 부과구분
• 고용보험: 1.주소정근로시간 2.직종 등 기타 취득신고 내용 3.상실사유 4.이직사유(이직확인서) 5. 평균임금 등 기타 이직 확인 내용
[변경일] 노조로부터 금품을 지급받는 노조전임자의 신분변동(일반근로자↔노조전임자 상호신분변동) 시에만 기재
[정정사유] 정정사유를 구체적으로 기재

유의사항

1. 피보험자격 등에 관한 사항을 거짓으로 신고한 경우에는 『고용보험법』제118조 및 『고용보험 및 산업재해보상보험의 보험료 징수 등에 관한 법률』제50조에 따라 300만원 이하의 과태료가 부과될 수 있습니다.
2. 성명, 주민등록번호, 자활근로종사자 보장자격, 휴직종료일의 변경은 「피보험자 내역변경신고서·근로자 정보변경신고서」를 작성하여 제출하시기 바랍니다.
3. 국민연금, 건강보험 관련 사항은 별도로 해당기관으로 각각 신고하시기 바랍니다.

위와 같이 정정 신청합니다.

. . .

신청인(사업주 또는 보험사무대행기관): (서명 또는 인)

근로복지공단 00지역본부(지사장) 귀하

❶ 사업장관리번호, 사업장명, 소재지 등 사업장 관련 사항을 기록한다.

❷ 정정하고자 하는 해당 보험에 ☑ 표시를 한다.

❸ 정정 대상자의 성명, 생년월일, 성별 등 인적사항을 기록한다.

❹ 정정부호에는 다음 정정부호 중 해당되는 부호를 선택하여 기록하고, 정정 전 내용과

정정 후 내용, 변경일, 변경 사유 등을 기록한다. 기록이 완료되면 신청인(사업주 또는 보험사무대행기관)의 명칭을 기입하고 서명 또는 날인하여 우편이나 팩스로 관할 근로복지공단에 발송한다.

보험종류	정정부호
공통사항	3. 취득일(고용일) 4. 상실일(고용종료일) 5. 전근일(전보일) 6. 휴직시작일 8. 휴직사유 9. 보험료 부과구분
고용보험	1. 주소정근로시간 2. 직종 등 기타 취득신고 내용 3. 상실사유 4. 이직사유 (이직확인서) 5. 평균임금 등 기타 이직 확인 내용

(2) 전자신고의 경우

피보험자·고용정보 내역 정정 신청 대상 근로자가 10인 이상인 경우에는 전자신고만 가능하다. 전자신고는 근로복지공단 고용산재보험 토탈서비스와 고용보험 홈페이지에서 할 수 있다.

- 근로복지공단 고용산재보험 토탈서비스(http://total.kcomwel.or.kr)
  (산재보험만 해당) 고용일, 고용종료일, 전보일, 휴직시작일, 휴직사유, 보험료부과구분
  (고용보험만 해당) 휴직시작일, 휴직사유, 보험료부과구분

- 고용보험 홈페이지(http://www.ei.go.kr)
  (고용보험만 해당) 취득일, 상실일, 전근일, 주소정근로시간, 직종 등 기타취득신고 내용, 상실사유, 이직사유(이직확인서) 등 기타 이직 확인 내용

위 전자신고의 경우에도 근로자가입정보 정정 업무는 근로복지공단의 고유 업무이므로 타 기관 EDI를 사용할 수 없음에 주의하여야 한다.

(3) 신고 시 유의사항

① 주소정근로시간, 직종 등 기타 취득신고 내용, 상실사유, 이직사유(이직확인서), 평균임금 등 기타 이직 확인 내용 정정은 반드시 그 사실관계를 확인할 수 있는 근로계약

서, 급여대장, 급여계좌이체내역, 출근부 등 증빙자료를 제출해야 한다.

② 노동조합 등으로부터 금품을 지급받은 노조전임자의 경우도 고용보험 실업급여에서는 보험료가 부과되므로 신분변동(일반근로자↔노조전임자)이 있는 경우에는 「피보험자·고용정보 내역 정정 신청서」를 제출하여야 한다.

Ⅳ. 근로자 가입정보 취소 신청

근로자 가입정보 취소 신청은 근로자 보험 가입 및 탈퇴와 관련한 신고 대상이 아님에도 신고가 잘못 이루어진 경우 그 취소를 구하는 절차를 말한다.

■ 근로자 가입정보 취소 신청 항목

근로자 가입정보 취소 신청이 가능한 항목에는 근로자 취득(고용), 상실(고용종료), 전근(전보), 휴직 등 신고, 이직확인 등이 있다. 가입정보 정정과 마찬가지로 근로자 가입정보의 취소 또한 4대 사회보험 공통으로 처리할 수 없으므로 국민연금·건강보험 가입자 내역의 취소는 각 해당기관으로 신청하여야 한다.

■ 근로자 가입정보 취소 신청 방법(서면 신고)

서면 신고의 경우, 아래의 「피보험자·고용정보 내역 취소 신청서」(「피보험자·고용정보 내역 '정정' 신청서」와 혼동하지 말 것)를 작성하여 관할 근로복지공단에 우편 또는 팩스로 송부한다 (작성 방법은 앞서 「피보험자·고용정보 내역 정정 신청서」와 유사하므로 자세한 설명은 생략하도록 한다).

피보험자 · 고용정보 내역 취소 신청서

접수번호		접수일자				처리기간 7일		
사업장관리번호								
사 업 장	사업장명					전화번호		
	소재지					FAX번호		
보험 구분	성명	생년월일	성별	외국인 여부	취소부호	취소내용	취소사유	
□고용 □산재			□ 남 □ 여	□				
□고용 □산재			□ 남 □ 여	□				
□고용 □산재			□ 남 □ 여	□				
□고용 □산재			□ 남 □ 여	□				
□고용 □산재			□ 남 □ 여	□				

거래은행 계좌번호 신고서	은행명		예금주명	피보험자 및 고용정보 취소 등으로 보 험료 반환금액이 발생할 경우 입금될 계 좌입니다.
	계좌번호			

작성방법

1. [보험구분] 취소하고자 하는 해당보험에 √표시(고용산재보험 동시 정정 시 양쪽 모두 √표시)
2. [취소부호] 1. 취득일(고용일) 2. 상실일(고용종료일) 3. 전근일(전보일) 4. 휴직일 5. 이직확인
3. [취소내용] 피보험자 및 고용정보 내역의 항목 중 취소하고자 하는 내용을 작성
4. [취소사유] 취소사유를 구체적으로 기재
5. 근로계약서, 급여대장, 급여계좌이체내역, 출근부 등 사실관계 확인할 수 있는 증빙서류 제출

유의사항

1. 피보험자격 등에 관한 사항을 거짓으로 신고한 경우에는 『고용보험법』 제118조 및 『고용보험 및 산업재해보상보험의 보험료 징수 등에 관한 법률』 제50조
   에 따라 300만원 이하의 과태료가 부과될 수 있습니다.
2. 국민연금, 건강보험 관련 사항은 별도로 해당기관으로 각각 신고하시기 바랍니다.

위와 같이 취소 신청합니다.

신청인(사업주 또는 보험사무대행기관):   (서명 또는 인)

 근로복지공단 00지역본부(지사장) 귀하

제4장

고용·산재보험 보험료

I. 보험료의 종류 및 산정기준

■ 보험료 산정 기준

(1) 부과고지 사업장

부과고지 사업장의 고용산재보험료는 근로자 '개인별 월평균 보수'에 '보험료율'을 곱하여 산정하며, 매월 근로복지공단이 부과하고 건강보험공단이 통합징수 한다. 제조 및 설치공사를 동시에 수행하는 사업장과 같이 부과고지와 자진신고 사업장이 공존하는 업체가 있을 수 있으므로 부과고지 사업장과 아래에서 설명할 자진신고 사업장의 보험료 산정 기준을 잘 구분해야 한다.

> · 산재보험료 = 개인별 월평균 보수 × (사업종류별 보험료율+출퇴근재해 보험료율)
> · 고용보험료 = 개인별 월평균 보수 × (실업급여보험료율+고용안정·직업능력개발사업보험료율)

(2) 자진신고 사업장(건설업 및 벌목업)

자진신고 사업장에 해당하는 건설업 및 벌목업 사업장에서는 사업주가 직접 당해연도

'보수총액 추정액'에 '보험료율'을 곱한 금액(=개산보험료)을 당해연도 3월 31일까지 근로복지공단에 자진신고 및 납부해야 한다. 이렇게 추정액으로 산정한 보험료인 개산보험료는 다음연도에 보수총액 확정액에 보험료율을 곱하여 계산한 확정보험료와 그 차액을 계산하여 정산하게 된다. 이러한 개산보험료와 확정보험료의 신고 및 납부는 매년 3월 31일(3월 31일이 휴일일 경우 그다음 날)에 이루어지며, 이렇게 1년에 1회씩 이루어지는 자진신고 사업장의 보험료 신고 납부 절차를 '고용산재보험 보험료 신고'라 한다.

각 사업장마다 보험료율은 약간씩 다를 수 있으며, 매년 보험료신고 기간이 도래하기 전 근로복지공단에서 우편으로 사업장에 송부하는 보험료신고서나 고용산재토탈서비스의 보험료 신고서 메뉴에서 사업장별 보험료율을 확인할 수 있다. 보험료율의 자세한 산정 방법에 대해서는 아래에서 설명하도록 한다.

> · 산재보험료 = 당해연도 보수총액 추정액 × (사업종류별 보험료율 + 출퇴근재해 보험료율)
> · 고용보험료 = 당해연도 보수총액 추정액 ×
> (실업급여보험료율+고용안정·직업능력개발사업보험료율)

(3) 보험료 부담 원칙

산재보험료는 근로자부담분 없이 사업주가 전액 부담(단, 특수형태근로종사자[4]는 사업주와 근로자가 보험료의 1/2씩 각각 부담)하며, 고용보험료 중 실업급여는 사업주와 근로자가 보험료의 1/2씩 각각 부담하고 고용안정·직업능력개발사업 보험료는 사업주가 전액 부담한다.

■ 보수의 정의

고용산재보험에 있어서 보험료 산정의 기준이 되는 보수란 「소득세법」에 따른 근로소득에서

---

4) 특수형태근로종사자란 사업주와 특정 노무의 제공을 약정하고 그 업무수행과 관련하여 사업주의 특정한 지휘·감독에 구속되지 않는다는 의미에서 근로계약이 아닌 노무공급 계약, 즉 위임이나 도급에 의거하여 노무제공을 부담하는 자를 말한다(김기범, 2018). 학습지 교사, 보험설계사, 골프장캐디, 레미콘 차량기사 등이 이에 해당한다. 지난 2007년 6월에 이들의 권익을 보호하기 위해 특수형태근로종사자보호법이 제정되었다.

비과세근로소득을 뺀 금액을 말한다. '보수'는 소득세법에 따른 '총급여액(소득세법에 의한 비과세소득의 금액을 제외한 근로소득 금액의 합계액)'의 개념과 동일하나 '근로소득금액소득세법에 의한 근로소득 금액의 합계액(총급여액)에서 근로소득공제를 적용한 금액)' 개념과는 상이하며, 연말정산에 따른 갑근세 원천징수 대상 근로소득과도 동일한 개념이다.

소득세법에 따른 '근로소득'은 근로기준법에 의한 '임금'보다 광의의 개념으로 고용관계 기타 이와 유사한 계약으로 근로를 제공하고 지급받는 모든 경제적 가치물을 말한다.

근로소득의 범위에는 다음과 같은 항목들이 포함된다.

① 근로의 제공으로 인하여 받는 봉급·급료·보수·세비·임금·상여·수당과 이와 유사한 성질의 급여

② 법인의 주주총회·사원총회 또는 이에 준하는 의결기관의 결의에 의하여 상여로 받는 소득

③ 법인세법에 의하여 상여로 처분된 금액

④ 퇴직으로 인하여 받는 소득으로서 퇴직소득에 속하지 아니하는 소득

■ 보험료율의 결정 및 특례

(1) 산재보험료율

산재보험료율은 '사업종류별 산재보험료율'과 '출퇴근재해 산재보험료율'로 구성된다. 이러한 산재보험료율은 매년 6월 30일 현재 과거 3년 동안의 보수총액에 대한 산재보험급여총액의 비율을 기초로 하여, 「산재보험법」에 의한 연금 등 산재보험급여에 드는 금액, 재해예방 및 재해근로자의 복지증진에 드는 비용 등을 고려하여 사업의 종류별로 매년 고시한다(2019년 건설업 산재보험료율은 36/1,000). 단, 사업종류별 산재보험료율 결정 시 보수총액에 출퇴근재해 산재보험료율을 곱한 금액과 출퇴근재해에 따른 보험급여액은 포함되지 않는다. 「출퇴근재해 산재보험료율」은 사업의 종류를 구분하지 않고 고용노동부령으로 정한다('19년도 1.5/1,000로 고시).

[표 3-9] 2019년 사업종류별 산재보험료율

사업종류	보험료율				사업종류	보험료율			
	'16	'17	'18	'19		'16	'17	'18	'19
0. 금융 및 보험업					5. 운수.창고.통신업				
000 금융 및 보험업	7	7	7	6	500 철도.궤도.삭도 및 항공운수업	-	-	-	8
1. 광업					500 철도.궤도.삭도.항공운수업	9	9	9	-
100 석탄광업 및 채석업	340	323	281	225	501 육상 및 수상운수업	-	-	-	18
103 석회석.금속.비금속광업 및 기타 광업	76	71	71	57	501 자동차운수업 및 택배업.퀵서비스업	19	20	20	-
2. 제조업					508 창고 및 운수관련 서비스업	-	-	-	8
200 식료품제조업	19	19	19	16	508 운수관련 서비스업	9	9	9	-
202 섬유 및 섬유제품제조업	-	-	-	11	510 통신업	11	11	11	9
202 섬유/섬유제품제조업(갑)	13	13	13	-	6. 임업				
204 목재 및 종이제품 제조업	-	-	-	20	600 임업	89	90	90	72
204 목재 및 나무제품 제조업	44	42	42	-	7. 어업				
206 출판.인쇄.제본 또는 인쇄물가공업	12	11	11	10	700 어업	-	-	-	28
209 화학 및 고무제품 제조업	-	-	-	13	700 어업 및 양식어업, 어업 관련 서비스업	130	36	35	-
209 화학제품 제조업	17	16	16	-	8. 농업				
210 의약품.화장품 향료.담배 제조업	9	9	8	7	800 농업	27	26	25	20
238 코크스.연탄 및 석유정제품제조업	12	11	11	9	9. 기타의 산업				
214 유리.도자기.시멘트 제조업	-	-	-	13	901 건물종합관리, 위생 및 유사서비스업	-	-	-	13
214 유리 제조업	15	15	15	-	901 건물등의 종합관리사업	17	16	16	-
218 기계기구.비금속광물 및 금속제품 제조업	-	-	-	13	905 기타의 각종 사업	10	10	10	9
218 기계기구·비금속광물제품·금속제품 제조업 또는 금속가공업	37	32	19	-	907 전문기술서비스업	7	7	7	6
219 금속제련업	11	11	11	10	908 보건 및 사회복지사업	7	7	7	6
224 전기기계기구, 전자제품 및 정밀기구 제조업	-	-	-	6	909 교육서비스업	7	7	7	6
224 전기기계기구·전자제품·계량가광학기계·기타정밀기구 제조업	11	11	7	-	910 도소매 및 소비자용품 수리업	9	9	9	8
226 선박건조 및 수리업	25	26	26	24	911 부동산업 및 임대업	9	8	8	7
229 수제품 및 기타제품 제조업	-	-	-	12	912 오락.문화 및 운동 관련 사업	10	10	10	8
229 수제품 제조업	16	15	15	-	913 국가 및 지방자치단체의 사업	8	8	9	9
3. 전기·가스·증기 및 수도사업					914 사업서비스업	-	-	9	8
300 전기·가스·증기 및 수도사업	10	10	9	8	해외파견자 보험요율	17	17	16	15
4. 건설업					주한미군	7	7	7	7
400 건설업	38	39	39	36	임금채권부담금	0.6	0.6	0.6	0.6
출퇴근재해 산재보험료율	-	-	1.5	1.5	석면피해구제분담금	0.04	0.03	0.03	0.03

(2) 산재보험료율 결정의 특례: 개별실적요율

· 의의

산재보험료율의 개별실적요율이란 재해방지 노력을 기울인 사업주와 그렇지 않은 사업주간의 형평성 유지 등을 위하여 당해 사업의 보험료에 대한 보험급여액의 비율이 대통령령이 정하는 비율에 해당하는 경우 그 사업에 적용되는 산재보험료율을 인상 또는 인하하는 제도를 말한다.

· 적용요건 및 대상

매년 6월 30일 현재 산재보험의 보험관계가 성립한 후 3년이 지난 다음의 사업에 있어서 그해 6월 30일 이전 3년 동안의 산재보험료에 대한 산재보험급여 금액의 비율이 85%를 넘거나 75% 이하인 경우 그 사업에 적용되는 산재보험료율의 100분의 50의 범위에서 사업 규모와 무관하게 최대 20%까지 인상 또는 인하하여 다음 보험 연도의 산재보험료율로 할수 있다.

① 건설업 중 일괄적용을 받는 사업으로서 매년 해당 보험 연도의 2년 전 보험 연도의 총공사금액이 60억원 이상(2019년 기준)인 사업

※ 총공사금액 = [2년 전 사업개시 신고 공사금액(하수급인사업주 보험가입 승인 받은 하도급공사 포함) − 하수급인사업주 보험가입 승인을 받아 하도급 준 공사금액]

② 건설업 및 벌목업을 제외한 사업으로서 상시근로자 수가 30명 이상인 사업

※ 여기서 상시근로자 수가 30명 이상인 사업은 사업주가 신고한 산재보험 근로자 가입 정보와 특수형태근로종사자를 기준으로 기준보험연도의 전년도 7월 1일부터 기준보험연도의 6월 30일까지 매월 말일 현재 사용하는 근로자 수의 합계를 조업월수로 나누어 산정한다.

· 산정방법

개별실적요율 산정방법은 다음과 같다.

> · 개별실적요율 = 해당 사업종류의 일반요율 ±
> (해당 사업종류의 일반요율 × ① 보험수지율에 의한 ② 증감비율)

① 보험수지율 = [A. 3년간의 보험급여총액 ÷ B. 3년간의 보험료총액) × 100

    A. 3년간의 보험급여 총액: 기준보험연도 3년 전 보험연도 7월 1일부터 기준보험연도 6월 30일까지의 사이에 지급 결정된 산재보험급여의 합산액

    ※ 「산재보험법」 제37조제1항에 따른 업무상 질병, 천재지변·정전 등 불가항력적인

사유로 인하여 지급 결정된 보험급여액은 제외.(다만, 법원의 확정판결 등으로 제3자의 과실이 인정되지 않은 비율에 해당하는 보험급여액은 합산)

B. 3년간의 보험료총액: 기준 보험 연도의 6월 30일 현재를 기준으로 다음 금액을 합산한 금액

- 기준 보험 연도 개산보험료액의 2분의 1에 상당하는 금액(또는 1월부터 6월까지의 월별보험료액)

- 기준 보험 연도 직전 2개 보험 연도의 확정보험료액(정산보험료액)의 합계액

- 기준 보험 연도 3년 전 보험 연도의 확정보험료액 또는 정산보험료액 × 6 ÷ (기준 보험 연도의 3년 전 보험 연도에서 보험관계가 지속된 기간의 총월수)

② 증감비율

보험수지율 대비 산재보험료율의 증감비율은 다음 [표 3-10]과 같다.

[표 3-10] 보험수지율 대비 증감비율

산재보험료에 대한 산재보험급여 금액백분율(보험수지율)	산재보험료율에 대한 증감비율
5%까지의 것	20.0%를 인하한다
5%를 넘어 10%까지의 것	18.4%를 인하한다
10%를 넘어 20%까지의 것	16.1%를 인하한다
20%를 넘어 30%까지의 것	13.8%를 인하한다
30%를 넘어 40%까지의 것	11.5%를 인하한다
40%를 넘어 50%까지의 것	9.2%를 인하한다
50%를 넘어 60%까지의 것	6.9%를 인하한다
60%를 넘어 70%까지의 것	4.6%를 인하한다
70%를 넘어 75%까지의 것	2.3%를 인하한다
75%를 넘어 85%까지의 것	0
85%를 넘어 90%까지의 것	2.3%를 인상한다
90%를 넘어 100%까지의 것	4.6%를 인상한다
100%를 넘어 110%까지의 것	6.9%를 인상한다
110%를 넘어 120%까지의 것	9.2%를 인상한다
120%를 넘어 130%까지의 것	11.5%를 인상한다
130%를 넘어 140%까지의 것	13.8%를 인상한다
140%를 넘어 150%까지의 것	16.1%를 인상한다
150%를 넘어 160%까지의 것	18.4%를 인상한다
160%를 넘는 것	20.0%를 인상한다

(3) 고용보험료율

· 사업종류별 보험료율

고용보험료율은 보험수지의 추이와 경제상황 등을 고려하여 1,000분의 30 범위 내에서 고용안정·직업능력개발사업의 보험료율 및 실업급여의 보험료율로 구분하여 결정된다.

[표 3-11] 고용보험 사업별 보험료율 및 부담

구분		'03.1.1. 이후		'06.1.1. 이후		'11.4.1. 이후		'13.7.1. 이후		'19.7. (예정)	
		근로자	사업주	근로자	사업주	근로자	사업주	근로자	사업주	근로자	사업주
실업급여		0.45%	0.45%	0.45%	0.45%	0.55%	0.55%	0.65%	0.65%	0.8%	0.8%
고용안정		-	0.15%	-	x	-	x	-	x	-	x
고용안정·직업능력개발	150명 미만	-	0.1%	-	0.25%	-	0.25%	-	0.25%	-	0.25%
	150명 이상 우선지원대상	-	0.3%	-	0.45%	-	0.45%	-	0.45%		0.45%
	150명 이상~1,000명 미만	-	0.5%	-	0.65%	-	0.65%	-	0.65%		0.65%
	1,000명 이상	-	0.7%	-	0.85%	-	0.85%	-	0.85%		0.85%

· 고용안정·직업능력개발사업 보험료율의 결정

고용안정·직업능력개발사업의 보험료율은 '사업단위'로 결정되는 것이므로 해당 사업주가 행하는 '모든 사업'의 규모(법인, 단체, 기업 등)로 결정한다. 즉, ① 우선지원대상 기업여부 ② 총상시근로자 수에 따라 보험료율이 결정된다. 여기서 기업규모 판단을 위한 상시근로자 수는 각 사업장의 근로자 수를 모두 합한 수를 기준으로 한다.

건설업의 경우 상시 사용 근로자 기준 300명 이하라면 우선지원 대상기업에 해당한다. 단, 이에 해당하지 않더라도 「중소기업기본법」 제2조제1항[5] 및 제3항[6]의 기준에 해당하는 기업은 우선지원 대상기업으로 본다. 이에 따른 우선지원대상기업이 그 규모의 확대 등으로 우선지원대상기업에 해당하지 아니 하게 된 경우 그 사유가 발생한 연도의 다음 연도부터 5년간은 우선지원 대상기업으로 본다(개정 2013.1.25.). 그러나 이러한 규정에도 불구하고 「독점규제 및 공정거래에 관한 법률」 제14조제1항에 따라 지정된 상호출자제한기업집단에 속하는 회사는 그 지정된 날이 속하는 보험 연도의 다음 보험 연도부터 이를 우선지원

---

5) 중소기업기본법 제2조제1항: 중소기업을 육성하기 위한 시책(이하 "중소기업시책"이라 한다)의 대상이 되는 중소기업자는 다음 각 호의 어느 하나에 해당하는 기업 또는 조합 등(이하 "중소기업"이라 한다)을 영위하는 자로 한다.
   1. 다음 각 목의 요건을 모두 갖추고 영리를 목적으로 사업을 하는 기업.
      가. 업종별로 매출액 또는 자산총액 등이 대통령령으로 정하는 기준에 맞을 것.
      나. 지분 소유나 출자 관계 등 소유와 경영의 실질적인 독립성이 대통령령으로 정하는 기준에 맞을 것.
   2. 「사회적기업 육성법」 제2조제1호에 따른 사회적기업 중에서 대통령령으로 정하는 사회적기업.
   3. 「협동조합 기본법」 제2조에 따른 협동조합, 협동조합연합회, 사회적협동조합, 사회적협동조합연합회 중 대통령령으로 정하는 자.
   4. 「소비자생활협동조합법」 제2조에 따른 조합, 연합회, 전국연합회 중 대통령령으로 정하는 자.
6) 동법 동조제3항: 제1항을 적용할 때 중소기업이 그 규모의 확대 등으로 중소기업에 해당하지 아니하게 된 경우 그 사유가 발생한 연도의 다음 연도부터 3년간은 중소기업으로 본다. 다만, 중소기업 외의 기업과 합병하거나 그 밖에 대통령령으로 정하는 사유로 중소기업에 해당하지 아니하게 된 경우에는 그러하지 아니하다.

대상기업으로 보지 아니한다.

(4) 임금채권부담금

· 임금채권보장사업의 의의

임금채권보장제도는 근로자가 기업의 도산으로 임금·휴업수당 또는 퇴직금을 지급받지 못하고 퇴직한 경우 임금채권보장기금에서 사업주를 대신하여 일정 범위의 임금·휴업수당 및 퇴직금을 지급함으로써 근로자와 그 가족의 기본적인 생활안정을 도모하는 제도이다.

즉, 회사의 도산 등으로 임금이나 퇴직금을 지급받지 못한 근로자를 보호하기 위해 마련된 일반체당금, 소액체당금 등의 제도의 재원 마련을 위해 고용보험에서 일정액을 적립해 두는 사업이 임금채권보장사업이라 할 수 있다.

· 임금채권부담금 적용범위

국가, 지방자치단체가 직접 행하는 사업 및 별정우체국을 제외한 모든 산재보험 적용 사업 또는 사업장에 대해 임금채권부담금이 적용된다. 따라서 건설업 사업장에서는 예외 없이 임금채권부담금이 적용된다.

· 임금채권부담금 징수방법 및 비율

① 부담금 징수방법: 고용노동부 장관은 체당금의 지급에 소요되는 비용을 충당하기 위해 사업주로부터 해당 사업에 종사하는 '근로자의 보수총액×부담금비율'에 해당하는 금액을 부담금으로 징수한다. 여기서 보수는 「소득세법」에 따른 근로소득에서 비과세 근로소득을 뺀 금액을 말하며, 보수총액을 결정하기 곤란한 경우에는 '총공사금액 × 노무비율'을 보수총액으로 한다. 부담금 부담(납부) 주체는 사업주이며 공단은 산재보험료와 임금채권부담금을 통합하여 징수한다.

② 부담금 비율: 부담금비율은 업종에 관계없이 보수총액의 2/1,000 범위 내에서 고용노동부 장관이 임금채권보장기금심의위원회의 심의를 거쳐 결정 및 고시한다(2016년 1월 1일부터 현재까지 부담금 비율: 0.6/1,000).

① 경감 대상: 사업주가 퇴직금을 미리 근로자에게 정산하여 지급하였거나 「근로자퇴직
급여보장법」상 연금제도를 설정하는 등의 조치를 취한 사업(장)은 그 형평성을 고려
하여 부담금을 경감한다.

② 경감 비율

- 상시근로자수 5인 미만 사업장: 부담금 비율의 25%(0.2/1,000, '10.12.1.부터
'12.12.31.까지)

- 퇴직연금 등 설정 사업장: 부담금 비율의 50%×전체 근로자의 최종 3년간의 퇴직
금 중 미리 정산하여 지급한 비율 또는 퇴직연금제도의 설정 등으로 지급 보장되
는 비율

체당금으로 지급 보장되는 범위는 최종 3월분의 임금, 최종 3년간의 퇴직금, 최종 3개월
분의 휴업수당이다. 퇴직금을 미리 정산하여 지급하였거나 퇴직보험 등에 가입 또는 퇴직연
금 제도를 설정한 사업주 및 외국인 근로자 출국만기보험 또는 출국만기 일시금 신탁에 가
입한 사업주는 근로복지공단에 「부담금경감신청서」를 작성·제출하여야 한다.

부담금경감신청서는 근로복지공단 홈페이지(www.kcomwel.or.kr) 〉 알림마당 〉 자료마
당 〉 서식자료에서 다운받을 수 있으나, 공단을 방문하지 않더라도 고용·산재보험토탈서비
스(http://total.kcomwel.or.kr)에서 신청이 가능하다(첨부서류로는 퇴직보험 등 가입 사실
을 증명하는 서류, 사업장 현황 등의 서류가 필요할 수 있음).

(5) 석면피해구제 분담금

석면광산 또는 석면공장 주변에 거주하는 주민의 석면피해를 구제할 수 있도록 국가와
지방자치단체, 산업계가 함께 재원을 마련하기 위해 석면피해구제법을 제정(환경부)하였고,
이에 2011.1.1.부터 건설업(건설업본사와 건설일괄유기사업장)과 건설업 이외의 사업장 중
전전년도 상시근로자 수 20인 이상 사업장은 산재보험료에 석면피해구제 분담금을 포함하

여 납부하여야 한다.

석면피해구제분담금은 ① 상시근로자 수가 20인 이상인 사업주(건설본사는 상시인원과 관계없이 부과), ② 건설업사업주(사업의 일괄적용을 받지 않는 건설공사는 제외)에 대해 부과하며, 이러한 각 사업의 범위는 「통계법」에 따라 통계청장이 고시하는 한국표준산업분류표에 따른다. 석면피해구제분담금률은 환경부장관이 매년 고시하며, 2019년도 분담금률은 10만분의 3이다.

석면피해구제분담금을 납부하여야 하는 사업주는 해당 보험 연도의 전전년도의 상시근로자 수(해당 보험 연도의 전전년도 매월 말일 현재 사용하는 근로자 수의 합을 전전년도의 조업월수로 나눈 수)가 20명 이상인 사업주로 한다. 다만, 해당 보험 연도의 전전년도를 기준으로 상시근로자 수를 산정할 수 없는 경우에는 보험관계의 성립일 현재 사용하는 근로자의 수를 기준으로 한다.

또한 사업주가 사업종류 변경으로 보험료 납부방법이 변경되는 경우에는 사업종류 변경일을 새로운 사업의 성립일로 보아 보험관계의 성립일 현재 사용하는 근로자의 수를 기준으로 한다.

II. [중요] 건설업 사업장(자진신고 사업장)의 보험료 신고·납부 및 정산

다른 사업과는 달리, 건설업의 경우 본사와 현장이 구분되고 사업(공사)의 기간에 정함이 있고 동시에 여러 사업을 수행하는 경우가 많다. 또한 다수 일용직의 보험관계 성립 및 상실이 빈번할 뿐 아니라 여러 단계의 도급 구조로 이루어져 있는 경우도 있다. 또한 보험료 산정 대상이 되는 보수에는 순수한 보수(인건비) 외에도 보수로 보아야 할 인건비가 포함된 성격의 비용

계정(외주공사비, 원재료비, 지급수수료 등)에서 찾아내야 할 보수도 다수 존재한다. 이러한 사정으로 인해 건설업 사업장의 보험료는 월별 부과 절차가 복잡하고 까다로우므로 「고용보험 및 산업재해보상보험료 징수에 관한 법률(고용산재보험료징수법)」에서는 건설업 및 벌목업 사업장에 대해 별도의 자진신고 제도를 두고 있다.

사실 2011년 「고용보험 및 산업재해보상보험료 징수에 관한 법률」이 개정되기 전에는 모든 사업장이 자진신고 체계였으나 개정 이후 일반 사업장과 건설업 및 벌목업 자진신고 사업장으로 신고 방식이 달리 정해지게 되었다. 이러한 건설업만의 특수성으로 인해 건설업 사업장에서는 자진신고 체계 하의 보험료 신고, 산정 및 납부 방식에 대해 제대로 이해하여야 제대로 된 4대보험 관리가 이루어질 수 있다. 실제로 많은 사업장에서는 자진신고 방식에 대한 제대로 된 이해의 부족으로 인해 근로복지공단으로부터 확정정산조사 대상에 선정되어 큰 액수의 보험료에 과태료와 연체금까지 부과되는 경우가 많으므로 주의해야 한다.

고용산재보험 자진신고 사업장에서 신고·납부해야 할 보험료에는 개산보험료와 확정보험료가 있다. 앞서 잠깐 언급하였지만, 개산보험료란 일 년간 발생할 것으로 예상된 보험료를 미리 대략 산정하여 납부해 두는 보험료이며, 확정보험료란 전년도에 발생한 것으로 확정된 보험료를 말한다. 이 확정보험료는 미리 산정하여 납부해 둔 동일년도 개산보험료와의 차액만을 정산하여 추가로 납부하거나 환급을 받게 된다.

1. 개산보험료

자진신고 사업장의 경우, 보험료를 매 월 산정 및 납부하는 것이 아니라 1년 치 보험료를 대략적으로 산정하여 미리 납부한 후, 다음년도에 정확한 보험료를 재산정하여 정산하는 방식을 취한다. 이때 대략적으로 1년 치 보험료를 미리 산정한 것이 개산보험료이다.

(1) 개산보험료 산정 원칙

개산보험료는 원칙적으로 보험가입자가 1년간 사용할 근로자에게 지급할 보수총액을 추정하여 그 보수총액에 해당 보험료율을 곱하여 산정한다.

> · 개산보험료 = 해당 연도 추정보수총액 × 보험료율

다만, 추정액이 전년도 보수총액의 70/100 이상 130/100 이내인 경우에는 **전년도 확정 보수총액을 해당 보험 연도의 보수총액 추정액**으로 한다. 실무적으로 매출에 큰 변화가 없는 한 전년도 보수총액의 70/100 이상 130/100을 넘을 정도로 보수총액이 변동하는 경우는 드물어, 거의 대부분 전년도 확정 보수총액을 해당 보험 연도의 보수총액 추정액으로 동일하게 설정하여 개산보험료를 산정한다.

(2) 노무비율에 의한 산정(건설공사에서 보수총액의 추정이 곤란한 경우)

보수총액 추정액을 결정하기 곤란한 경우에는 고용노동부 장관이 고시하는 노무비율에 의하여 보수총액을 결정한다(보수총액 추정액 = 총공사금액 × 노무비율).

> · 개산보험료 = 총공사금액 × 노무비율 × 보험료율

(3) 개산보험료의 신고와 납부

사업주는 해당 보험 연도의 3월 31일까지 보험료신고서를 작성하여 공단에 제출하고 동 보험료에 대하여는 국고수납대리점(시중은행) 또는 우체국에 자진 납부하여야 한다. 단, 보험 연도 중에 보험관계가 성립한 경우 그 성립일부터 70일 이내에 보험료신고서를 작성하여 공단에 제출하고 해당 보험료를 자진 납부하여야 한다.

여기서 특히, 보험 연도 중에 처음으로 사업을 개시한 사업주의 경우 고용산재보험료 관련 절차에 대해 잘 알지 못하여 70일 이내에 신고하지 못하고 연체료 및 과태료를 부과받고 나서야 신고·납부하는 경우가 많으므로, 보험 연도 중에 사업을 개시한 사업주는 유의하여야 한다. 또한 건설공사 등 기간의 정함이 있는 사업으로서 보험관계 성립일부터 70일 이내에 종료되는 사업의 경우 그 사업의 종료일 전일까지 신고·납부하여야 한다.

계속사업장 또는 6월 말 이전에 성립된 사업장은 사업주의 신청(반드시 개산보험료 신고 시 신청)에 의해 분할납부가 가능하다. 분할납부할 수 있는 보험료를 법정납부기한 내(해당

보험 연도 3월 31일까지, 연도 중 성립한 경우 성립일부터 70일 이내)에 일시납부한 경우에는 3%를 경감받을 수 있다. 개산보험료는 선납주의로 자진신고 및 자진납부를 원칙으로 한다.

[표 3-12] 분할납부 시 납부기한(연간 적용 사업장)]

기 별	산정 대상 기간	납부 기한
제1기	1.1.~3. 31.	3.31.
제2기	4.1.~6.30.	5.15.
제3기	7.1.~9.30.	8.15.
제4기	10.1.~12.31.	11.15.

분할납부는 원칙적으로 위 [표 3-12]와 같이 연 4회로 되어 있으나, 연도 중 보험관계가 성립한 경우에는 그 산정기간이 1년 미만이므로 동 횟수를 2~3회로 조정한다. 다만, 해당 보험 연도의 7월 이후에 성립한 사업 또는 건설공사 등 기간의 정함이 있는 사업으로서 그 기간이 6월 미만인 사업은 분할납부가 인정되지 아니하므로 보험 관계 성립일부터 70일 이내에 전액을 납부하여야 한다.

2. 확정보험료

확정보험료란 매 보험 연도의 초일(보험 연도 중에 보험관계가 성립한 경우에는 성립일)부터 연도 말일 또는 보험관계가 소멸한 날의 전날까지 지급한 보수총액에 보험료율을 곱하여 산정한 금액을 말한다. 즉, 개산보험료가 1년치 보험료를 사전적으로 대략 산정한 보험료라면, 확정보험료는 동일한 기간에 대해 사후에 정확한 계산 하에 산정한 보험료를 말한다. 이렇게 산정한 확정보험료는 동 기간에 대한 개산보험료와의 차액을 정산하여 추가 납부 또는 환급이 이루어진다.

(1) 확정보험료의 산정 원칙

확정보험료는 해당 보험 연도 중 실제 지급한 보수총액에 보험료율을 곱하여 산정한다. 이때 실제 지급한 보수총액에는 지급하기로 결정되었으나 미지급된 보수를 포함하여야 한다.

> · 확정보험료 = 실제 지급한 보수총액(지급하기로 결정되었으나 미지급된 보수 포함)
> × 보험료율

(2) 노무비율에 의한 산정

건설공사도 실제 지급된 보수총액에 보험료율을 곱하여 산정함이 원칙이나, 보수총액을 결정하기 곤란한 경우에는 고용노동부 장관이 정하여 고시한 노무비율로 보수총액을 결정하여 확정보험료를 산정할 수 있다. 이때 확정보험료를 산정하는 계산식은 다음과 같다.

> · 확정보험료 = [직영인건비 + (외주공사비 × 하도급노무비율)] × 보험료율

※ 외주공사비는 원수급인이 「하도급 준 공사의 총공사금액(외주공사비)」에서 「하수급인 사업주 보험 가입 승인을 받아 하도급 준 공사」의 공사금액(외주공사비)을 제외하고 산정

(3) 하수급인 사업주 인정승인을 받은 공사: 하수급인이 보험료 신고·납부 주체

고용·산재보험의 경우, 최초로 건설공사의 발주를 받은 원도급자가 보험료 신고 및 납부의 주체가 됨이 원칙이다. 그러나 예외적으로 원도급사가 근로복지공단의 승인을 받아 하수급인 사업주 인정승인을 받은 하도급 공사건에 한하여 하수급인이 직접 보험료 신고·납부의 주체가 되는데, 이러한 절차를 하수급인 사업주 보험 가입 승인(하수급인 사업주 인정승인)이라 한다.

따라서 원수급인의 신청에 의해 하수급인 사업주 보험 가입 승인을 받은 공사에 대해서는 하수급업체가 반드시 그 공사에 대한 보수총액을 포함하여 신고하고 보험료를 납부하여야 하며, 하수급인이 확정보험료를 신고하지 않거나 사실과 다르게 신고한 것이 적발될 경우 가산금과 연체금이 부과된다.

(4) 확정보험료의 신고와 납부

해당 연도의 확정보험료는 다음 보험 연도의 3월 31일(보험관계가 보험 연도 중에 소멸한 경우는 소멸한 날부터 30일 이내)까지 확정보험료를 신고·납부하여야 한다. 이때 개산보험료를 확정보험료보다 초과 납부한 경우에는 초과금액을 반환받거나 충당 신청할 수 있다.

예를 들어 2019년 3월 31일 까지는 2018년에 대한 확정보험료를 신고 및 납부하여 2018
년 3월 31일에 납부해 둔 개산보험료와의 정산이 이루어짐과 동시에, 2019년에 대한 개산보
험료를 산정하여 신고 및 납부하여야 한다.

3. 직권조사징수

사업주가 법정기한 내에 개산·확정보험료를 신고하지 아니하거나 그 신고가 사실과 다른 때
에는 근로복지공단이 직권으로 조사하여 납부하여야 할 보험료를 징수하게 되며, 이에 따른
연체금 및 가산금 등을 추가로 부과하게 된다.

Ⅲ. 고용산재보험 보험료 신고 절차

앞서 건설업(자진신고) 사업장의 1년치 보험료인 확정보험료 및 개산보험료에 대해 각각 알아
보았다. 본 절에서는 이러한 보험료를 산정 및 납부하는 절차인, 고용산재보험 보험료 신고 절
차에 대해 종합적으로 살펴보도록 한다.

고용산재보험료는 확정보험료와 개산보험료로 구분할 수 있으며, 이 각각의 보험료는 다시
건설업 본사와 건설일괄로 구분할 수 있다. 건설업 본사는 용어 그대로 건설업 본사에 소속된
상용근로자들에 대한 보험료 납부의 대상(일반적으로 사업자등록번호 뒤에 -0으로 끝나는
사업장관리번호가 부여되어 있다)을 말하며, 건설일괄이란 일괄성립신고를 통해 모든 건설현
장을 일괄적으로 보험관계를 성립시키도록 승인받아 별도의 관리번호(일반적으로 사업자등록
번호 뒤에 -6으로 끝나는 사업장관리번호가 부여된다)를 부여받은 것을 말한다. 이하에서는
건설업 본사와 건설일괄로 구분하여 보험료 신고 절차에 대해 구체적으로 살펴보도록 한다.

먼저 고용산재보험료의 정확한 산정을 위해서는 다음 [표 3-13]을 반드시 숙지하여야 한다.
이 표는 고용산재보험료 산정에 있어서 가장 중요한 표라 할 수 있으며, 이 표를 완벽히 이해한

다면 이어지는 보험료 산정 방식은 크게 어렵게 느껴지지 않을 것이다.

[표 3-13] 건설업 고용산재 보험료 산정의 기본 체계

구 분	산재보험	고용보험
건설본사 보수총액	본사소속 내근직 보수	본사소속 내근직 보수 본사소속 현장직 보수
건설일괄 보수총액	본사소속 현장직 보수 현장 일용직 보수 외주공사비 × 30%	현장 일용직 보수 외주공사비 × 30%

위 [표 3-13]은 고용보험과 산재보험에 내재된 본질적 의미를 보여주는 표라 할 수 있다. 산재보험은 업무와 관련한 요인, 또는 업무 수행 중에 발생한 질병 또는 부상에 대해 근로자에게 보상하기 위한 사회보험이며, 대부분의 업무 수행 중 사고는 현장에서 발생하기 나름이다. 따라서 보험 관계 역시 현장을 중심으로 적용됨이 원칙이다. 따라서 산재보험의 건설 본사 보수총액에는 본사소속 '내근직' 보수만이, 건설일괄(현장) 보수총액에는 본사 소속 '현장직' 보수와 '현장 일용직' 보수가 모두 포함된다. 반면 고용보험은 근로자의 '고용'과 관련한 보험이므로 고용을 담당하는 건설 본사의 보수총액에 본사 소속의 모든 근로자(내근직과 현장직)의 보수 전체가 포함됨이 원칙이며, 현장에서 근무하도록 채용한 현장 일용직은 건설일괄에 포함되어야 한다. 위 [표 3-13]은 이러한 각 보험의 본질적 성질에 따른 보험 성립 관계를 보여준다고 할 수 있다. 이러한 기본적인 사항을 염두에 두고, 고용산재보험 보험료의 산정 및 신고 절차에 대해 세부적으로 살펴보도록 한다.

1. 건설업 본사

앞서 확정보험료에서 설명한 바와 같이, 확정보험료는 실제 지급한 보수총액에 보험료율을 곱하여 산정함이 원칙이다.

> · 건설업 본사 확정보험료 = 실제 지급한 보수총액(지급하기로 결정되었으나 미지급된 보수 포함) × 보험료율

그러나 건설업 본사로 신고해야 할 산재보험, 고용보험 중 고용안정·직업능력개발사업, 고용보험 중 실업급여 보험료 산정 시 포함해야 할 보수총액에는 다음과 같은 세부적인 차이가 있다.

(1) 건설업 본사 산재보험 보수총액

위 [표 3-13]에서 살펴본 바와 같이, 산재보험 보수총액에는 본사 소속 전체 근로자의 보수 중 현장 근무자의 보수는 제외된다. 또한 건설현장에서 근무한 일용직 또한 건설일괄(현장)에 해당되어야 하므로 보수총액은 다음과 같은 식에 의해 도출된다.

> · 건설업 본사 산재보험 보수총액 = 전체 근로자의 보수 − (대표자 보수 + 본사 소속 건설현장 근무자(현장소장, 기사 등) 보수 + 건설현장 일용근로자 보수)

(2) 건설업 본사 고용보험 중 고용안정·직업능력개발사업 보수총액

고용보험은 내근직, 현장직을 불문하고 본사 소속이라면 모두 본사를 중심으로 보험관계가 성립하므로 본사 소속 근로자의 보수총액 전체를 포함하여 보수총액을 산정한다. 또한 건설일용직은 본사에 고용된 상용근로자가 아니므로 건설업 본사 고용보험 보수총액 산정에서 제외되며, 대표자는 고용보험 가입대상이 아니므로 대표자 보수 또한 제외하여 산정한다. 따라서 다음과 같은 산정식이 도출된다.

> · 건설업 본사 고용보험 중 고용안정·직업능력개발사업 보수총액 = 전체 근로자의 보수 − (대표자 보수 + 건설현장 일용근로자 보수)

(3) 건설업 본사 고용보험 중 실업급여 보수총액

고용안정·직업능력개발 사업 보수총액과 마찬가지로, 고용보험에서는 대표자가 제외되고 본사에는 건설현장 일용근로자가 제외된다. 다만, 65세 이후 고용된 근로자의 경우 고용보험 중 실업급여 제외 대상이므로 65세 이후 고용된 근로자 보수를 차감해 주어야 한다. 이에 건설업 본사 고용보험 중 실업급여 보수총액 산정식은 다음과 같다.

> · 건설업 본사 고용보험 중 실업급여 보수총액 = 전체 근로자의 보수 −
> (대표자 보수 + 건설현장 일용근로자 보수 + 65세 이후 고용된 근로자 보수)

2. 건설업 현장(건설일괄 또는 개별건설공사)

앞서 언급한 바와 같이, 건설공사(건설일괄 포함)도 실제 지급된 보수총액(지급하기로 결정되었으나 미지급된 보수 포함)에 보험료율을 곱하여 산정함이 원칙이나, 보수총액을 결정하기 곤란한 외주 공사비 등의 경우에는 고시된 하도급 노무비율을 사용하여 총공사금액에 하도급 노무비율을 곱하여 보수총액을 산정한다.

> · 건설일괄 확정보험료 = [직영근로자에게 지급된 보수 +
> (외주공사비 × 하도급노무비율)] × 보험료율

※ 하도급 노무비율 ('19년 30%, '18년 30%)
※ 자기공사, 원도급공사, '하도급 받은 공사 중 하수급인 사업주 보험가입 승인 받은 공사에서 발생한 보수는 포함하되, 원수급인으로서 하도급 준 공사(외주공사비)에서 하수급인 사업주 인정승인 받은 공사는 제외
※ 산재보험은 본사 소속 근로자(현장소장, 기사 등)가 건설현장에 파견된 경우 건설현장 보수에 포함하여 산정

(1) 건설일괄 산재보험 보수총액

건설일괄 산재보험 보수총액의 직영근로자에게 지급된 보수에는 '현장에서 근무한 모든 근로자의 보수총액'이 포함된다. 따라서 건설현장에서 근무한 건설일용직뿐 아니라 본사 소속의 상용근로자로서 현장에 파견되어 근무한 현장직의 보수가 모두 포함되며, 건설현장에 직접 파견되지는 않았으나 현장감독자로 등록된 근로자의 보수 또한 포함됨은 물론이다.

또한 원칙적으로 회사가 하도급 받은 공사에 대해서는 원도급사가 고용・산재보험료의 산정 및 납부 의무를 부담하므로 해당 공사의 노무비는 하도급사의 보수총액에서는 제외되나, 예외적으로 하수급인 사업주 인정승인을 받은 공사에 대한 노무비는 하도급사의 보수총액에 포함시켜야 하며, 역으로 원도급사 입장에서는 하수급인 사업주 인정승인을 받은

공사에 대한 노무비는 보수총액에서 제외하여야 한다.

> · 건설일괄 산재보험 보수총액 = [전체 근로자의 보수 - (본사소속 내근직 보수 +
> 대표자 보수 + 하수급인 사업주 인정승인을 받은 공사에 근무한 근로자 보수)]

(2) 건설일괄 고용보험 보수총액

건설일괄 고용보험의 경우 보수총액은 위에서 앞서 건설업 본사 고용보험 보수총액과 대부분의 사항이 동일하므로 주요 차이점만 설명하도록 한다. 가장 중요한 차이점은 앞서 [표 3-13]에서도 언급한 바와 같이 고용보험의 보험관계는 고용의 주체를 중심으로 성립하므로 현장에서 근로한 본사 소속 상용직 근로자의 보수는 건설일괄 고용보험 보수총액에서 제외된다는 점이다. 따라서 건설일괄 고용보험 보수총액에는 현장에서 근로한 건설일용직의 보수가 거의 대부분을 차지하게 된다. 그러나 건설일용직 중에서도 만 65세 이상 근로자의 실업급여 보수총액 제외 등의 사항은 마찬가지로 동일하다.

3. 보험료 신고서 세부 작성 요령

사실, 고용산재보험료는 제대로 산정만 되었다면 신고 절차 자체는 크게 어렵지 않다. 보험료신고서는 앞서 설명한 다른 여러 신고와 마찬가지로 우편 또는 팩스를 이용한 신고와 고용산재토털서비스를 이용한 전산 신고 두 가지 방법이 있다.

보험료 신고 기간이 다가오면 근로복지공단에서는 각 사업장(또는 보험사무대행기관)에 아래 그림과 같은 양식의 보험료신고서를 우편으로 발송한다. 또한 고용산재토털서비스에 접속하여 [보험료신고] → [보험료신고서] 메뉴로 가면 보험료신고서와 동일한 서식의 전산 입력 화면을 확인할 수 있다. 여기에는 사업장별 산재보험료율이 명시되어 있으므로 별도로 사업장별 산재보험료율을 계산할 필요는 없다.

(　　)년도 고용·산재보험(임금채권부담금 등) 보험료신고서

※ 공단담당자:　　　　　　　　　　　　　　　　　　　　　　※ 사업장작성자:　　　　　　　　　(전화번호:　　　　　　　)
(앞쪽)

접수번호		접수일			처리기간 5일

㉮ 신고사업장

사업구분:	사업장관리번호:		공사명(건설공사):	
사업장명칭:	대표자:		소재지:	
전화번호:	휴대전화:		FAX:	E-mail:

㉰ (　　)년 확정보험료

	구 분	산정기간	①보수총액	②보험료율	③확정보험료액 (①×②)	개산보험료액		⑥추가납부할액 (③-④)	⑦초과액(⑤-③)	
						④신고액	⑤납부액		충당액	반환액
	산재보험 (임금채권부담금 등 포함)									
고용보험	실업급여									
	고용안정·직업능력개발									
	계									

▼ 아래⑧번 개산보험료 보수총액이 전년도 확정보험료 보수총액(①번)의 70/100이상 130/100이하인 경우에는 전년도 확정보험료 보수총액(①번)과 동일하게 기재합니다.

㉲ (　　)년 개산보험료 (추정보험료)

	구 분	산정기간	⑧보수총액	⑨보험료율 (일반)요율	⑩개산보험료액 (⑧×⑨)	⑪분할납부 여 부
	산재보험 (임금채권부담금 등 포함)					[　]일시납부 [　]분할납부
고용보험	실업급여					
	고용안정·직업능력개발					[　]일시납부 [　]분할납부
	계					

㉴ (　　)년도 확정보험료 산정 기초 보수총액

구분	산재보험		고용보험	
	인원	보수총액	인원	보수총액
1월	명	원	명	원
2월	명	원	명	원
3월	명	원	명	원
4월	명	원	명	원
5월	명	원	명	원
6월	명	원	명	원
7월	명	원	명	원
8월	명	원	명	원
9월	명	원	명	원
10월	명	원	명	원
11월	명	원	명	원
12월	명	원	명	원
합계	명	원	명	원
월평균	명	원	명	원

※ 퇴직보험 등에 가입한 사업장은 별도로 임금채권부담금 경감신청서를 제출하여 임금채권부담금을 경감받으시기 바랍니다.

⑦확정보험료 보수총액 대비 ⑧개산보험료 보수총액 감소(30% 초과) 사유 [　]근로자 감소 [　]휴업일 [　] 그 밖의 사유:

⑪분할납부는 개산보험료로 한정하며, 분할납부를 원하는 경우 뒷면의 분할납부신청서 작성
※일시납부를 하는 경우 3% 할인

「고용보험 및 산업재해보상보험의 보험료징수 등에 관한 법률 시행령」제20조, 제26조 및 같은 법 시행규칙 제17조, 제22조제1항에 따라 위와 같이 신고합니다.

　　　　　　　　년　　　월　　　일
신고인(사업주 또는 보험사무대행기관)　　　　　　　(서명 또는 인)

근로복지공단　　　　지역본부(지사)장 귀하

우편(또는 팩스) 접수이든, 전산입력 신고이든 기본적인 기재 사항이나 신고 방법은 동일하므로 본 장에서는 보험료 신고서 우편 서식을 중심으로 작성 요령을 설명하도록 한다. 고용산재보험토탈서비스(http://total.kcomwel.or.kr)에 공인인증서 로그인 후 [민원접수/신고] － [보험료신고] － [보험료신고서(10701)]로 들어가면 우편으로 받은 보험료 신고서 서식과 동일한 서식을 전산 화면으로 확인할 수 있으며, 전산입력으로 신고가 가능하다.

(1) 전년도 확정보험료

· 확정보험료 보수총액(위 서식의 ① 항목)

보수총액은 ㉴ 항목의 2018년 확정보험료 산정 기초 보수총액의 합계액과 동일하게 기재하며, 65세 이전에 고용된 자와 이후에 고용된 자의 고용보험료는 다음과 같이 구분한다.

[표 3-14] 65세 이전, 이후에 고용된 자의 고용보험 보수총액 구분

구 분	만 65세 이전 고용된 자	만 65세 이후 고용된 자
실업급여	징수	미징수
고용안정·직업능력개발사업 보험료	징수	징수

· 확정보험료액(위 서식의 ③항목)

확정보험료액은 다음과 같은 식에 따라 보수총액(① 항목)에 보험료율(②항목)을 곱하여 계산한다. 단 계산된 보험료액을 기재할 때에는 10원 미만 금액은 절사한다. 여기서 보험료율은 전년도 개산보험료 산정 시 적용된 보험료율과 동일하다(개산보험료 보험료율에 대해서는 아래 개산보험료에서 설명한다).

> · ③ 확정보험료액 = ① 보수총액 × ② 보험료율

(2) 당해년도 개산보험료

· 개산보험료 보수총액(위 서식의 ⑧항목)

원칙적으로 개산보험료 보수총액은 2019년도 1년간 전체근로자에게 지급할 보수총액의 추정액(개산보험료 보수총액)을 기록한다. 다만, ⑧번 항목 개산보험료 보수총액이 전년도 확정보험료 보수총액(①번 항목)의 70/100 이상 또는 130/100 이하인 경우에는 전년도 확정보험료 보수총액(①번 항목)과 동일하게 기재한다. 공사 매출 예상액이나 사업 규모의 큰 변동이 예상되지 않는 한, 전년도 확정보험료 보수총액의 70/100 이상 또는 130/100 이하에 해당하기 어려우므로 대부분의 경우 전년도 확정보험료 보수총액 금액과 동일하게 기재하면 된다.

[사례] 개산보험료 보수총액의 산정

①번 항목 확정보험료 보수총액: 1,000만원
⑧번 항목 개산보험료 보수총액 추정액: 800만원인 경우
☞ 800만원 / 1,000만원 × 100 = 80% > 70%
확정보험료 보수총액 대비 70% 이하에 해당하지 않으므로 개산보험료 보수총액은 확정보험료 보수총액과 동일한 1,000만원을 기재한다.

만약 개산보험료의 보수총액이 전년도 확정보험료 보수총액에 비해 70/100 이하가 될 것으로 예상하였으나 실제 확정보험료 보수총액이 그보다 훨씬 더 높게 산정되어 다음연도 확정보험료를 상당액 정산하여 납부하게 되었다면, 확정정산의 대상으로 선정될 가능성이 높아지므로 주의해야 한다.

· 개산보험료 보험료율(위 서식 ⑨항목)

산재보험료율은 건설업에 해당하는 기본 산재보험료율에 임금채권부담비율, 석면피해구제분담금 비율을 더하여 산정한다.

> · 산재보험료율 = 산재보험료율(사업종류별요율 + 출퇴근재해요율) +
> 임금채권부담금 비율 + 석면피해구제분담금 비율

2019년의 경우 산재보험료율은 건설일괄 36/1,000, 건설업 본사 9/1,000이며 임금채권부담금 비율은 0.6/1,000, 석면피해구제분담금 비율은 0.03/1,000이다.

고용보험료율은 실업급여요율과 고용안정·직업능력개발사업 요율을 더하여 다음과 같이 산정한다.

> · 고용보험료율 = 실업급여요율 + 고용안정·직업능력개발사업 요율

실무적으로 보험료율은 위 수식에 따라 사업장에서 직접 산정하여 기록하는 것이 아니라 보험료 신고서에 명시되어 각 사업장에 통보되므로, 굳이 계산 방법을 숙지하지 않더라도 실무 처리에는 큰 지장이 없다.

· 일시납부와 분할납부 여부 선택

개산보험료의 경우 보험료액 일시납으로 인한 부담을 경감하기 위해 분할납부도 선택 가능하도록 허용하고 있다. 분할납부를 원할 경우 위 서식의 ⑪항목 분할납부 여부에 ☑ 표시로 체크하면 된다. 일시납부를 선택할 경우 일시납부에 ☑ 표시를 하면 되며, 이 경우 개산

보험료의 3% 공제 혜택을 받을 수 있다(전자신고 시 5천원 추가 경감). 분할납부를 선택할 경우 4기에 걸쳐 나누어 납부가 이루어지며, 이때 납부 기한은 다음과 같다.

[표 3-15] 개산보험료 분할납부 시 납부 기한

분할납부 회차	납부 기한	비고
제1기(1.1.~3.31.)	당해보험년도 3월 31일까지	해당 납부 기한이 공휴일일 경우 납부 기한은 그 다음날
제2기(4.1.~6.30.)	5월 15일	
제3기(7.1.~9.30.)	8월 15일	
제4기(10.1.~12.31.)	11월 15일	

Ⅳ. 보험료의 경정·감액·수정

1. 개산보험료 경정청구·감액조정 제도

(1) 의의

개산보험료의 '경정청구'란 법정기한 내 개산보험료를 신고한 사업주가 개산보험료를 초과하여 신고·납부한 경우, 이를 경정 청구할 수 있도록 하여 보험료 납부 사업주에 대한 권익을 보호하는 제도이고 '감액조정'은 보험 연도 중에 사업의 규모를 축소하여 실제의 개산보험료 총액이 이미 신고한 개산보험료 총액보다 100분의 30 이상으로 감소하게 된 경우, 사업주의 신청에 의하여 그 초과액을 감액할 수 있도록 함으로써 보험가입자의 재정 부담을 완화해주는 제도를 말한다.

(2) 경정요건

개산보험료의 경정청구를 위해서는 다음의 요건을 충족해야 한다.

① 법정기한 내에 개산보험료를 신고하였을 것.
② 이미 신고한 개산보험료가 신고하여야 할 개산보험료를 초과할 것.
③ 법정신고기한이 지난 후 1년 이내에 경정을 청구할 것.

(3) 경정청구의 절차

경정청구를 하고자 하는 경우 「개산보험료(확정보험료) 경정청구서」를 작성하여 공단에 제출하고, 공단은 경정청구를 받은 날로부터 2월 이내에 경정청구에 대한 결과를 청구인에게 통지한다. 경정청구 시에는 경정청구사유 또는 경정청구 보험료의 산정을 위하여 사실증명, 임금대장 등이 필요하며, 개산보험료를 완납한 경우는 충당 또는 반환을 받고, 분할납부의 경우는 납부할 개산보험료에서 감액된 금액을 공제하고 납부하게 된다.

(4) 감액요건

개산보험료의 감액청구를 위해서는 다음의 요건을 충족해야 한다.

① 개산보험료의 감액사유가 사업규모의 **축소**에 의할 것.
② 개산보험료 **감소** 규모가 이미 신고한 금액의 100분의 30 이상일 것.
③ 보험가입자가 감액조정신청을 하였을 것.

(5) 감액조정의 절차

보험 가입 사업장에서 감액사유가 발생한 경우 「개산보험료감액조정신청서」를 작성, 공단에 제출하고 감액 결정될 경우 개산보험료에 대한 감액금액이 통지된다. 감액조정 시에는 감액신청사유 또는 감액조정 보험료의 산정을 위하여 사실증명, 임금대장 등이 필요하며, 개산보험료를 완납한 경우는 충당 또는 반환을 받고, 분할납부의 경우는 납부할 개산보험료에서 감액된 금액을 공제하고 납부하게 된다.

2. 확정보험료 경정청구·수정신고 제도

(1) 의의

확정보험료 경정청구·수정신고 제도란 법정기한 내에 확정보험료를 신고한 사업주가 확정보험료를 초과 또는 미달하여 신고·납부한 경우, 이를 경정청구 또는 수정신고 할 수 있도록 하여 보험료 납부 사업주에 대한 권익을 보호해주는 제도이다.

(2) 확정보험료 경정청구 요건

확정보험료 경정청구를 위해서는 다음의 요건을 충족해야 한다.

① 법정기한 내에 확정보험료를 신고하였을 것.
② 이미 신고한 확정보험료가 신고하여야 할 확정보험료를 초과할 것.
③ 법정신고기한이 지난 후 1년 이내에 경정을 청구할 것.

(3) 확정보험료 경정청구 절차

위 요건을 충족하여 확정보험료의 경정청구를 하고자 하는 경우 「개산보험료(확정보험료) 경정청구서」를 작성하여 공단에 제출하고, 공단은 경정청구를 받은 날로부터 2월 이내에 경정청구에 대한 결과를 청구인에게 통지한다. 경정청구 시에는 경정청구사유 또는 경정청구 보험료액의 산정을 위하여 사실증명, 임금대장 등이 필요하며, 확정보험료를 완납한 경우는 충당 또는 반환을 받고, 미납된 경우에는 납부할 보험료에 대하여 감액된 금액을 납부하게 된다.

(4) 확정보험료 수정신고 요건

확정보험료 수정신고를 위해서는 다음의 요건을 충족해야 한다.

① 법정기한 내에 확정보험료를 신고하였을 것.
② 이미 신고한 확정보험료가 신고하여야 할 확정보험료에 미달할 것.
③ 공단이 확정보험료 조사계획 통지하기 전까지 신고할 것.

(5) 확정보험료 수정신고 절차

확정보험료 수정신고를 하고자 하는 경우 「확정보험료 수정신고서」를 작성하여 공단에 제출하여야 하고 이에 따른 보험료 차액을 납부하게 된다. 법정기한 내 확정보험료를 신고한 사업주는 이미 신고한 확정보험료가 신고해야할 확정보험료에 미달하여 공단이 확정보험료 조사계획 통지 전까지 신고하는 경우 수정신고 결과 추징금에 대한 가산금 50/100을 경감 받을 수 있다.

제5장

건설업 고용산재보험 확정정산

I. 의의

　확정정산이란 자진신고 사업장의 보험료 신고액이 적절치 않다고 의심되는 경우, 건설공사의 규모와 매출액 규모가 커서 자진신고한 보험료에 누락된 금액이 클 가능성이 높은 사업장 등을 대상으로 근로복지공단에서 보험료의 적정성 여부를 심사하고 과소 또는 미납 사례가 확인될 경우 보험료를 추가징수하기 위해 마련된 제도이다. 쉽게 말해, 건설업의 경우 고용산재보험 자진신고 체계로 운영되고 있으므로, 자진신고로 인한 보험료 축소 신고 등 도덕적해이가 발생할 가능성을 차단하거나 낮추기 위한 제도가 바로 확정정산 제도라 할 수 있다.

II. 정산절차

　건설업 고용산재보험 확정정산은 다음과 같은 절차를 거쳐 진행된다.

① 근로복지공단은 매년 말일까지 다음연도의 확정보험료 정산 계획을 수립하고 '확정정산사업장 선정위원회'에서 선정한 확정정산 대상 사업장을 지역본부장에게 시달.

② 지역본부장은 선정된 정산대상 사업장을 관련 전산시스템에 입력하고 그 선정사유와 정산 실시일자, 조사자 등을 서면으로 해당 사업장에 통지(서면정산 실시 결과 적정할 경우 현지조사 제외 가능).

③ 지역본부장은 서면정산 관계서류를 제출하지 않거나 임금(또는 보수)총액이 명확하지 아니하여 현지정산이 필요하다고 인정되는 사업장에 한하여 현지정산 실시.

III. 정산대상

다음과 같은 정산 대상 사업장에 해당할 경우, 확정정산 대상에 선정될 수 있다.

① 보험료신고서의 확정보수(임금)총액과 국세청으로부터 수집한 자료의 보수(임금)총액이 일치하지 않는 사업장.

② 확정보험료신고서의 전년도 개산보험료신고액 대비 반환 또는 충당금액의 비율이 높은 사업장.

③ 보험료신고서의 확정보수(임금)총액과 사업개시공사금액에 의한 보수(임금)총액이 일치하지 않는 사업장.

④ 세무비리 등 각종 신고에 있어서 잡음이 많은 사업장.

⑤ 최근 3년 동안 조사대상사업장에 선정되지 아니한 사업장.

⑥ 그 밖에 보수(임금)총액이 불명확하거나 조사 및 정산이 필요하다고 인정되는 사업장.

※ 단, 최근 3년 이내에 확정정산결과 성실 신고한 것으로 확인된 사업장은 다음연도 선정대상에서 제외.

Ⅳ. 정산기준

확정정산은 전년도 확정보험료(부담금, 분담금 포함)에 한하여 실시하지만, 정산계획에 따라 정산 대상 사업장 선정 후 다음연도에 실시하는 사업장은 전전년도에 대하여 실시하게 된다. 전년도 확정보험료에 대한 정산실시 결과 산재 및 고용보험료의 추가징수 합계액이 신고액 대비 10%이상 발생하거나 추가징수 합계액이 2천만원 이상인 경우에는 소멸시효가 끝나는 기간까지 정산이 이루어지나, 추가징수 합계액이 200만원 미만인 경우는 제외된다.

Ⅴ. 과태료 및 가산금의 부과

근로복지공단은 확정정산 시 엄격한 검증 및 검증을 통해 최대 3년 치 과소 신고된 보험료를 추가로 추징할 수 있으며 이에 더해 추가징수 보험료의 10%가량에 해당하는 가산금과 최대 9%에 달하는 연체금까지 부과할 수 있다. 이러한 가산금 및 연체금의 근거 법령은 아래와 같다.

고용보험 및 산업재해보상보험의 보험료 징수 등에 관한 법률

제24조 (가산금의 징수) ① 공단은 사업주가 제19조제1항에서 정하고 있는 기한까지 확정보험료를 신고하지 아니하거나 신고한 확정보험료가 사실과 달라 제19조제4항에 따라 보험료를 징수하는 경우에는 그 징수하여야 할 보험료의 100분의 10에 상당하는 가산금을 부과하여 징수한다. 다만, 가산금이 소액이거나 그 밖에 가산금을 징수하는 것이 적절하지 아니하다고 인정되어 대통령령으로 정하는 경우 또는 대통령령으로 정하는 금액을 초과하는 부분에 대하여는 그러하지 아니하다. <개정 2010.1.27., 2012.2.1.>
③ 제1항에도 불구하고 공단은 제19조제5항에 따라 확정보험료 수정신고서를 제출한 사업주에게는 제1항에 따른 가산금의 100분의 50을 경감한다.

제25조(연체금의 징수) ① 건강보험공단은 사업주가 제16조의7, 제17조 및 제19조에 따른 납부기한까지 보험료 또는 이 법에 따른 그 밖의 징수금을 내지 아니한 경우에는 그 납부기한이 지난날부터 매 1일이 경과할 때마다 체납된 보험료, 그 밖의 징수금의 1천분의 1에 해당하는 금액을 가산한 연체금을 징수한다. 이 경우 연체금은 체납된 보험료 등의 1천분의 30을 초과하지 못한다. <개정 2010.1.27., 2011.7.21., 2014.3.24., 2016.12.27.>

VI. 확정정산 대상 선정 시 대응

■ 조사 대상 선정 통보 시

건설업 확정정산 대상으로 선정될 경우 근로복지공단에서는 확정정산 조사 대상이 되었음을 알림과 동시에 확정정산 대상 선정 사유, 확정정산을 위해 제출해야 할 서류 목록 등을 통보한다. 근로복지공단에서 확정정산을 위해 제출을 요구하는 서류로는 다음과 같은 것들이 있다. 다음 요구 서류는 모든 사업장에 공통된 사항은 아니며, 각 사업장의 특성에 따라 요구하는 서류 종류가 상이할 수 있다.

① 재무제표확인원(세무사 또는 공인회계사로부터 확인받은 연도 비교식 재무제표): 표지/재무상태표/손익계산서/원가명세서(제조, 용역, 공사, 분양 등)/이익잉여금처분명세서/합계잔액시산표

② 계정별 원장: 재무상태표, 손익계산서, 원가명세서 전체 계정별원장을 엑셀로 변환 후(사업자등록번호, 현장 항목 추가하여 다운로드. 사업자등록번호를 포함해 제출할 수 없는 경우 매출처별 세금계산서 합계표 및 세부내역서 제출) 이메일로 송부.

③ 현장별 원가명세서(공사/분양): 각 공사현장별로 구분된 공사(분양)원가명세서

④ 공동도급공사인 경우: 공사계약서 및 협정서, 안분내역서

⑤ 건설공사 기성실적 자료: 총괄표/세부내역서

⑥ 법인등기부등본(말소사항 포함)

⑦ 비과세, 만65세 이상 근로자 등 보수총액에서 공제되는 보수의 근거자료: 대표이사의 「소득자별 근로소득원천징수부」, 상용근로자의 비과세 소득이 있는 경우 상용근로자의 「소득자별 근로소득원천징수부」, 만65세 이상 및 외국인(일용직·상용직)의 「연도별 일용근로소득지급명세서」 또는 현장별 노임대장을 엑셀파일로 제출.

⑧ 보험료 신고 시 산재보험 및 고용보험의 보수 산출 세부 내역.

우선 확정정산 대상 선정 공문을 받은 경우, 위와 같이 제출 요구를 받은 서류를 준비하되

제출 기한에 맞춰 촉박하게 서류를 성급히 제출하기보다는 근로복지공단 확정정산 담당자와 협의하여 제출기한을 연장하고 제대로 준비하여 제출하는 것이 중요하다. 또한 고용산재보험료의 신고 및 납부 절차에 대한 충분한 이해가 갖추어져 있지 않다면 건설업 전문 노무법인의 도움을 구하여 대응 방안을 논의하는 것이 좋다.

확정정산 대상으로 일단 선정이 되면, 보험료 추징은 피할 수 없다고 보아야 한다. 최대한 근로복지공단과 대립각을 세워서 보험료 추징을 전액 막겠다는 태도로는 보험료 추징 위험을 더욱 키우는 무모한 일이 될 수도 있다. 평소 꾸준하고 안정적인 관리로 인해 확정정산 대상에 선정되지 않도록 유지하는 것이 최선이겠지만, 일단 확정정산 대상으로 선정되면 어느 정도 보험료 추징은 감수하고 최대한 줄일 수 있는 금액만큼은 확실히 줄여보겠다는 태도로 임하는 것이 현명할 수 있다.

■ 제출서류의 준비

확정정산 대상으로 선정되었을 경우 추가적으로 납부해야 할 보험료는 근로복지공단에서 산정하게 된다. 그러나 근로복지공단에서 산정하여 부과하는 금액이 최종 보험료라고 생각해서는 안 된다. 공단에서 산정한 내역 중 부과 대상이 아니지만 명칭 상 오해 등으로 인해 보험료에 포함되었을 수도 있으며, 회사 쪽의 적극적인 소명자료 제출을 통해 부과 대상에서 제외할 수 있는 내역도 있다. 이를 위해서는 우선 근로복지공단에서 산정한 보험료에서 제외될 수 있는 금액을 정확히 산정하여 보험료 부담을 최소화하기 위해서는 제출서류 상에서 어떤 항목들에서 어떤 방식으로 보험료가 산정되는가를 정확히 이해하는 과정이 중요하다. 따라서 대응 전 아래의 사항들을 먼저 꼼꼼히 검토해 보아야 한다.

(1) 재무제표 확인원

앞서 살펴본 바와 같이, 고용산재보험료의 원칙적 산정은 직접노무비 및 외주비를 바탕으로 이루어진다. 재무제표는 인건비에 해당하는 임금, 급여, 상여금 등과 외주비 등을 확인하기 위한 기본 자료가 된다. 여기서 주의해야 할 점은 현장 근로자의 보수액과 본사 사무직 근로자의 보수액을 잘 구분하여야 한다는 점이다. 통상적으로 본사 사무직 근로자의 급여는 재무제표상에, 현장 근로자의 급여는 공사원가명세서에 기록되나, 간혹 재무제표상으로 명확히 구분되지 않는 사업장도 있으므로 이를 정확히 파악하여야 한다. 예를 들어 어떤 회사에서는 본사 상용직 급여를 재무제표의 '급여' 계정으로, 현장 상용직 및 일용직 인건비를 모두 원가명세서상의 '인건비' 계정으로 표기하는 경우도 있고, 또 다른 회사에서는 본사 상용직 및 현장 상용직 급여를 구분 없이 재무제표의 '인건비'로, 일용직 급여만 별도로 원가명세서에 '노무비' 계정으로 표기하는 등 재무제표마다 특성을 잘 파악하여 보험료를 산정해 보아야 한다.

(2) 계정별 원장

계정별 원장은 재무제표상의 각 계정들의 세부 내역이 기록되어 있다. 근로복지공단에서는 이 계정별 원장에 재무제표에서 확인되지 않는, 다른 계정에 인건비나 공사비에 해당하는 항목을 **'발췌'**하여 이에 대해서도 보험료를 부과한다. 계정별 원장에서 발췌 대상이 되는 주요 항목 및 대응 방안은 다음과 같다.

① 원재료 계정: 에어컨이나 창호 등을 재료비 항목으로 포함시킨 경우, 납품 업체의 사업 종목에 건설이 포함된 경우나 실질적으로 설치공사까지 수행하는 경우 등 공사 여부가 모호하여 외주공사비에 포함하지 않은 항목들에 대해서도 근로복지공단에서는 건설공사에 해당하는 것으로 '추정'하고 보험료를 부과한다. '추정'하고 보험료를 부과한다는 의미는 반대되는 적절한 근거를 제시할 경우 번복할 수 있다는 의미이기도 하다. 따라서 이러한 항목은 원재료 구입임이 명백함을 입증할 수 있는 근거자료(거래내역서, 영수증 등)를 구비하고 '설치' 등의 명칭을 사용하는 대신 '구매', '구입' 등의 용어를 사용하여 이에 대비하여야 한다.

② 지급수수료 계정: 공사를 위해 인력사무소에서 건설일용직 인력을 소개받은 경우 이 비용을 지급수수료 계정에 포함시키는 건설업체가 많으나, 이러한 비용도 인건비로 산정되어 보험료가 부과될 수 있다.

(3) 현장별 원가명세서

확정정산 시 현장별 원가명세서를 통해 주로 보험료가 발췌되는 부분은 '본사 소속 현장 근무 직원의 보수'이다. 현장별 원가명세서에 포함된 노무비에는 본사 소속 근로자로서 해당 현장에서 근무한 직원의 보수가 포함되어 있을 가능성이 높으며, 실제로 근로복지공단에서도 이를 현장 근로자의 보수로 보고 보험료를 산정한다. 만약 본사 소속 사무직 근로자임에도 현장 근무자의 보수로 잘못 책정되었다고 사업장에서 판단할 경우, 근로계약서 등의 증빙 자료를 바탕으로 이를 적극적으로 소명하여야 한다.

(4) 공동도급공사의 공사계약서 및 협정서, 안분내역서

공동도급공사의 경우 안분 내역에 따라 보험료가 분할 부과되므로 이를 확인하기 위해 필요한 자료이다. 만약 공사도급 비율에 따른 안분이 회사 측에 불리하게 산정되었다면, 협정서나 안분내역서 등을 근거자료로 적극적으로 소명하여야 한다.

(5) 건설공사 기성실적 자료

이 자료는 해당 건설업체에서 실제 공사 수행 내역을 확인하기 위한 참고자료에 불과하며, 명시적인 공사 실적이 보험료에 반영되지 않은 경우가 아니라면 보험료 산정의 근거자료로 활용될 가능성은 낮다고 볼 수 있다.

(6) 법인등기부등본

실제 회사 지분을 가진 법인의 등기 이사 등은 고용보험 가입대상이 아니므로 이를 확인하기 위한 참고자료이다.

(7) 비과세, 만 65세 이상 근로자 등 보수총액에서 공제되는 보수의 근거 자료

만65세 이상 근로자, 임의가입 또는 적용 제외 외국인근로자의 보수, 보수액 중 비과세 항목(식대, 육아수당 등의 일정액)은 고용보험료 산정 대상에서 제외되므로, 이에 해당하는 근로자가 있었다면 주민등록 사항이나 체류자격 등을 확인하여 적극적으로 소명자료를 제출하여야 한다(임의가입 또는 적용 제외 외국인근로자의 체류자격은 앞서 설명한 내용 참고).

(8) 보험료 신고 시 산재보험 및 고용보험의 보수 산출 세부내역

이는 회사가 당초에 보험료 신고 시 보험료를 산출한 근거 자료를 공단에서 살펴보고 미산정 또는 산정 오류가 있는 항목을 찾아내기 위해 제출을 요구하는 자료이다. 이 자료가 확정정산에서 갖는 의미는 결코 작지 않다. 따라서 이 자료를 제출하기 전에는 반드시 신중을 기할 필요가 있다.

■ 확정정산 시 중점 확인사항

(1) 공사매출과 제품매출

건설공사에 사용되는 자재 및 설치품을 납품하는 경우, 단순히 자재를 납품하는 경우와 납품 후 설치공사까지 진행하는 경우로 나눌 수 있다. 전자와 후자의 명확한 구분이 중요한 이유는 확정정산 시에 후자의 매출만이 공사매출로 간주되어 외주공사비에 포함된다는 점이다. 따라서 전자에는 납부할 보험료가 0인 반면, 후자에는 보험료 추가 납부액이 발생할 수 있다. 따라서 전자와 후자를 명확히 구분하여 재무제표에 기재하도록 하고, 단순히 납품만 한 경우 제품 매출임을 명확히 확인할 수 있는 근거 자료를 마련해 두는 것이 좋다.

(2) 원도급공사, 하도급공사, 하수급인 사업주 인정승인 공사

이미 반복해서 언급하였다시피, 고용산재보험료의 신고 및 납부 의무는 원도급사에 있다. 따라서 총공사매출액 중 원도급공사의 비율이 높을수록 큰 액수의 보험료가 부과된다. 역으로 하도급공사의 비율이 높을수록 보험료 부과액은 적을 밖에 없다. 여기서 중요한 부분이 바로 '하수급인 사업주 인정승인'을 받은 공사를 구분하는 것이다. 하도급 공사라 하더라도 만약 하수급인 사업주 인정승인을 받았다면, 당해 승인을 받은 공사건에 한하여 하수급인이 보험관계 적용에 있어 원수급인으로 간주된다. 따라서 해당 공사의 보수총액을 보험료 산정 시 보수총액에 포함시켜야 한다. 반대로 원도급 공사라 하더라도 하수급인 사업주 인정승인을 받은 공사 건에 대해서는 원도급사는 보험료 계산 시 보수총액에서 제외해야 하므로 그만큼 보험료 부담이 낮아질 수 있다.

(3) 고용보험 가입 제외 대상

앞서 설명한 바와 같이 외국인의 경우 체류자격에 따라 고용보험 당연 가입, 임의 가입, 적용 제외 대상 등으로 구분된다. 따라서 당연 가입 체류자격을 제외한 나머지 인원에 대해서는 의무적으로 보험에 가입하고 보험료를 납부할 필요가 없으므로 해당 인원의 노무비는 보수총액에서 제외해야 한다. 또한 만 65세 이상 근로자의 경우에도 고용보험 실업급여 적용이 제외되므로 이에 해당하는 보험료는 납부할 필요가 없다. 만약 이러한 인원이 확정 정산 시 보험료 산정 인원에 포함되어 있다면, 체류자격을 입증할 수 있는 서류를 구비하여 공단에 소명하여야 한다.

제6장

건설업 고용산재보험 관련 벌칙 등

고용산재보험 관계 성립 신고, 보험료 신고 등 관련 신고에 있어서 사업주의 착오나 과실이 발생한 경우에 대해 보험료 징수법에서는 여러 벌칙 규정을 두고 있다. 이러한 벌칙에는 과태료, 가산금, 연체금 등이 있다. 이러한 벌칙을 받아 불필요한 손실이 발생하는 사태를 예방하기 위해서는 벌칙 규정에 대해 숙지하고 보험 관련 신고에 만전을 기해야 한다.

Ⅰ. 과태료

1. 300만원 이하의 과태료 처분

다음과 같은 위반 사항 발생 시, 300만원 이하의 과태료 처분을 받게 된다.

① 「고용산재보험료징수법」 제11조 규정에 의한 보험관계의 신고, 제12조 규정에 의한 보험관계의 변경신고, 제16조10에 따른 보수총액 등의 신고, 제17조 규정에 의한 개산보험료의 신고 및 제19조에 따른 확정보험료의 신고를 하지 아니하거나 거짓 신고를

한 자.

② 제29조의3 제1항에 따른 금융거래정보의 제공을 요청받고 정당한 사유 없이 금융거래 정보의 제공을 거부한 자

③ 제44조에 따른 요구에 불응하여 보고를 하지 아니하거나 거짓으로 보고한 자 또는 관계 서류를 제출하지 아니하거나 거짓으로 적은 관계 서류를 제출한 자.

④ 제45조제1항에 따른 질문에 거짓으로 답변한 자 또는 같은 항에 따른 조사를 거부·방해 또는 기피한 자.

⑤ 제16조의 10제3항부터 제5항에 따른 근로자 고용·종료·전보신고를 거짓으로 신고한 자(단, 신고를 하지 않은 자의 경우는 100만원 이하).

2. 50만원 이하의 과태료 처분

「고용산재보험료징수법」 제36조에 따른 장부 또는 그 밖의 서류를 갖추어 두지 아니하거나 거짓으로 적은 자에게는 50만원 이하의 과태료 처분이 가해진다. 만약 과태료를 납부하지 아니하는 경우에는 국세체납처분의 예에 의하여 징수한다.

3. 고용보험 피보험자 신고 관련 과태료

(1) 피보험자 신고 관련 위반사항의 종류

고용보험 피보험자 신고와 관련한 과태료가 부과되는 위반행위에는 미신고와 거짓 신고가 있다. 미신고란 취득 등의 신고를 고용보험법 시행령 제7조에 정해진 법정신고기한 내에 하지 않은 경우(법정신고기한을 넘겨 신고한 지연신고도 미신고에 포함됨)를 말하며, 거짓 신고란 신고한 취득 등의 신고내용이 사실과 다른 경우를 말한다.

(2) 위반사항의 성립일

미신고의 성립일은 법정신고기한의 다음 날이 되며, 거짓 신고의 행위일은 거짓으로 신고한 날이 된다.

(3) 과태료 금액

피보험자 신고 관련 과태료는 위반행위일을 기준으로 2016년 1월 1일 이전과 이후로 구분된다. 구체적인 과태료 금액은 다음 [표 3-16]과 같다.

[표 3-16] 피보험자 신고 관련 과태료

위반 행위일	위반행위	근거 법조문	1차 위반 과태료 금액	2차 위반 과태료 금액	3차 이상 위반 과태료 금액
2016.01.01. 이전	법 제15조를 위반하여 신고하지 않거나 거짓으로 신고한 경우	법 제118조제1항 제1호	피보험자 1명당 5만원. 다만, 과태료 금액의 합산액은 100만원을 초과할 수 없다.	피보험자 1명당 8만원. 다만, 과태료 금액의 합산액은 200만원을 초과할 수 없다.	피보험자 1명당 10만원. 다만, 과태료 금액의 합산액은 300만원을 초과할 수 없다.
2016.01.01. 이후	신고를 하지 않은 경우 (기간 내에 신고를 하지 않은 경우 포함)	법 제118조제1항 제1호	피보험자 1명당 3만원. 단, 과태료 금액의 합산액은 100만원을 초과할 수 없다.		
	거짓으로 신고한 경우		피보험자 1명당 5만원. 단, 과태료 금액의 합산액은 100만원을 초과 할 수 없다.	피보험자 1명당 8만원. 단, 과태료 금액의 합산액은 200만원을 초과 할 수 없다.	피보험자 1명당 10만원. 단, 과태료 금액의 합산액은 300만원을 초과 할 수 없다.

II. 가산금

고용산재 확정보험료를 법정기간 내에 신고·납부하지 않거나 그 신고가 사실과 다른 경우에는 징수하여야 할 보험료액의 10/100을 가산금으로 부과하게 된다. 다만, 가산금의 금액이 3,000원 미만이거나 확정보험료를 신고하지 아니한 것이 천재·지변, 그 밖에 고용노동부 장관이 인정하는 부득이한 사유에 의한 경우에는 가산금 부담이 면제된다. 또한 확정보험료 조사계획 통지 전에 확정보험료 수정 신고를 하는 경우, 추가납부액에 대한 가산금의 50%를 경감받을 수 있다.

III. 연체금

「고용산재보험료징수법」제16조의7, 제17조 및 제19조의 규정에 따른 보험료 또는 그 밖의 징수금을 내지 아니한 경우에는 그 납부기한이 지난 날부터 매 1일이 경과할 때마다 체납된 보험료, 그 밖의 징수금의 1/1,000에 해당하는 연체금을 징수하게 된다.

또한 사업주가 보험료 또는 그 밖의 징수금을 내지 아니하면 납부기한 후 30일이 지난날부터 매 1일이 경과할 때마다 체납된 보험료, 그 밖의 징수금의 1/3,000에 해당하는 연체금을 더하여 징수하며 연체금은 체납된 보험료, 그 밖의 징수금의 90/1,000을 넘지 못한다. 이 규정은 2018.12.28. 시행 후 최초로 납부기한이 도래하는 보험료, 그 밖의 징수금부터 적용하며, 납부기한이 2018.12.28. 이전인 보험료 및 그 밖의 징수금은 종전과 같이 납부기한이 지난날부터 30/1,000에 해당하는 연체금을 징수하고 이후 1개월이 지날 때 다 10/1,000의 연체금을 더하여 징수한다.

단, 다음의 경우에는 연체금의 징수가 면제된다.

① 「채무자 회생 및 파산에 관한 법률」제140조에 따른 징수 유예가 있는 경우
② 연체금, 가산금 및 법 제26조에 따라 징수하는 보험급여의 금액이 체납된 경우
③ 보험료, 그 밖의 징수금의 체납이 천재지변이나 그 밖의 고용노동부 장관이 인정하는 부득이한 사유에 해당하는 경우

IV. 보험급여액의 징수

■ 의의

보험급여액의 징수란 보험가입자가 보험가입의 신고나 보험료의 납부를 태만히 한 기간 중에 발생한 재해에 대하여 보험급여를 지급한 때에 그 급여액의 전부 또는 일부를 보험가입자로

부터 징수하는 것을 말한다.

■ 징수요건

1) 산재보험가입신고를 게을리 한 기간 중에 발생한 재해

보험급여액 징수요건이 되는 산재보험가입신고를 태만히 한 기간 중 발생한 재해란 보험에 가입신고를 하여야 할 기간이 만료된 날의 다음날부터 가입신고를 한 날까지의 기간 중에 발생한 재해를 말한다. 보험급여액 징수 대상이 되는 보험급여액에는 요양급여, 휴업급여, 장해급여, 간병급여, 유족급여, 상병보상연금 등이 포함된다. 이때 징수할 급여액은 지급 결정된 보험급여의 50/100에 해당하는 금액이다. 다만, 이 징수금은 사업주가 가입신고를 게을리한 기간 중에 납부하여야 했던 산재보험료의 5배를 초과할 수 없다. 또한 징수 대상 보험급여는 요양개시일로부터 1년이 되는 날이 속하는 달의 말일까지 기간 중 급여청구 사유가 발생한 보험급여에 한정된다.

2) 산재보험료 납부를 게을리 한 기간 중에 발생한 재해

산재보험급여액의 징수요건이 되는 산재보험료 납부를 게을리 한 기간 중에 발생한 재해란 월별보험료 또는 개산보험료의 납부기한의 다음 날부터 해당 보험료를 낸 날의 전날까지의 기간 중에 발생한 재해를 말한다. 마찬가지로 징수 대상이 되는 보험급여에는 요양급여, 휴업급여, 장해급여, 간병급여, 유족급여, 상병보상연금 등이 포함된다. 이때 급여징수액은 재해를 당한 근로자에게 지급 결정된 보험급여의 50/100 해당액이며, 징수금의 상한액은 사업주가 가입신고를 게을리한 기간 중에 납부하여야 하였던 산재보험료의 5배로 동일하다. 다만, 재해가 발생한 날까지 내야 할 해당 연도의 월별보험료에 대한 보험료 납부액의 비율이 50/100인 경우는 징수하지 아니한다. 또한 해당 연도에 내야 할 개산보험료에 대한 보험료 납부액의 비율(분할납부의 경우에는 재해가 발생한 분기까지 내야 할 개산보험료에 대한 보험료 납부액의 비율)이 50/100 이상인 경우에도 징수하지 아니한다.

건설일용직 국민연금과 건강보험의 경우 적용대상 및 요건, 절차 등 대부분의 관련 기준이 연계되어 있으며 거의 동일하다. 그러나 건설일용직 외국인근로자 가입 기준, 보수월액 변경에 관한 사항 등 세부적으로 약간의 차이가 있을 수는 있으므로 본 편에서는 국민연금과 건강보험에 관한 사항을 공통으로 설명하되, 서로 차이가 있는 몇 가지 사항에 대해서만 별도로 기술하기로 한다. 또한 건설업 사업장에서는 일용직의 4대보험 적용이 가장 큰 이슈이기는 하나, 본사 상용직의 보험관계에 관해서도 궁금해하는 독자가 많아 이에 대해서도 간단히 설명하면서 이어가도록 한다.

제 2 편

건설일용직
국민연금·건강보험 실무

제1장

건설업 국민연금·건강보험의 적용

I. 건설일용근로자 국민연금·건강보험 사업장적용

■ 「건설산업기본법」에서 정의하는 건설업 사업장

국민연금·건강보험이 적용되는 건설업 사업장이란 **「건설산업기본법」에서 정의**하고 있는 건설공사(전기·정보통신·소방시설공사업법·문화재수리공사 포함)를 수행하는 **사후정산제도 적용 사업장**[1]으로, 아래와 같은 사업장이 포함된다.

① 「건설산업기본법」에 따른 건설공사의 사업장
② 「전기공사업법」에 따른 전기공사의 사업장
③ 「정보통신공사업법」에 따른 정보통신공사의 사업장
④ 「소방시설공사업법」에 따른 소방시설공사의 사업장
⑤ 「문화재 수리 등에 관한 법률」에 따른 문화재 수리공사의 사업장

---

1) 사후정산제도는 국민연금·건강보험 적용에 있어서 매우 중요한 의미를 갖는 제도이므로 이에 대해서는 별도로 상세히 설명하기로 한다.

■ 건설업 사업장 적용 원칙

(1) 건설현장별 사업장 적용

국민연금·건강보험의 경우, 하나의 공사현장을 보험관계의 적용기준이 되는 사업장으로 본다. 따라서 본사 소속 일반 근로자와 구분하여 건설현장에서 근무하는 건설일용직은 각 현장별로 분리 적용된다. 본사 소속 상용직의 경우에는 본사 사업장으로 적용함이 원칙이나 본사 상용직 근로자가 현장 업무를 진행하고 현장에서 보험료를 납부하도록 해야 하는 경우에는 현장별 '상용' 성립신고를 별도로 진행하여 현장으로 성립하고 보험료를 납부하는 것도 가능하다.

(2) 원·하수급인 사업장별 분리적용

고용산재보험의 경우 원칙적으로 하도급사의 건설일용직의 보험관계 성립 주체가 원수급인(하수급인 사업주 인정승인을 받은 공사 제외)이므로 원수급인의 사업장 관리번호로 통합 관리된다(다만, 하수급인의 일용직은 하수급인 관리번호를 통해 원수급인의 보험관계로 신고). 이에 반해 국민연금·건강보험의 경우 원수급인과 하수급인은 동일 현장이라 하더라도 각각 사업장 적용신고를 하여 일용직을 분리하여 적용한다. 즉, 원수급인의 건설일용직에 대한 보험료 신고 및 납부 주체는 원수급인이, 하수급인의 건설일용직에 대한 보험료 신고 및 납부 주체는 하수급인이 된다.

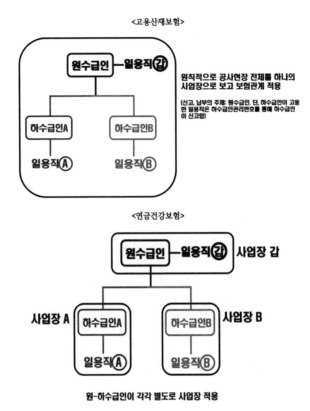

<고용산재보험>

원수급인 — 일용직 갑

원칙적으로 공사현장 전체를 하나의
사업장으로 보고 보험관계 적용

(신고, 납부의 주체: 원수급인. 단, 하수급인이 고용
한 일용직은 하수급인관리번호를 통해 하수급인
이 신고함)

하수급인A   하수급인B

일용직Ⓐ   일용직Ⓑ

<연금건강보험>

원수급인 — 일용직 갑   사업장 갑

사업장 A   하수급인A   하수급인B   사업장 B

일용직Ⓐ   일용직Ⓑ

원-하수급인이 각각 별도로 사업장 적용

[그림 3-1] 고용산재보험과 연금건강보험 원·하수급 간 사업장 적용 비교

(3) 건설공사(계약) 기간이 1개월 이상인 사업장만 적용

원칙적으로 건설공사(계약) 기간이 1개월 이상인 건설현장만이 사업장적용신고가 가능하다. 다만, 최초 공사(계약)기간은 1개월 미만이나, 기간 연장 및 갱신계약 등으로 실제 공사기간이 1개월 이상이 되는 경우에는 사업장적용신고가 가능하다.

(4) 경과조치 사업장

경과조치 사업장이란 국토교통부고시 제2018-462호 '사회보험의 보험료 적용기준 일부 개정 고시안'에 따라, 시행일(2018.8.1.) 전에 발주자가 수급인과 계약을 체결하였거나, 입찰공고를 시작한 공사의 건설현장 사업장을 말한다. 경과조치 사업장에서는 '경과조치'에 따른 사업장 적용을 받는다. 여기서 경과조치란 건설일용근로자 관련 직장가입 적용에 대해 개정된 지침(월 8일 이상 근로)이 아닌 종전(월 20일 이상 근로) 지침을 적용한다는 의미이다. 즉, 경과조치사업장이 중요한 이유는 바로 우리가 흔히 알고 있는 건설일용직 가입 기준인 '월 8일 미만 근로'가 아닌 개정 이전 '월 20일 미만 근로' 기준(건설일용직 연금건강보험 가입대상에 대해서는 이후 상세히 설명하도록 한다)을 적용받을 수 있기 때문이다. 쉽게 말해 원도급 계약일이 2018년 8월 1일 이전이라면 경과조치 사업장으로 사업장적용신고를 하여, 연금건강보험 가입대상 기준이 '월 20일 이상 근로한 자'로 적용된다는 점에서 경과조치 사업장은 큰 의미를 갖는다.

경과조치 사업장 여부는 발주형태에 따라 '공사계약일' 또는 '입찰공고일'을 기준으로 판단한다. 경과조치 사업장의 구체적 판단 기준은 다음과 같다.

[표 3-17] 경과조치 사업장 판단 기준

발주형태	경과조치 적용기준
입찰공고 없이 도급계약을 하는 경우	발주자와 원수급인 간 공사계약일이 시행일(2018.8.1.) 전에 이루어진 공사 ※ **하수급사업장의 경과조치 여부도 최초 원도급계약일로 판단**
입찰공고가 있는 경우	발주자가 입찰공고를 시작한 날이 시행일(2018.8.1.) 전에 이루어진 공사

여기서 주의해야 할 점은 하수급 사업장의 경과조치 여부도 최초 원도급 계약일을 기준으로 판단한다는 점이다. 예를 들어 하도급공사 계약 기간이 2018년 8월 1일 이후이나, 원도급공사 계약일이 2018년 8월 1일 이전이라면 경과조치 사업장에 해당된다.

경과조치 사업장으로 적용받기 위해서는 사업장적용신고 시 '보험료 일괄경정고지·전자고지 신청서'의 '건설현장 경과조치 사업장 확인'란을 작성하고 입증서류를 제출하면 된다. 입증서류로 인정받을 수 있는 서류로는 입찰공고문, 원도급 공사계약서, 고용산재보험 가입증명원 등이 있으며 이 중 한 가지를 신청 시 제출하면 된다. 만약 하수급 건설현장 사업장에서 원도급 공사계약서를 전달받지 못하는 등 이와 같은 입증서류 제출이 불가하다면, '건설현장 경과조치 사업장 사실 확인서'를 입증서류에 갈음할 수 있다.

3. 국민연금·건강보험 사업장 적용신고 방법 및 절차

(1) 의의

사업장 적용신고란 국민연금·건강보험 적용에 있어서 각 건설현장을 별개의 보험 적용 사업장으로 성립하기 위해 진행하는 신고를 말한다. 앞서 설명한 바와 같이, 연금건강보험에서는 각각의 현장을 하나의 독립된 사업장으로 분리 적용하는데, 이러한 분리 적용을 받기 위해 진행하는 신고가 바로 사업장 적용신고이다.

사업장적용신고가 중요한 이유는 바로 건설일용직 연금건강보험 가입 기준인 '월 8일 미만 근로'라는 조건을 현장별(사업장별)로 적용받기 위해서 반드시 필요한 절차이기 때문이다. 따라서 원·하도급을 불문하고 건설 계약이 체결되었다면 연금건강보험 사업장 적용신고는 즉시 해두는 것이 좋다.

(2) 제출 서류

사업장 적용신고를 위해 작성 및 제출하여야 할 서류는 다음과 같다.

① 사업장(기관) 적용신고서(공통서식)

② 직장가입자 자격취득신고서(EDI 신고)

③ 일괄경정고지, 전자고지 신청서

④ 공사계약서(사후정산 내용 포함 여부 확인)

⑤ (경과조치 사업장에 해당하는 경우) 경과조치 사업장 인정을 위한 입증서류

※ 여기서 경과조치 사업장 인정을 위한 입증서류는 ④의 공사계약서 상 계약일자가 2018년 8월 1일 이전이라면 별도로 제출하지 않아도 무방하다. 경과조치 해당 사업장이 아니라면 제출할 필요가 없음은 물론이다.

(3) 제출처 및 신고방법

위 서류를 작성하여 건설현장 소재지 관할 건강보험공단 지사 혹은 국민연금공단 지사에 제출하면 된다. 제출은 방문, 우편, FAX, 인터넷(www.4insure.or.kr) 모두 가능하다.

다만, 인터넷 신고의 경우 일괄경정·전자고지 신청서를 지사에 팩스로 별도 제출해야 한다. 사업장적용이 정상적으로 완료되면, 각 공단 지사에서 사업장 적용이 완료되었음을 안내하는 공문을 발송해준다.

(4) 제출서류 세부 작성 방법

1) 사업장(기관) 적용신고서(공통서식)

국민연금 [ ]당연적용사업장 해당신고서
건강보험 [ ]사업장(기관) 적용신고서
고용보험 ([ ]보험관계성립신고서 [ ]보험가입신청서)
산재보험 ([ ]보험관계성립신고서 [ ]보험가입신청서)

※ 유의사항 및 작성방법은 제1쪽 뒷면을 참고하여 주시기 바라며, 색상이 어두운 난은 신고인(신청인)이 적지 않습니다. (제1쪽 앞면)

접수번호		접수일		처리기간 국민연금·건강보험 3일 고용·산재보험 5일	

공통	사업장	사업장관리번호		명칭 ❶		사업장 형태 [ ]법인 [ ]개인
		소재지	우편번호( ) ❷			
		우편물 수령지	우편번호( ) ❷			전자우편주소
		전화번호	(휴대전화)			팩스번호
		업태		종목	(주생산품)	업종코드
		사업자등록번호 ❸		법인등록번호		
		주거래 은행	(은행명)	(예금주명)		(계좌번호)
	사용자 ❹ (대표자)	성명		주민(외국인)등록번호		전화번호
		주소				
	보험료 자동이체신청	은행명		계좌번호		
		예금주명		예금주 주민등록번호(사업자 등록번호)		
	전자고지 신청	고지 방법	[ ]전자우편 [ ]전자문서교환시스템	[ ]휴대전화 [ ]인터넷 홈페이지(사회보험통합징수포털)		4대 사회보험 합산고지 [ ] 신청 [ ] 미신청
		수신처(전자우편주소, 휴대전화번호 또는 아이디)				
		수신자 성명		수신자 주민등록번호		

국민연금/건강보험	건설현장사업장 ❺ [ ]해당 [ ]비해당 건설현장 사업기간 ❻ ~		
연금(고용)보험료 지원 신청	「국민연금법」 제100조의3 또는 「고용보험 및 산업재해보상보험의 보험료징수 등에 관한 법률」 제21조에 따라 아래와 같이 연금(고용)보험료 지원을 신청합니다(근로자 수가 10명 미만인 사업(장)만 해당합니다). 국민연금 [ ] 고용보험 [ ]		

국민연금	근로자수	가입대상자수	적용 연월일(YYYY.MM.DD)
	분리적용사업장 [ ]해당 [ ]비해당	본점사업장관리번호	
건강보험	적용대상자수	본점사업장관리번호	적용 연월일
	사업장 특성부호	회계종목(공무원 및 교직원기관만 작성)	1	2	3

행정정보 공동이용 동의서

본인은 이 건 업무처리와 관련하여 담당 직원이 「전자정부법」 제36조제2항에 따른 행정정보의 공동이용을 통하여 담당 직원 확인사항의 행정정보를 확인하는 것에 동의합니다. *동의하지 아니하는 경우에는 신청인이 직접 관련 서류를 제출하여야 합니다.

신고인(신청인) (서명 또는 인)

위와 같이 신고(신청)합니다.

년 월 일

신고인·신청인(사용자·대표자) (서명 또는 인)
[ ]보험사무대행기관(고용·산재보험만 해당) (서명 또는 인)

국민연금공단 이사장/국민건강보험공단 이사장/근로복지공단 지역본부장(지사장) 귀하

❶ 사업장 명칭: 원칙적으로 사업장 명칭은 회사명칭 뒤에 현장명을 이어서 작성함을 원칙으로 한다. 그러나 실무적으로 사업장 명칭에는 건설계약서에 기재된 현장명을 그

대로 기입하면 사업장적용 시 자동적으로 회사명+현장명으로 구성된 사업장 명칭이 부여된다.

❷ 소재지/우편물 수령지: 사업장 소재지(공사현장)를 주소로 하되, 우편물 수령지는 본점 주소지로 신청이 가능하다.

❸ 사업자등록번호: 본점사업장의 사업자(법인)등록번호로 등록한다.

❹ 사용자: 공사현장이라 하더라도 사용자는 본점사업장의 사용자에 관한 사항을 기재한다.

❺ 건설현장사업장: 건설현장에 대한 사업장적용신고라면 당연히 '☑해당'으로 표시해야 한다.

❻ 건설현장 사업기간: 여기서 사업기간은 공사계약서상의 공사기간을 기재하면 된다.

2) 보험료 일괄경정고지 신청서

보험료 일괄경정고지 신청서

사 업 장❶	명 칭		
	사업장 관리번호	건강보험	
		국민연금	
	주 소		전화번호
신 청 인❷	성 명	생년월일	사업장과의 관계
일괄 경정고지 신청내역	신청사유	건설현장 사업장(건설일용근로자 정산)	
	해당기간	사업장 당연적용 해당 월 ~ 탈퇴 월	
	경정 고지내역	경정일자	매월 6일 * 6일이 토일공휴일인 경우에는 전일
		발송방법	EDI(경정고지 내역서 및 전자납부번호 등)
	※ 사업장에서는 매월 6일 EDI시스템에서 일괄경정고지 내역서 수신 후 경정고지금액으로 납부		

❸ < 건설현장 경과조치 사업장 확인 >

건설공사의 입찰공고 또는 도급계약이 '2018. 8. 1.' 전입니까?	( )아니오		
	( )예 (경과조치 사업장)	최초 발주형태	해당 연월일
		( )입찰공고 ( )도급계약	년 월 일
	※ 해당되는 곳에 √표 하고 '해당 연월일자'를 작성 합니다 ※ 경과조치 건설현장 사업장으로 인정받기 위해서는 증빙자료(입찰공고문, 도급계약서 등)를 제출하여 주시기 바랍니다.		

◆ 건설현장 경과조치 사업장이란?
- '2018.8.1.' 전에 발주자가 수급인과 계약을 체결하였거나 입찰공고를 시작한 공사현장 사업장으로 '2020.7.31.' 까지는 종전 규정 (월 20일 이상 근로 시 사업장 가입대상)을 적용하는 사업장

위와 같이 보험료 일괄경정고지를 신청합니다.

신 청 일: 20 년 월 일

신청인(사용자): (인)

국민건강보험공단 / 국민연금공단 지사장 귀하

공단이 수집·이용하고 있는 개인정보는 개인정보보호법에 따른 경우에만 제3자에게 제공됩니다.

❶ 사업장: 사업장 적용신고서와 마찬가지로 사업장 칸에는 적용신고 대상 공사현장과 관련된 명칭, 주소 등을 기재한다. 사업장관리번호는 사업장적용신고 전에는 부여되지 않으므로 사업장적용신고 시에는 우선 비워둔다.

❷ 신청인: 보험관계 신고의 우선적인 주체는 사업주이므로, 신청인 항목에는 사업주 성명, 생년월일 등 사업주에 관한 사항을 기재한다.

❸ 건설현장 경과조치 사업장 확인: 앞서 설명한 경과조치에 관한 사항을 기재하는 항목이다. 만약 경과조치에 해당하는 건설현장(원도급계약 또는 입찰공고일 기준 2018년 8월 1일 이전)이라면 '[O] 예(경과조치 사업장)'로 표시하고, 해당 원도급계약일 또는 입찰공고일을 '해당 연월일' 칸에 기재한다. 경과조치 사업장에 해당한다는 내용으로 신고하는 경우, 앞서 설명한 증빙서류를 함께 제출해야 함은 물론이다.

4. 사업장 내용변경(정정)

(1) 의의

사업장 내용변경(정정)이란 당초에 신고한 사업장 관련 사항에 변동이 있는 경우에 해당 변동 사항을 공단에 알리고 변경된 내용을 적용받기 위한 절차를 말한다. 예를 들어 공사기간이 연장된 경우, 사업장 내용변경 신청을 하지 않는다면 당초 공사기간이 종료되면 사업장이 소멸되어 해당 현장에서 근무한 일용직의 보험 신고가 불가능하게 된다. 따라서 공사기간이 연장된 경우 해당 내용을 공단에 반드시 신고하여야 하며, 이를 위해 진행해야 할 절차가 사업장 내용변경 신청이다. 이 외에도 경과조치 여부, 사용자 성명, 사업장 주소 등의 사항에 변경(정정)이 있는 경우 사업장 내용변경 신고를 하여야 한다.

(2) 제출 서류

사업장 내용변경(정정) 시 제출할 서류는 「사업장(기관) 변경신고서」이며, 해당 서류의 서식 및 작성 방법은 다음과 같다.

국민연금 [ ]사업장내용 변경신고서
건강보험 [ ]사업장(기관) 변경신고서
고용보험 [ ]보험관계 변경신고서
산재보험 [ ]보험관계 변경신고서

※ 유의사항 및 작성방법은 뒤쪽을 참고하시기 바라며, 바탕색이 어두운 난은 신고인이 적지 않습니다. (앞쪽)

접수번호		접수일			처리기간	3일

사업개시번호	고용보험		산재보험	

❶사업장	사업장 관리번호		전화번호(유선/휴대전화)
	명칭		
	소재지		

보험사무 대행기관 (고용·산재)	명칭		번호	

❷사용자(대표자)	성명		주민등록번호(외국인등록번호)	

❸사용자 (대표자/ 공동대표자)	변경 항목	변경일	변경 전	변경 후
	성명			
	주민등록번호 (외국인등록번호)			
	주소			
	전화번호			

❹사업장	변경 항목	변경일	변경 내용	
	명칭			
	전화번호			
	FAX번호			
	전자우편주소			
	소재지			
	우편물 수령지			
	사업자등록번호			
	법인등록번호			
	종류(업종)			
	사업의 기간			
	기타			

건강보험증 수령지	[ ]사업장 주소지 [ ]해당 직장가입자 주민등록표 등본의 주소지

위와 같이 신고합니다.

년   월   일

신고인(가입자) (서명 또는 인)

[ ]보험사무대행기관(고용·산재보험만 해당) (서명 또는 인)

국민연금공단 이사장/국민건강보험공단 이사장/근로복지공단 지역본부(지사장) 귀하

❶ 사업장: 사업장 관리번호, 명칭, 소재지(건설현장일 경우 건설현장 사업장 적용신고 당시 부여된 관리번호 및 현장 명칭을 기재) 등 변경 내용이 발생한 해당 사업장과 관련한 사항을 기재한다.

❷ 사용자(대표자): 해당 사업장의 사용자(대표자)의 성명과 주민등록번호를 기재한다.

❸ 사용자(대표자/공동대표자): 해당 사업장의 사용자 또는 대표자, 공동대표자와 관련된 사항의 변동이 있으며, 이를 신고하고자 할 때 기재하는 항목이다. 대표자가 바뀌었을 경우, '변경 전' 칸에 변경 전 대표자의 성명, 주민번호 등의 사항을 기재하고, '변경 후' 칸에는 새롭게 변경된 대표자의 동 사항을 기재한다.

❹ 사업장: 사업장의 명칭, 전화번호, 소재지, 사업 기간(공사 기간) 등의 변동이 있을 경우 변동이 있는 해당 항목에 기재한다. 예를 들어 공사기간이 연장된 경우, '사업의 기

간의 '변경일' 칸에는 공사 기간 변동이 발생된 날짜를 기재하고 '변경 내용' 칸에는 변경 후 공사 기간을 기록한다.

5. 사업장 탈퇴

사업장 탈퇴는 공사기간이 종료되어 더 이상 사업으로 적용받지 않도록 하는 절차를 말한다. 사업장 탈퇴일은 공사종료일의 다음 날이며, 만약 사업장에서 별도로 탈퇴 신청을 하지 않는다면 공단에서 탈퇴 안내 후 직권 탈퇴 처리하게 된다.

II. 건설일용직 국민연금·건강보험 가입 기준

건설업 본사 상용직으로 근무하는 근로자의 경우에는 입사일부터 퇴사일까지를 당연 가입 기간으로 보고, 해당 일자에 취득 및 상실 신고를 하면 된다. 건설업 연금건강보험 적용과 관련하여 가장 문제가 되는 부분은 바로 건설일용직의 적용 여부이다. 건설현장 일용근로자의 경우 당장 지급되는 일급 또는 월급의 액수를 중요하게 여겨 당장 혜택이 돌아오지 않는 보험 가입을 꺼려하는 경우가 다수인 반면, 일부 근로자의 경우에는 일용근로자라 하더라도 연금 및 건강보험 혜택을 받기를 원하는 근로자도 있다. 따라서 건설업 사업자 입장에서는 이 많은 근로자의 요구를 모두 수용하는 일률적인 방법을 찾기도 어려울뿐더러, 직장가입자 적용기준과는 다른 기준을 적용하면서까지 일용근로자의 요구를 모두 수용할 수는 없는 노릇이다.

또한 공단에서는 건설일용직 근로자의 요구나 현장 상황을 고려하기보다는 원칙과 기준에 맞게 직장가입자 적용 여부를 판단하고, 해당 원칙과 기준에 어긋나는 경우 직권으로 가입 혹은 상실 조처 및 보험료, 연체금, 가산금 소급 부과 등의 조치를 취하기도 한다. 이에 더해 건설업 사업장에서는 보험과 관련한 복잡하고 수많은 규정들이 있으므로 인해 어떤 기준과 규정이 옳은 것인지, 어떤 규정이 있는지에 대한 이해가 부족한 경우가 매우 많아 연금건강보험 관리에 어려움을 호소하곤 한다. 따라서 본 절에서는 건설일용근로자를 중심으로 연금건강보험 직장가입자 적용과 관련하여 가장 중요하고 사업장에서 꼭 알아야 할 규정을 중심으로 쉽게 설명하면서 이해를 돕고자 하였다.

■ 가입대상

(1) 일반적 기준

건설일용직 근로자 중 **현장에서 1개월 이상 근로하면서, 월 8일 이상 근로한 자**는 가입 대상이 된다(사업장에서는 단순히 '8일 이상 근로한 자'라는 기준으로 알고 있는 경우가 많다). 여기서 '1개월 이상 근로'라 함은 최초 근로(고용)일로부터 1개월 되는 날까지 근로하거나, 그 날 이후까지 근로한 경우를 말하며, '월 8일 이상 근로'라 함은 최초 근로(고용)일로부터 1개월 되는 날까지 8일 이상 근로하거나, 익월 초일부터 말일까지 근로일수가 8일 이상인 경우를 말한다.

가입대상을 판단하기 위한 근로일수를 산정할 때에는 사용자와 근로자 간의 약정에 의한 근로일도 중요한 기준이 되지만, 궁극적으로 근로일수 판단 기준은 실질적 근로일수가 된다. 예를 들어 근로계약서에 약정한 근로일수는 월 8일 미만이나 실제 1개월 이상 근로하고 월 8일 이상 근로하였다면 사업장가입자로 적용 되며, 직장가입자로 신고하여야 한다. 마찬가지로 근로계약서가 없거나 근로계약이 1개월 미만인 경우라 하더라도 실제 1개월 이상 근로하고 월 8일 이상 근로한 경우 사업장가입자로 당연 적용된다.

(2) 외국인근로자 가입대상

건설업 국민연금과 건강보험은 사업장 적용 보험료 부과 절차 등 대다수 기준이 동일하지만, 외국인근로자 가입 기준과 관련하여 다소 차이가 있다. 이에 외국인근로자의 가입 기준에 대해서는 건강보험과 국민연금을 각각 구분하여 살펴보기로 한다.

1) 건강보험

건강보험에서 외국인이란 「출입국관리법」 제31조의 규정에 의한 외국인 등록을 한 자 또는 「재외동포의 출입국과법적지위에 관한 법률」 제6조의 규정에 의하여 국내 거소 신고를 한 외국국적동포를 말한다. 원칙적으로 재외국민 및 외국인근로자가 건강보험 적용 사업장에 사용(임용·채용)된 경우 직장가입자로 당연 적용된다.

다만, 2007년 7월 31일부터 ① 본국의 법령 및 보험에 따라 의료보장을 받는 경우, 또는 ② 사용자와의 계약에 따라 국내에서도 국민건강보험에 준하는 의료보장 혜택을 받아 건강보험 제외신청을 하는 경우에는 예외적으로 건강보험 적용에서 제외된다. ①의 경우에 적용 제외 신청을 위해 제출하여야 할 서류는 외국법령의 적용대상 여부에 대한 확인서나 보험계약서 등 국내에서 의료보장을 받을 수 있음을 증명하는 서류(한글 번역본 포함) 1부, 재외국민 및 외국인근로자 건강보험 가입 제외 신청서 1부이다. ②의 경우 제출하여야 할 서류로는 근로계약서 등으로 국내에서 의료보장을 받을 수 있음을 증명할 수 있는 서류(한글 번역본 포함) 1부와 해당 사업장 소속 근로자에게 의료비를 지급한 사실을 증명하는 서류(한글 번역본 포함) 1부, 그리고 재외국민 및 외국인근로자 건강보험 가입 제외 신청서 1부이다.

또한 지난 2009년 9월 19일부터 외국인근로자의 경우 건강보험 중 장기요양보험에만 가입 제외 신청을 할 수 있게 되었다. 신청 대상은 직장가입자인 외국인 중 D-3(기술연수), E-9(비전문취업), H-2(방문취업)자에 한정되며 이 체류자격 외 직장가입자 및 지역가입자인 외국인은 신청 대상에서 제외된다. 신청을 위해서는 「외국인근로자 장기요양보험 가입제외신청서」를 공단에 제출하면 된다. 단, 장기요양보험 가입 제외 신청 대상 체류자격 이외의 체류자격으로 변경된 경우에는 공단에 재가입 신청을 해야 한다.

[표 3-18] 건강보험 외국인근로자 적용 및 적용 제외

적용 여부	대상	신고서류
당연 적용(원칙)	건강보험 적용 사업장에 사용된 외국인근로자	직장가입자자격취득신고서
전체 적용 제외	외국의 법령 및 보험에 따라 의료보장을 받는 경우	- 외국법령의 적용대상 여부에 대한 확인서나 보험계약서 등 국내에서 의료보장을 받을 수 있음을 증명하는 서류(한글 번역본 포함) 1부 - 재외국민 및 외국인 근로자 건강보험 가입 제외 신청서 1부
	사용자와의 계약 등에 따라 의료보장을 받는 경우	- 근로계약서 등으로 국내에서 의료보장을 받을 수 있음을 증명할 수 있는 서류(한글 번역본 포함) 1부 - 해당 사업장 소속 근로자에게 의료비를 지급한 사실을 증명하는 서류(한글 번역본 포함) 1부 - 재외국민 및 외국인 근로자 건강보험 가입 제외 신청서 1부
장기요양보험만 적용 제외	직장가입자인 외국인 중 D-3(기술연수), E-9(비전문취업), H-2(방문취업)	- 외국인근로자 장기요양보험 가입제외신청서

2) 국민연금

국민연금의 경우 원칙적 사업장가입자 적용대상 외국인은 「국민연금법」을 적용받는 사업장에 종사하는 18세이상 60세미만의 외국인 사용자 또는 근로자(내국인과 동일하게 적용)와 「무국적자의지위에관한협약」과 「난민의지위에관한협약」에 따라 내국민과 동등대우를 받도록 되어 있는 무국적자나 난민이 해당된다. 국민연금 적용대상 외국인근로자의 자격 취득을 위해서는 외국인이 종사하는 국민연금 적용 사업장의 사용자가 사업장가입자 자격취득신고서 1부를 공단에 제출하면 된다. 다만 다음의 외국인근로자는 국민연금 적용대상에서 제외된다.

① 다른 법령 또는 조약(협약)에서 「국민연금법」 적용을 배제한 자

    예) 외교관, 영사기관원과 그 가족 등

② 해당 외국인의 본국법이 「국민연금법」에 의한 '국민연금에 상응하는 연금'에 관하여 대한민국 국민에게 적용되지 않는 경우(상호주의)

③ 체류기간 연장허가를 받지 않고 체류하는 자

④ 외국인등록을 하지 않거나 강제퇴거 명령서가 발부된 자

⑤ 체류자격이 문화예술(D-1), 유학(D-2), 기술연수(D-3), 일반연수(D-4), 종교(D-6), 방문동거(F-1), 동반(F-3), 기타(G-1)인 자

※ 위 ①, ②에 따라 국민연금 적용대상 국가를 구분하면 다음 [표 3-19]과 같다.

[표 3-19] 외국 연금제도 조사 내용(2018년 6월 30일 기준 131개국)

구분	국가
사업장·지역 당연적용국 (73개국)	가이아나, 카보베르데(까뽀베르데), 그리스, 네덜란드, 노르웨이, 뉴질랜드, 도미니카(연방), 독일, 덴마크, 라트비아, 러시아, 루마니아, 룩셈부르크, 리비아, 리투아니아, 리히텐슈타인 (리히텐슈타인), 모나코, 모로코, 모리셔스, 몬테네그로, 몰도바, 몰타, 미국, 바베이도스, 바하마, 버뮤다, 벨기에, 불가리아, 브라질, 세르비아, 수단, 세인트빈센트그레나딘, 스위스, 스웨덴, 스페인, 슬로바키아(슬로바크), 슬로베니아, 아르헨티나, 아이슬란드, 아일랜드, 알바니아, 아제르바이잔, 에스토니아, 영국, 오스트리아, 오스트레일리아(호주), 우루과이, 우즈베키스탄, 우크라이나, 이스라엘, 이탈리아, 일본, 자메이카, 중국, 체코, 칠레, 캐나다, 크로아티아, 키프로스, 탄자니아, 터키, 토고, 튀니지, 트리니다드토바고, 파나마, 포르투갈, 폴란드, 프랑스, 핀란드, 팔라우, 필리핀, 헝가리, 홍콩
사업장 당연적용, 지역 적용제외국 (36개국)	가나, 가봉, 그레나다, 타이완(대만), 라오스, 레바논, 멕시코, 몽골, 바누아투, 베네수엘라, 벨리즈, 볼리비아, 부탄, 스리랑카, 시에라리온, 아이티, 알제리, 에콰도르, 엘살바도르, 예맨(공화국), 요르단, 우간다, 인도, 인도네시아, 짐바브웨, 카메룬, 카자흐스탄, 케냐, 코스타리카, 코트디부아르, 콩고, 콜롬비아, 키르기스스탄, 타이(태국), 파라과이, 페루
사업장·지역 적용제외국 (22개국)	그루지야, 나이지리아, 남아프리카공화국, 네팔, 티모르민주공화국(동티모르), 말레이시아, 몰디브, 미얀마, 방글라데시, 베트남, 벨로루시, 사우디아라비아, 싱가포르, 스와질란드 (스와질레드), 아르메니아, 에티오피아(이디오피아), 이란(사회보장협정에 의함), 이집트, 캄보디아, 통가, 파키스탄, 피지

※ 연금제도가 확인되지 않은 국가의 외국인은 국민연금 당연가입대상이며, 해당국가의 연금제도에 따라 향후 변경될 수 있음.

위와 같은 외국인근로자의 가입 기준뿐 아니라, 국민연금에서는 협정을 맺은 당사국의 연금제도가 간에 서로 다른 점을 상호 조정하여 양 당사국 국민의 연금보험료 이중납부 문제 해소하고 양국 가입기간을 합산하여 연금을 수령할 수 있도록 사회보장협정을 체결하고 있다. 이러한 사회보장협정 체결 국가 및 국가별 협정형태는 다음 [표 3-20]과 같다.

[표 3-20] 사회보장협정 체결 국가 및 형태

국가	협정발효일	파견근로자 적용원칙(면제기간)	협정형태
이란	1978.06.01.	기간제한 없음	보험료 면제협정
캐나다	1999.05.01.	5년(합의시 1년 연장 가능)	가입기간 합산협정(보험료 면제 포함)
영국	2000.08.01.	5년(합의시 3년 연장 가능)	보험료 면제협정
미국	2001.04.01.	5년(4년 연장 가능)	가입기간 합산협정(보험료 면제 포함)
독일	2003.01.01.	5년(합의시 3년 연장 가능)	가입기간 합산협정(보험료 면제 포함)
네덜란드	2003.10.01.	5년(합의시 1년 연장 가능)	보험료 면제협정
일본	2005.04.01.	5년(합의시 3년 연장 가능)	보험료 면제협정
이탈리아	2005.04.01.	3년(3년 연장 가능)	보험료 면제협정
우즈베키스탄	2006.05.01.	5년(합의시 3년 연장 가능)	보험료 면제협정(E-8, E-9는 가입증명 제출 없이 면제함)
몽골	2007.03.01.	5년(3년 연장 가능)	보험료 면제협정
헝가리	2007.03.01.	3년(합의시 3년 연장 가능)	가입기간 합산협정(보험료 면제 포함)
프랑스	2007.06.01.	3년(합의시 3년 연장 가능)	가입기간 합산협정(보험료 면제 포함)
호주	2008.10.01.	5년(합의시 4년 연장 가능)	가입기간 합산협정(보험료 면제 포함)
체코	2008.11.01.	5년(합의시 3년 연장 가능)	가입기간 합산협정(보험료 면제 포함)
아일랜드	2009.01.01.	5년(합의시 연장 가능)	가입기간 합산협정(보험료 면제 포함)-반환일시금 지급 불가
벨기에	2009.07.01.	5년(합의시 1년 연장 가능)	가입기간 합산협정(보험료 면제 포함)
폴란드	2010.03.01.	5년(합의시 3년 연장 가능)	가입기간 합산협정(보험료 면제 포함)
슬로바키아	2010.03.01.	5년(2년 6개월 연장 가능)	가입기간 합산협정(보험료 면제 포함)
불가리아	2010.03.01.	3년(합의시 2년 연장 가능)	가입기간 합산협정(보험료 면제 포함)
루마니아	2010.07.01.	3년(합의시 2년 연장 가능)	가입기간 합산협정(보험료 면제 포함)
오스트리아	2010.10.01.	5년(합의시 3년 연장 가능)	가입기간 합산협정(보험료 면제 포함)
덴마크	2011.09.01.	5년(합의시 연장 가능)	가입기간 합산협정(보험료 면제 포함)-반환일시금 지급 불가
인도	2011.11.01.	5년(3년 연장 가능)	가입기간 합산협정(보험료 면제 포함)
중국	2013.01.16.	파견근로자: 5년(합의시 8년 연장 가능) 현지채용자: 5년	보험료 면제협정(동 개정협정 발효로 '03년 중국 잠정조치협정 종료)
스페인	2013.04.01.	5년(3년 연장 가능)	가입기간 합산협정(보험료 면제 포함)-반환일시금 지급 불가
스위스	2015.06.01.	6년	보험료 면제협정
터키	2015.06.01.	3년(합의시 2년 연장 가능)	가입기간 합산협정(보험료 면제 포함)
스웨덴	2015.06.01.	2년(합의시 3년 연장 가능)	가입기간 합산협정(보험료 면제 포함)-반환일시금 지급 불가
브라질	2015.11.01.	5년(합의시 3년 연장 가능)	가입기간 합산협정(보험료 면제 포함)
칠레	2017.02.01.	5년(합의시 2년 연장 가능)	보험료 면제협정
핀란드	2017.02.01.	5년(합의시 연장 가능)	가입기간 합산협정(보험료 면제 포함)-반환일시금 지급 불가
퀘벡	2017.09.01.	5년(합의시 연장 가능)	가입기간 합산협정(보험료 면제 포함)

■ 건설일용직 국민연금·건강보험 취득

(1) 취득 신고

앞서 설명한 가입대상 기준에 해당하는 건설일용직에 대해서는 국민연금·건강보험 취득 신고를 하여야 한다. 즉, 1개월 이상 근로기간이 명시된 근로계약서가 있는 경우에는 월 근무일수와 관계없이 취득신고를 하여야 하며, 1개월 미만 근로계약서가 있거나 명시적인 근로계약서가 없는 경우에는 1개월간 8일 이상 근로 시에는 취득신고를 하여야 한다.

자격취득 신고의무자는 사용자이며, 신고기한은 자격 취득(변동)일부터 14일 이내이다. 자격취득 시 제출할 서류는 「직장가입자(사업장가입자)자격취득신고서」이며, 건강보험에서 직장가입자와 피부양자를 동시에 신고할 경우에는 가족관계등록부의 증명서 1부(주민등록등본으로 직장가입자와의 관계를 확인할 수 없는 경우), 장애인등록증 또는 국가유공상이자임을 증명하는 서류 각 1부(부부 모두 해당 시는 각각 제출)를 제출하여야 한다.

만약 6개월 이상 지연 후 취득신고를 하는 경우에는 근로자의 입사시점을 객관적으로 명확히 확인할 수 있는 증빙서류를 제출하여야 한다. 이러한 서류의 예시로는 출근부, 인사서류·인사명령서, 근로계약서, 재직증명원, 근로소득원천징수부·원천징수영수증, 갑근세납부영수증, 임금대장 등이 있다.

(2) 자격 취득일

연금건강보험의 경우 원칙적으로 1개월 이상, 월 8일 이상 근무 시 보험 가입대상 근로자에 해당한다. 그러나 구체적인 자격 취득일은 실제 최초 근로일 이후 근무 기간 등에 따라 달라질 수 있다. 구체적인 사례를 통해 자격 취득일에 대해 살펴보면 다음과 같다.

자격취득일 예시

[사례 1] 최초 1개월간 월 8일 이상 근로하고 그 이후도 월 8일 이상인 경우 자격 취득일: 최초 근로일

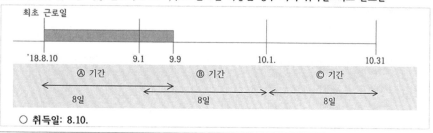

○ 취득일: 8.10.

[사례 2] 최초 근로일부터 1개월만 월 8일 이상인 경우 자격 취득일: 최초 근로일

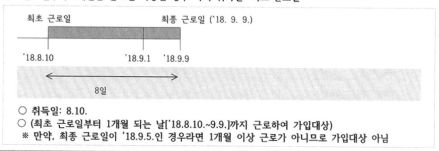

○ 취득일: 8.10.
○ (최초 근로일부터 1개월 되는 날['18.8.10.~9.9.]까지 근로하여 가입대상)
 ※ 만약, 최종 근로일이 '18.9.5.인 경우라면 1개월 이상 근로가 아니므로 가입대상 아님

[사례 3] 최초 1개월간(전월) 근로일수가 8일 미만이며, 당월 초일부터 말일까지 8일 이상 근로한 경우 최초 근로일: 해당월 초일(1일)

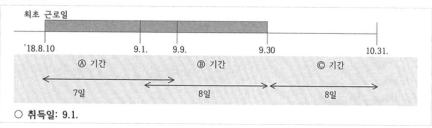

○ 취득일: 9.1.

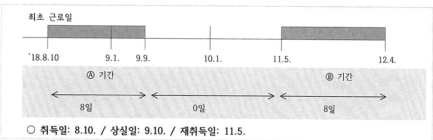

○ 취득일: 8.10. / 상실일: 9.10. / 재취득: 11.5.

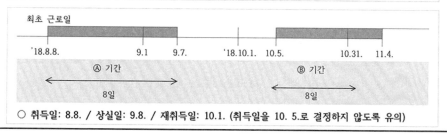

○ 취득일: 8.8. / 상실일: 9.8. / 재취득일: 10.1. (취득일을 10. 5.로 결정하지 않도록 유의)

(3) 자격취득신고서 작성 방법

1) 우편 또는 팩스

신규 근로자의 보험취득 신고를 우편 또는 팩스로 처리하고자 할 경우, 아래의 「직장가입자(사업장가입자)자격취득신고서」를 작성하여 관할지사로 우편 또는 팩스로 송부하면 된다. 해당 양식 및 작성 방법은 다음과 같다.

❶ 사업장: 사업장관리번호, 명칭, 소재지 등 사업장과 관련한 사항을 기재한다. 건설일용직 취득신고 시에는 해당 근로자가 근무한 건설현장의 사업장적용신고 후 부여받은 사업장관리번호와 명칭, 소재지 등을 기록하여야 한다(사업장적용신고가 선행되지 않았다면 해당 현장으로 신고할 수 없다).

❷ 대상자 인적사항: 성명, 주민등록번호 등 자격 취득 대상자의 인적사항을 기록한다. 가입대상 근로자가 외국인일 경우에는 국적 및 체류자격까지 함께 기재하여야 한다. 또한 외국인근로자의 성명을 기재할 때에는 한글로 기재하여야 한다.

❸ 대표자 여부: 해당 근로자가 대표자가 아닌 경우에는 '[O]아니오'로 표기하면 된다.

❹ 월 소득액: 대상 근로자의 소득월액(보수월액)을 기재한다.

❺ 자격 취득일: 대상 근로자의 자격 취득일(통상적으로 입사일)을 기록한다.

❻ 대상 보험 종류: 위 서식은 4대보험 공통 서식으로, 연금건강보험 외에 고용산재보험까지 통합하여 취득 신고를 할 수 있다. 연금건강보험만을 신고하고자 하는 경우에는 국민연금 항목에 '[O]국민연금'으로, 건강보험 항목에 '[O]건강보험'으로 표시한다. 국민연금의 경우, 월 중도 입사자에 대해 취득 월 납부를 희망하는 경우에는 '[O]취득 월 납부 희망'으로 표시한다. 건강보험의 경우, 피부양자 신청을 원할 경우 '[O]피부양자 신청'으로 표시하고 앞서 설명한 피부양자 관련 서류를 함께 첨부하여야 한다.

2) 건강보험 EDI를 통한 취득신고

컴퓨터 활용에 익숙하다면, 건강보험 EDI를 통해 취득 신고를 하는 것이 더욱 편리하다. 건강보험 EDI를 통한 취득신고 절차는 다음과 같다.

❶ 국민건강보험 EDI에 등록된 공인인증서로 사업장 로그인

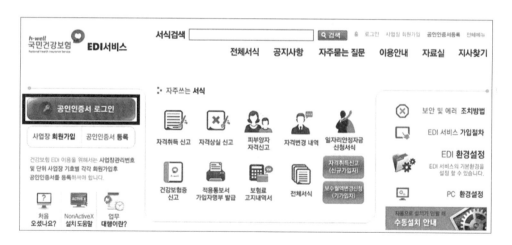

❷ 로그인 후 중앙의 「신고서식 바로가기」 클릭

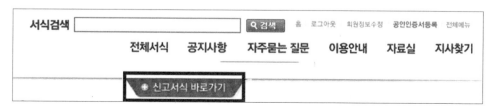

❸ 이후 열리는 화면에서 「자격취득 신고」 클릭

❹ 건강보험 EDI의 자격취득 신고에서 전체 보험에 ☑ 체크를 하면 4대보험 가입 신고를
한 번에 진행할 수 있다.

❺ 향후 지급받을 보수월액과 취득일, 취득부호(취득부호 칸 우측의 화살표를 클릭하면
취득부호와 그 종류가 나열되므로 해당 취득부호를 클릭하면 된다)를 입력한다. 건강
보험 EDI에서 건설일용직의 국민연금까지 취득신고를 할 경우, 통상적으로 일용직근
로자는 보험료 사후 정산이 어려우므로 [취득월납부여부] 칸에는 [1. 희망]으로 체크
한다. 만약 피부양자가 있다면 [피부양자신청] 항목에 [있음]에 체크하고 [피부양자등
록]을 클릭하면 피부양자를 입력할 수 있는 화면으로 넘어간다. 해당 화면에서 피부
양자의 성함, 주민등록번호 등 해당 사항을 입력하고 마지막으로 피부양자 등록 시
필수 요구 첨부서류를 첨부해야 한다.

❻ 근로자 1인의 취득 사항 입력이 모두 끝나면 아래에 [대상자등록]을 클릭한다. 그러면
아래 빈칸에 해당 근로자의 신고 사항이 나열된다.

❼ 모든 근로자의 등록이 완료되면 화면 가장 위쪽 중앙의 [신고]를 클릭해야 최종적으
로 신고가 완료된다.

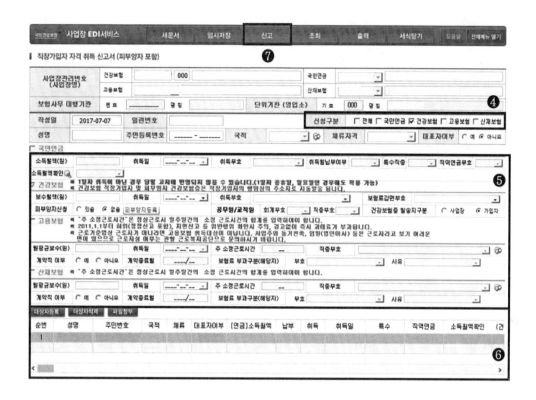

　　건설일용직의 경우에는 현장별로 신고해야 할 대상자 수가 매우 많을 수도 있으므로 사실상 위와 같은 방법으로 한 명씩 취득신고를 하는 것이 거의 불가능할 수도 있다. 이러한 경우에는 [파일신고] 메뉴를 활용하는 것이 좋다. [파일신고] 메뉴는 엑셀 등 신고 형식에 맞게 일괄적으로 정리된 일용직 근로자에 관한 사항을 한꺼번에 등록하고 신고할 수 있도록 해주는 메뉴이다. 건설업을 전문으로 관리하는 노무법인이나 세무법인, 사무대행기관 등에서 주로 사용하는 건설일용직 관리 프로그램은 건강보험 EDI 신고 서식에 맞게 수많은 일용직의 인적사항을 일괄적으로 정리해 주므로 클릭 몇 번으로 쉽게 취득신고를 완료할 수 있다.

EDI 서비스란?

　　EDI란 Electronic Data Interchange의 약자로, 4대 사회보험(국민/건강/고용/산재)에 대한 공통신고 및 각 보험의 고유업무를 인터넷을 이용하여 신고·신청하고, 보험료 월별 결정내역 등의 각종 통지문서를 받아볼 수 있는 민원처리 서비스이다. 쉽게 말해, 팩스나 우편 등 실체가 있는 자료를 주고받는 대신, 인터넷을 이용하여 보험관계에 필요한 전자적 정보를 교환하는 방식을 말한다.

　　EDI에는 고용산재토털서비스(근로복지공단), 고용보험EDI, 건강보험EDI, 국민연금EDI 등이 있으며, 엑셀 파일 등을 통해 대량의 자료를 쉽고 빠르게 한꺼번에 등록할 수 있으며, 별도의 서류를 출력할 필요가 없고 자료의 저장 및 입출력이 편리하다는 등의 장점으로 인해 최근 널리 사용되고 있다.

■ 건설일용직 국민연금·건강보험 상실

(1) 상실신고

고용관계가 종료된 경우, 또는 1개월간 8일 미만 근로하게 된 경우에는 연금건강보험 자격 상실 신고를 하여야 한다. 자격상실이란 보험관계가 완전히 소멸함을 의미하나, 자격상실자는 그 사유가 발생한 날이 속하는 달까지는 보험료를 부담하여야 한다. 자격상실 시기는 적용사업장에서 퇴직·퇴사한 날의 다음 날이 된다. 자격상실 신고의 신고의무자는 마찬가지로 사용자이며, 신고기한 역시 자격 상실일부터 14일 이내이다. 자격 상실신고 시 제출할 서류는 직장가입자자격상실신고서이며, 만약 6개월 이상 지연된 이후 상실신고를 하는 경우라면 직장가입자의 퇴사시점을 객관적으로 명확히 확인할 수 있는 증빙서류를 함께 제출해야 한다. 직장가입자의 퇴사시점을 객관적으로 명확히 확인할 수 있는 서류란 퇴직증명원, 인사서류·인사명령서, 근로소득원천징수부·원천징수영수증, 임금대장 등이 있다.

(2) 자격 상실일

원칙적으로 건설일용근로자가 1개월간 8일 미만 근로하게 된 때, 또는 고용관계가 종료된 경우 그 종료일을 자격상실신고일로 한다. 그러나 매월 구체적인 근로일수, 최초 근로 이후 근로기간 등에 따라 실제 자격 상실일은 달라질 수 있다. 구체적인 사례를 통해 자격 상실일에 대해 살펴보면 다음과 같다.

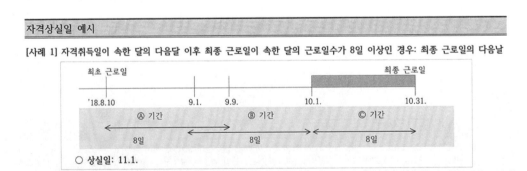

자격상실일 예시

[사례 1] 자격취득일이 속한 달의 다음달 이후 최종 근로일이 속한 달의 근로일수가 8일 이상인 경우: 최종 근로일의 다음날

○ 상실일: 11.1.

[사례 2] 최초 1개월간(전월) 근로일수가 월 8일 이상이며, 당월 초일부터 말일까지 8일 미만 근로한 경우: 최초 근로일부터 1개월이 된 날의 다음 날(또는 최종 근로일의 다음날로 상실 가능)

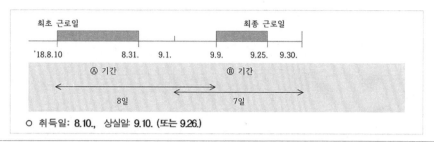

○ 취득일: 8.10., 상실알: 9.10. (또는 9.26.)

[사례 3] 최초 1개월간(전월) 근로일수가 8일 미만이며, 당월 초일부터 말일까지 8일 이상 근로한 경우 최초 근로일: 해당 월 초일(1일)

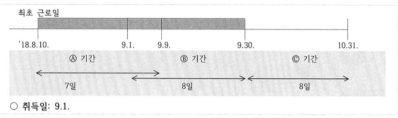

○ 취득일: 9.1.

(3) 자격상실신고서 작성 방법

1) 우편 또는 팩스 신고

신규 근로자의 보험취득 신고를 우편 또는 팩스로 처리하고자 할 경우, 아래의 「직장가입자(사업장가입자)자격상실신고서」를 작성하여 관할지사로 우편 또는 팩스로 송부하면 된다. 해당 양식 및 작성 방법은 다음과 같다.

| 국민연금[ ]사업장가입자 자격상실 신고서 고용보험[ ]피보험자격상실 신고서 | 건강보험[ ]직장가입자 자격상실 신고서 산재보험[ ]근로자 고용종료 신고서 |

※ 유의사항 및 작성방법은 뒤쪽을 참고하시기 바라며, 색상이 어두운 난은 신고인이 적지 않습니다.
※ 같은 사람의 4대 사회보험의 상실일자가 다른 경우 줄을 달리하여 적습니다. (앞쪽)

| 접수번호 | | 접수일자 | | | 처리기간 3일(고용보험은 7일) | | | | | |

| ❶사업장 | 사업장관리번호 | | 명칭 | | 전화번호 | | FAX번호 | | | |
| | 소재지 | | | | | | 우편번호( ) | | | |

| 보험사무대행기관 | 명칭 | | 번호 | | 하수급인 관리번호(건설공사등의 미승인하수급인에 한함) | | | | | |

일련 번호	❷성명	주민등록번호 (외국인등록번호·국내거소신고번호)	전화번호 (휴대전화번호)	❸상실 연월일 (YYYY.MM.DD)	❹국민연금			❺건강보험					[ ]고용보험 [ ]산재보험		
					상실 부호	초입취득·당월상실자 납부여부	상실 부호	연간 보수 총액					상 실 사 유		해당 연도 보수 총액
								해당 연도		전년도			구체적 사유	구분 코드	
								보수 총액	근무 개월수	보수총액	근무 개월수				
						희망 [ ]									
						희망 [ ]									
						희망 [ ]									
						희망 [ ]									

위와 같이 자격상실(고용종료) 사항을 신고합니다.

년   월   일

신고인·확인인(사용자·대표자)   (서명 또는 인)   / [ ]보험사무대행기관   (서명 또는 인)

국민연금공단 이사장/국민건강보험공단 이사장/근로복지공단 지역본부(지사)장 귀하

❶ 사업장: 사업장관리번호, 명칭, 소재지 등 사업장과 관련한 사항을 기재한다. 건설일용직 취득신고 시에는 해당 근로자가 근무한 건설현장의 사업장적용신고 후 부여받은 사업장관리번호와 명칭, 소재지 등을 기록하여야 한다(사업장적용신고가 선행되지 않았다면 해당 현장으로 신고할 수 없다).

❷ 대상자 인적사항: 성명, 주민등록번호 등 자격 취득 대상자의 인적사항을 기록한다. 외국인근로자의 성명을 기재할 때에는 한글로 기재하여야 한다.

❸ 상실연월일: 상실연월일을 연도. 월. 일. 서식으로 기재한다. 예를 들어 상실일이 2019년 5월 29일인 경우, '2019.05.29.'로 기재한다. 상실일은 근로자의 퇴사일 다음 날이라는 사실에 주의해야 한다.

❹ 국민연금: 국민연금 상실 대상인 경우 아래의 상실 부호 중 상실 사유에 해당하는 상실부호를 기재하고, 초일취득·당월상실자 납부여부 항목에 희망하는 경우 **'희망 [O]'**로 표기한다.

국민연금 상실부호

1. 사망 3. 사용관계 종료 4. 국적 상실(국외 이주) 5. 60세 도달 6. 다른 공적연금 가입 9. 전출(통폐합) 15. 노령연금 수급권 취득자 중 특수직종(60세 미만) 16. 조기노령연금 수급 중인 사람 17. 협정국 연금가입 19. 체류기간 만료(외국인) 20. 적용제외 체류자격(외국인) 21. 무보수 대표이사 22. 근로자 제외

❺ 건강보험: 건강보험 상실신고 시에는 전년도(연말정산을 실시하지 않은 경우)와 해당 연도 보수총액을 기록하여야 한다. 상실신고 시 신고된 보수 총액을 바탕으로 건강보험 정산이 이루어지기 때문이다. 따라서 해당 연도의 보수 총액과 근무 개월수를 근로소득원천징수영수증 등에 신고된 소득 금액을 바탕으로 정확히 작성하여야 한다. 건강보험도 마찬가지로 상실사유에 해당하는 상실부호를 기록해야 하며, 상실부호는 다음과 같다.

건강보험 상실부호

퇴직<01> 사망<02> 의료급여수급권자<04> 유공자 등 건강보험 배제신청<10> 기타(외국인당연적용 제외 등)<13>

건강보험 EDI를 통한 상실신고 절차는 위 취득신고 절차와 거의 유사하다. 건강보험 EDI에 공인인증서로 로그인 후 [신고서식 바로가기] – [자격상실신고]를 클릭한다.

기본적인 입력 사항들은 앞의 서면 서식에서 설명한 내용과 거의 동일하므로 생략하기로 한다.

4. 건설일용근로자 보수적용기준

원칙적으로 가입대상이 되는 건설일용근로자라면 월 보수액(기준소득월액)에 보험요율을 곱한 만큼을 보험료로 산정하여 납부하여야 한다. 이때 보험료 산정을 위해 적용하는 보수액은 근로자가 지급받는 근로소득이 된다. 더욱 엄밀히 말하자면, 보험료 산정 대상이 되는 근로소득이란 「소득세법」 제20조제1항의 규정에 따른 근로소득에서 동법 제12조제3호의 규정에 따른 비과세소득을 차감한 소득을 말한다. 이러한 보수적용기준에 있어서 건강보험과 국민연금의 세부적인 부분에는 차이가 있으므로 아래에서 각각 간략히 설명하도록 한다.

(1) 건강보험 보수적용기준

건강보험의 경우 자격취득 시 신고한 보수월액이 보험료 산정 기준으로 그대로 적용되며, 최초 취득 시에는 취득 월 또는 부과대상 월의 실제 보수월액을 기준으로 결정된다. 당해 보수의 적용 기간은 취득 월부터 다음 변경신청 월의 전월까지이다.

만약 가입기간 중 보수월액 변경신청을 하였다면 변경신청에 따라 신고된 부과 대상 월의 실제 보수월액에 따라 적용되며, 당해 보수액의 적용 기간은 보수월액 변경신청 월부터 다음 변경신청 월의 전월까지가 된다. 건강보험의 경우 근로일수에 따라 매월 보수액이 달라지는 건설일용직 가입대상자에 대해서는 매월 보수월액 변경신청을 하는 것이 원칙이다.

(2) 국민연금 기준소득월액 적용기준

1) 본사 상용직의 경우

국민연금의 경우 사용자 근로자에게 지급하기로 약정하였던 금액에서 「소득세법」 제12조 제3호에 따른 비과세근로소득을 제외한 금액을 소득월액으로 취득 당시 신고하며, 공단은 이 금액을 기준으로 기준소득월액을 결정한다. 급여 항목별로 소득월액에 포함해야 하는 소득과 제외해야 하는 소득은 다음 [표 3-21]과 같다.

[표 3-21] 급여 항목별 소득월액 포함 대상

구분	포함해야 하는 소득	포함하지 않는 소득
판단기준	입사(복직) 당시 근로계약서, 보수규정 등에서 지급하기로 확정된 모든 과세소득	소득세법 상 비과세소득, 입사(복직) 당시 지급 여부 및 지급금액이 확정되지 않은 소득
급여항목	기본급, 직책수당, 직급보조비, 정기(명절)상여금, 기본 성과급, 휴가비, 교통비, 고정 시간 외 근무수당, 복지연금, 기타 각종 수당 등	비과세소득(월 10만원 이하 식대, 출산이나 6세 이하 보육수당 월 10만원 이내 등), 실적에 따라 지급여부 및 지급금액이 결정되는 실적급 등

국민연금에서 상용직의 경우, 건강보험과는 달리 기준소득월액 변경 요건이 까다롭게 제한되어 있다. 우선 소득변경을 위해서는 실제 소득이 기준소득월액 대비 20% 이상 변동이 있어야 하며, 근로자의 동의가 있어야 한다. 또한 소득월액변경 신청 시에는 기준소득월액 변경신청서와 함께 근로자의 소득 변동을 입증할 수 있는 서류(임금대장, 근로계약서 등)를 제출해야 한다.

2) 현장 건설일용직의 경우

본사 상용직의 경우 위에서 살펴본 바와 같이 국민연금 소득월액 변경 요건이 매우 까다로우나, 매월 근로일수에 따라 급여액 변동이 크게 발생할 수 있는 건설일용직의 경우에는 별도의 요건 없이 매월 소득변경신고를 인정하고 있다. 다만, 건강보험과 마찬가지로 건설현장 일용근로자는 본사 사업장과 별도로 현장으로 분리 적용하며, 매월 지급받는 실제 소득월액을 기준으로 소득월액이 변경될 경우 매월 변경신고를 하여야 한다. 주의해야 할 점은, 상용직이 국민연금 소득월액 변경 요건에 해당하여 소득월액 변경 신청을 할 경우에는 「국민연금 사업장가입자 기준소득월액 변경신청서」를 작성하여야 하나, 현장 건설일용직의 보수월액을 변경할 경우에는 「국민연금 사업장가입자 내용변경 신고서」에 해당 변경 사항을 작성하여 신고해도 된다(자세한 내용은 아래 기준소득월액 변경 신청서 작성 방법 참조).

(3) 건강보험 보수월액 변경, 국민연금 기준소득월액 변경 신청

· 의의

　건설일용근로자라 하더라도 장기간에 걸친 공사기간 동안 근무하여 2개월 이상 보험 가입대상에 해당되는 경우가 많은데, 이러한 경우에도 건설일용직은 근로일수에 따라 매월 급여 변동이 있을 수 있다. 이러한 경우 정확한 보수액을 기초로 정확히 산정된 보험료를 납부하기를 원한다면 건강보험 보수월액 변경 신청 및 국민연금 기준소득월액 변경 신청을 진행하여야 한다. 건설일용직뿐 아니라 건설업 본사 소속 상용직이라 하더라도 보험료 연말정산 시 추가 또는 반환하여야 하는 금액을 줄이고 실제 소득에 맞는 보험료를 부과하기 위해서도 보수월액 변경 신청을 하여야 한다.

　건강보험의 경우 소득월액의 큰 변동이 있는 경우에는 본사 상용직과 건설현장 일용직 모두 별도의 요건 없이 보수월액 변경 신청이 가능하나, 국민연금의 경우 본사 상용직의 기준소득월액 변경 신청에 엄격한 규정을 두고 있으며, 현장 일용직의 경우 특례를 두어 매월 변경신청이 가능하도록 하고 있다(자세한 내용은 앞의 '국민연금 기준소득월액 적용기준' 참조).

· 건강보험 보수월액 변경 신청서 양식 및 작성 방법(본사 상용직-건설현장 일용직 동일)

　건강보험의 경우, 본사 상용직과 건설현장 일용직의 보수월액 변경 신청 서식 및 방법은 동일하며, 이 보수월액 변경신청서 양식 및 작성방법은 다음과 같다.

※ 유의사항 및 작성방법은 뒷면을 참고하시기 바라며, 어두운 란은 신청인이 적지 않습니다. (앞 면)

접수번호		접수일			처리기간		

❶사업장

사업장관리번호	명칭	전화번호	팩스번호	전자우편주소	휴대폰번호
소재지					

❷성명

성명	주민등록번호 (외국인등록번호·국내거 소신고번호)	❸국민연금 (소득이 보건복지부 장관이 고시하는 비율 이상 변동된 자만 신청)			❹국민건강보험			고용보험 및 산재보험			일자리안정 자금 지원 신청
		현재 기준소득월 액	변경 기준소득월액	근로자 동의 (서명 또는 인)	변경 후 보수월액	보수 변경 월	변경사 유	변경 후 월평균보수		변경 사유	
								고용보험	산재보험		
											[ ]예 [ ]아니오
											[ ]예 [ ]아니오
											[ ]예 [ ]아니오
											[ ]예 [ ]아니오

「국민연금법 시행령」제9조제5항 및 같은 법 시행규칙 제2조제1항제3호, 「국민건강보험법 시행령」제36조제2항 및 같은 법 시행규칙 제41조, 「고용보험 및 산업재해보상보험의 보험료징수 등에 관한 법률」제16조의3제4항 및 같은 법 시행규칙 제16조의2에 따라 위와 같이 기준소득월액(보수월액, 월평균보수)의 변경을 신청(신고)합니다.

* 국민연금 사업장가입자 기준소득월액 변경 요건
  - 기준소득월액 대비 실제 소득이 보건복지부장관이 고시하는 비율 이상 변동(상승·하락)된 사업장가입자만 가능(근로자의 동의 필요)
  - 변경된 기준소득월액은 신청일이 속하는 달의 다음달부터 다음 연도 6월까지 적용하며, 변경된 기준소득월액이 과세 자료 등을 통해 확인되는 실제 소득과 일치하는지 확인하여 과부족분에 대해서는 사후정산

년   월   일

신청(신고)인(사용자 · 대표자)   (서명 또는 인)

[ ] 보험사무대행기관(고용보험 및 산재보험)   (서명 또는 인)

국민연금공단 이사장 / 국민건강보험공단 이사장 / 근로복지공단 00지역본부(지사)장 귀하

❶ 사업장: 사업장관리번호, 명칭, 소재지 등 사업장과 관련한 사항을 기재한다. 건설일용직의 경우 취득신고 당시 등록한 건설현장의 사업장관리번호, 명칭 등을 기재한다.

❷ 대상자 인적사항: 성명, 주민등록번호 등 보수월액 변경 대상자의 인적사항을 기록한다. 외국인근로자의 성명을 기재할 때에는 한글로 기재하여야 한다.

❸ 국민연금: 앞서 언급한 바와 같이, 본사상용직의 경우 국민연금의 기준소득월액은 별도의 산정방법이 정해져 있으며, 기준소득월액 대비 실제 소득의 변동이 20% 이상인 경우에 '신청'에 의해서만 변경이 가능하다.

· 국민연금 기준소득월액 변경 신청서 양식 및 작성 방법

① 본사 상용직의 기준소득월액 변경

앞서 언급한 바와 같이, 상용직의 경우 기준소득월액 변경을 위해서는 실제 소득이 기준소득월액 대비 20% 이상 변동이 있어야 하며, 근로자의 동의가 있어야 하고, 기준소득월액 변경신청서와 함께 근로자의 소득 변동을 입증할 수 있는 서류(임금대장, 근로계약서 등)를 제출해야 한다.

이러한 요건을 충족한 본사 상용직 근로자에 대해 기준소득월액 변경을 위해 작성하는 서식이 「국민연금 사업장가입자 기준소득월액 변경신청서」이다. 본 서식은 위 '건강보험 보수월액 변경 신청서 양식 및 작성 방법'에서 설명한 서식과 동일하므로 자세한 작성 방법에 대한 설명은 생략하도록 한다. 다만, 국민연금의 경우 건강보험과는 달리 당해 서식 제출 시 근로자의 동의를 받았음을 확인하기 위한 서명이나 날인을 받아야 하며, 기준소득월액 대비 실제 소득이 보건복지부장관이 고시하는 비율(현행 20%) 이상 변동하였음을 입증하는 서류를 함께 제출해야 한다. 또한 변경된 기준소득월액이 과세 자료 등을 통해 확인되는 실제 소득과 일치하는지 확인하여 과부족분에 대해서는 사후정산하는 서류도 제출하여야 한다.

② 건설일용직의 기준소득월액 변경

앞서 언급한 바와 같이, 건설일용직의 국민연금에서는 별도의 요건 없이 매월 소득변경신고를 인정하고 있다. 다만, 건강보험과 마찬가지로 건설현장 일용근로자는 본사 사업장과 별도로 현장으로 분리 적용하며, 매월 지급받는 실제 소득월액을 기준으로 소득월액이 변경될 경우 매월 변경신고를 하여야 한다. 따라서 국민연금에서 본사 상용직은 특별한 사안이 발생한 경우를 제외하고는 기준소득월액을 변경하는 경우는 거의 없는 반면, 건설일용직은 2개월 이상 가입대상이 되는 경우 거의 매월 변경신고를 하는 경우가 많다.

· 소득월액 변경 신고 작성 방법

① 서류를 통한 신고(팩스, 우편 등)

건설일용직 기준소득월액 변경 신청 시 작성하는 서류는 「국민연금 사업장가입자 내용변경 신고서」이다. 당해 서식은 일용직 소득월액 변경뿐 아니라 다른 사항에 변동이 있을 경우에 작성하는 서류이나, 여기서는 주제를 벗어나지 않기 위해 소득월액 변경 신고에 한해 작성방법을 살펴본다.

국민연금 [ ]사업장가입자 내용변경 신고서
건강보험 [ ]직장가입자 내용변경 신고서
고용보험 [ ]피보험자 내용변경 신고서
산재보험 [ ]근로자 정보변경 신고서

(앞쪽)

※ 유의사항 및 작성방법은 뒤쪽을 참고하시기 바라며, 바탕색이 어두운 난은 신고인이 적지 않습니다.

접수번호		접수일			처리기간	3일

❶사업장	사업장 관리번호			명칭	
	전화번호			FAX번호	
	소재지				
	우편번호(-)				

보험사무 대행기관	번호		명칭	

하수급인 관리번호	※ 건설공사 등의 미승인 하수급인의 경우만 해당함

일련번호	❷성명	❷주민등록번호 (외국인등록번호·국내거소신고번호)	❸변경 내용			
			연월일	부호	변경 전	변경 후

건강보험증 수령지	[ ]사업장 주소지 [ ]해당 직장가입자 주민등록표 등본의 주소지

위와 같이 신고합니다.

년   월   일

신고인(대표자)   (서명 또는 인)

[ ]보험사무대행기관   (서명 또는 인)

국민연금공단 이사장 · 국민건강보험공단 이사장 ·
근로복지공단 이사장 · ○○지방고용노동청장(○○○○지청장) 귀하

❶ 건설현장 사업장적용신고 당시 기록한 사업장 관련 사항 및 부여받은 사업장 관리번호 등, 신고 대상이 되는 일용직이 근무한 건설현장(사업장) 관련 사항을 기록한다.

❷ 인적사항: 소득월액 변경 대상이 되는 일용직의 성명 및 주민등록번호 등 인적사항을 기록한다.

❸ 원칙적으로 본 양식에 작성 가능한 변경 내용 부호로는 1. 성명 2. 주민등록번호(외국인등록번호) 3. 특수직종근로자 해당 여부(국민연금만 해당) 4. 자격취득일(국민연금·건강보험만 해당)의 네 가지뿐이다. 건설일용직 소득월액 변경 신청의 경우에는 여기에 해당하는 부호가 없으므로 '부호'란에는 '일용직 소득월액 변경' 등 해당 내용을 확인할 수 있는 내용을 기재하고, '변경 전'란에 변경 전 소득월액(전월의 소득월액)을, '변경 후'란에 변경 후 소득월액(신고 해당 월의 소득월액)을 기재한다.

② 국민연금 EDI를 통한 신고

국민연금 EDI 상에는 건설일용직을 위한 별도의 메뉴가 마련되어 있으므로, 건설일용직 관련 내용은 국민연금 EDI로 신고하는 것이 더욱 편리하다. 신고방법은 다음과 같다.

❶ 소득월액 변경 신고 대상 일용직이 근무한 현장 사업장관리번호를 입력하고, 공인인 증서 인증 후 국민연금 EDI에 로그인

❷ 화면 중앙의 「EDI업무 전체보기」 클릭

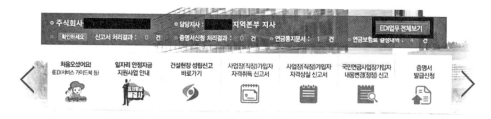

❸ 중앙에 새로운 창이 뜨면 「건설일용직신고서」 - 「④ 건설일용직근로자 기준소득월액 변경신청서」 클릭

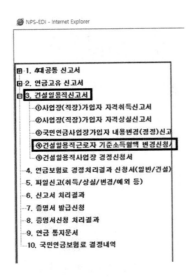

❹ 아래와 같은 창이 뜨면 기준소득월액 변경 대상 근로자의 주민등록번호(외국인등록
번호)를 기재(주민등록번호를 정확하게 기재하면 성명은 자동 입력됨).

❺ 소득월액 변경일의 날짜를 기재.

❻ 변경할 소득월액을 입력(입력 후 기준소득월액 칸은 자동 입력됨).

❼ 건강보험 소득월액 변경 신청도 동시에 하고자 할 경우 ☑ 표시.

제2장

건설일용직 국민연금·건강보험 보험료

I. 보험료의 산정

■ 산정방식

국민연금·건강보험의 보험료 산정 방식은 기본적으로 가입자의 신고된 보수월액(기준소득월액)에 보험료율을 곱한 금액이 된다.

[표 3-22] 국민연금·건강보험 보험료 산정 방법

구분		산정 방법
건강보험	건강보험료	신고된 보수월액 × 보험료율(2019년 6.46%) [가입자부담분(50%) + 사용자부담분(50%)]
	노인장기요양보험료	건강보험료 × 노인장기요양보험료율(2019년 8.51%)
국민연금		신고된 기준소득월액 × 보험료율(2019년 9%) [기여금(=근로자 부담분 50%) + 부담금(=사용자 부담분50%)]

■ 상·하한선

국민연금 및 건강보험에는 소득월액이 일정 기준 미만이거나 일정 기준을 초과하는 경우 그

상·하한을 두어 최대, 최소 보험료 금액을 정하여 두고 있다. 각 보험별 상한액은 다음과 같다.

(1) 건강보험

건강보험의 2019년 보수월액 하한액은 28만원이며 상한액은 9,925만원이다. 따라서 28만원 미만의 보수월액이나 9,925만원을 초과하는 보수월액에 대해서는 보수월액에 보험료율을 곱한 금액으로 보험료를 산정하는 것이 아니라, 다음 표와 같이 보수월액 상·하한액으로 계산한 보험료가 해당 보험료가 된다.

[표 3-23] 건강보험료 상하한액의 산정

보수월액 범위	보험료	
	가입자 부담분(50%)	사용자 부담분(50%)
28만원 미만	28만원 × 보험료율(3.23%) = 9,040원(원 단위 절사)	28만원 × 보험료율(3.23%) = 9,040원(원 단위 절사)
9,925만원 초과	9,925만원 × 보험료율(3.23%) = 3,205,770원(원 단위 절사)	9,925만원 × 보험료율(3.23%) = 3,205,770원(원 단위 절사)

즉, 건강보험의 경우 보수월액이 28만원에 미달한다 하더라도 최소 보험료 9,040원을 납부해야 하며 보수월액이 9,925만원을 초과한다 하더라도 최대 보험료 3,205,770원을 납부하면 된다.

(2) 국민연금

국민연금의 기준소득월액 하한액은 31만원이며(2019년 7월 1일~2020년 6월 30일까지), 상한액은 486만원(2019년 7월 1일~2020년 6월 30일까지)이다. 따라서 이 기준소득월액 범위를 벗어난 기준소득월액에 대해서는 최소 또는 최대 보험료가 해당 보험료로 결정된다.

[표 3-24] 국민연금 상하한액의 산정

기준소득월액 범위		보험료	
		기여금(=근로자 부담분 50%)	부담금(=사용자 부담분 50%)
2019년 6월 30일까지	30만원 미만	30만원 × 보험료율(4.5%) = 13,500원	30만원 × 보험료율(4.5%) = 13,500원
	468만원 초과	468만원 × 보험료율(4.5%) = 210,600원	468만원 × 보험료율(4.5%) = 210,600원
2019년 7월 1일~2020년 6월 30일까지	31만원 미만	31만원 × 보험료율(4.5%) = 13,950원	31만원 × 보험료율(4.5%) = 13,950원
	486만원 초과	468만원 × 보험료율(4.5%) = 218,700원	468만원 × 보험료율(4.5%) = 218,700원

II. 보험료의 고지 및 납부

■ 보험료 고지 절차

보험료 고지를 위해서는 우선 사업장에서 가입자의 취득, 상실 및 보수 변경 등 자격변동 사항을 사유 발생일이 속하는 다음달 15일까지 공단에 신고해야 한다. 이때 15일까지 신고된 변동 사항은 당월분 고지에 반영되나, 16일~말일까지 신고된 변동분에 대해서는 익월분 고지에 합산하여 반영된다. 15일까지 신고된 사항에 대해서 공단에서는 16~17일경 보험료를 확정하고, 건강보험공단에서 매월 21일경에 고지서를 출력 및 발송한다.

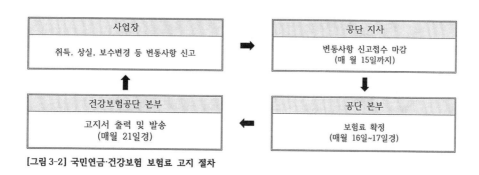

[그림 3-2] 국민연금·건강보험 보험료 고지 절차

■ 보험료의 납부

위 신고 절차가 정상적으로 이루어졌다면 매월 21일경 공단 본부에서는 각 사업장에 보험료 고지서를 발송한다. 이때 고지된 보험료를 확인하고 고지서에 기록된 계좌로 보험료를 납부하면 된다. 보험료 납부 방법은 다음 [표 3-25]와 같은 방법들이 있다.

[표 3-25] 보험료 납부 방법

구 분	내 용
고지서 납부	공단에서 발부된 고지서에 의거 익월 10일까지 금융회사에 납부 * 납부금융회사: 우체국, 전국은행(농·축협, 수협, 신협, 새마을금고, 산림조합중앙회 포함), 금융투자회사
자동이체 납부	- 건강보험료, 연금보험료, 고용보험료, 산재보험료를 자동이체 신청한 사업장에 대하여 말일(별도신청) 또는 납부마감일(토요일, 공휴일은 익일)에 자동이체 - 합산고지 신청 사업장은 건강보험공단 지사 또는 고객센터로 합산자동이체 신청할 수 있음 * 합산자동이체 신청 시 보험별 납부우선순위 지정 가능: 자동이체 신청은 가까운 공단지사나 은행, 카드사, 증권사 신청, 인터넷 자동이체 신청(공단홈페이지 www.nhis.or.kr, 4대보험포털 www.4insure.or.kr, 지로 사이트 www.giro.or.kr, 사회보험통합징수포털 si4n.nhis.or.kr) * 자동이체 신청서류: 사업장 계좌자동이체 신청서 또는 사업장 신용카드 자동이체 신청서
인터넷 납부	4대 사회보험료 납부 시 직접 금융기관을 방문하는 불편 없이 직접 가정이나 사무실에서 인터넷(지로사이트, 은행 인터넷뱅킹)을 통하여 직접 내역 조회 후 납부(당월보험료, 분할보험료, 체납보험료 납부 가능)가 가능
인터넷 지로 모바일 납부	4대 사회보험료 납부 시 스마트폰을 이용하여 납부할 수 있는 서비스 - 인터넷 지로사이트(www.giro.or.kr) > 인터넷 지로 모바일 안내 참조
가상계좌 납부 (회전식)	- 회전식(일회성) 가상계좌를 부여받아 보험료를 납부하는 방법으로, 공단에 신청하거나 사회보험통합징수포털 (si4n.nhis.or.kr)에서 직접 가상계좌 발급 - 기업, 국민, 농협, 우체국, 우리, 신한, KEB하나, 일부지방은행 (광주, 전북, 경남, 대구, 부산) 가상계좌 이용 가능 - 입금가능시간: 07:30~23:30 * 타행 이체 시 별도의 수수료가 발생할 수 있음
가상계좌 납부 (고정식)	- 각 납부자별로 입금전용 고정식가상계좌번호를 부여 (고지서상에 인쇄, 당일 분은 25일 이후 납부 가능)한 것으로 매번 발급받아야 하는 회전식(일회성) 가상계좌를 보완한 것 - 수납가능 은행: 기업, 국민, 농협, 우체국, 우리, 신한, KEB하나, 일부지방은행(광주, 전북, 경남, 대구, 부산) - 입금가능시간: 07:30~23:30
편의점(2D) 납부	편의점 수납은 납부의무자가 2D코드가 표시된 고지서를 이용하여 편의점에서 현금 또는 현금카드로 납부 - 수납가능 편의점: GS25, 씨유(CU), 세븐일레븐, 바이더웨이, 미니스톱 - 수납방법: 현금(건당 3백만원 한도) 또는 현금카드(신용카드 납부 불가) - 수납가능시간: 24시간 수납(단, 23:40~익일 00:10 약 30분간 수납 불가)
무고지 납부	고지서 분실 등의 경우 재발급을 위해 지사 방문 등 가입자의 불편을 해소하기 위해 고지서 없이도 수납기관 의 창구 및 자동화기기(CD/ATM)를 통해 보험료를 조회하고 납부 - 은행창구수납: 기업은행, 신한은행, 우리은행 * 수납가능시간: 은행영업시간 - CD/ATM수납: 기업은행, 우리은행 * 수납가능시간: 금융기관별 23:30까지
사회보험 통합징수 포털 납부	공단에서 운영하는 사이트(si4n.nhis.or.kr)로 공인인증서 로그인 후 납부 - 신용카드납부: 납부금액 제한 없음 - 계좌이체: 기업은행, 신한은행 * 기업, 신한은행 계좌를 보유하신 고객만 가능 - 가상계좌 발급서비스 제공 (※납부: 이용하는 금융기관 홈페이지 또는 앱으로 접속하여 이체)
공단 창구 납부	공단 지사에 방문하여 신용(체크)카드로 보험료 납부 - 수납가능 시간: 공단 업무시간 내(09:00~18:00)

여기서 주의해야 할 점은, 앞서 계속 강조해온 바와 같이 건설업 국민연금·건강보험의 경우 사업장 분리 적용이 원칙이라는 점이다. 이 기준은 보험료 고지 및 납부에도 적용되어, 건설업 본사에 보험료가 통합 고지되는 것이 아닌 각 현장별로 별도의 보험료가 산정 및 고지된다(고용산재보험과 달리, 국민연금·건강보험에는 일괄적용이라는 제도가 없다). 따라서 건설업 사업장에서는 사업장적용신고가 이루어진 각 사업장의 보험료를 각각 확인하여 미납 사례가 발생

하지 않도록 주의해야 한다.

3. 보험료 연체금

보험 가입대상임에도 불구하고 미가입되어 보험료를 납부하지 않은 경우, 또는 보험에 가입하였으나 납기 내에 납부하지 않아 보험료를 납부하지 않은 경우에는 연체금이 부과될 수 있다. 국민연금·건강보험 납부기한에 따른 연체금 산정 방식은 다음과 같다.

[표 3-26] 국민연금·건강보험 부과기간별 연체금 산정 방식

부과 기간	연체금 산정 방식
2008년 7월분부터 2016년 5월분까지	납부기한 경과 후 3% 가산, 1개월이 경과할 때마다 매월 1%씩 가산하여 최대 9%까지 부과
2016년 6월분부터	납부기한 경과 후 30일까지 매 1일이 경과할 때마다 1천분의 1씩 가산, 31일부터 매 1일이 경과할 때마다 3천분의 1씩 가산하여 최대 9%까지 부과

4. 보험료의 정산

보험료 산정 및 부과의 기초가 되는 당해연도 보수월액은 사실상 전년도 보험료 정산결과에 따라 산출된 것이므로 당해연도 보수월액은 결국 회계연도가 종료되어야 알 수 있다. 따라서 보험료 정산절차가 반드시 필요하다. 즉, 보험료의 정산이란 신고된 보수액과 실제 지급받은 근로자의 보수액을 확인하여 그 차이로 인한 보험료 차액을 정산하는 절차를 의미한다.

보험료의 정산에는 (1) 수시정산 (2) 퇴직정산 (3) 연말정산이 있다.

(1) 수시정산

사용자는 당해 사업장 소속 직장가입자의 자격 또는 보수 등이 변동되었을 시에는 이를 공단에 신청하여야 하는데, 이에 대한 신청이 지연되었을 경우 가입자의 보험료를 다시 산정하여 기부과 보험료와의 차액을 추가징수 또는 반환하는 절차를 수시정산이라 한다. 또한 국민연금의 경우 보험사고가 발생하는 등 연금액 산정이 필요한 경우에 수시정산을 실

시하기도 한다.

(2) 퇴직정산

1) 건강보험

근로자가 보험연도 중 퇴직할 경우에는 당해연도 보수총액을 근무월수로 나눈 보수월액으로 기납부한 보험료와 당해연도 퇴직 시까지 납부하여야 할 보험료간의 정산을 실시하게 된다. 이러한 정산절차를 퇴직정산이라 한다. 즉, 퇴직정산은 근로자 퇴직으로 인한 건강연금 상실신고와 동시에 이루어지며, 직장가입자자격상실신고서를 작성하면서 당해연도 보수총액과 전년도 보수총액을 기록하면 된다. 단, 매년 2월 보수총액 신고를 한 경우에는 전년도 보수총액은 기재할 필요가 없다. 신고서 제출 시기는 사유 발생일로부터 14일 이내이다.

2) 국민연금

국민연금은 퇴직 시 별도의 정산을 거치지 않으며, 상실일이 2일 이후인 경우 상실월 보험료까지 납부하게 된다. 다만 매월 1일에 취득하고 당월에 상실하는 경우에는 국민연금보험료 납부희망여부를 반드시 기재하여야 한다.

(3) 연말정산

1) 건강보험

직장가입자의 건강보험료는 당해연도 소득에 의해 부과되어야 하나, 연도 중에는 소득이 확정되지 않으므로 전년도 소득을 기준으로 우선 부과한 후, 다음해 2월(개인대표자 5월) 사업장에서 확정된 소득에 의해 전년도 보험료를 다시 산정하여 기납부한 보험료와 정산하여 4월분(개인대표자 6월) 보험료에 부과 (추가징수, 반환)하게 된다. 이러한 일련의 절차를 건강보험 연말정산이라 한다.

연말정산을 위해 먼저 공단에서는 매년 1월 말일까지 연말정산에 대해 안내하고 「직장가입자보수총액통보서」를 발송한다. 사업장에서는 통보된 내용에 따라 매년 3월 10일까지 정산 신고(「직장가입자보수총액통보서」 작성 및 제출)를 하고, 다시 건강보험공단에서는 전년도보수총액 및 근무월수에 의해 결정된 '정산보험료 산출내역서' 및 '착오자 이의신청/분할

납부 안내문'을 발송한다. 이후 사업장에서는 착오자에 대한 이의가 있을 경우 「착오자 이의
신청서」를 4월 15일까지 제출해야 한다. 이러한 일련의 보수총액신고 내용은 4월 보험료 정
산에 반영되고, 정산보험료 분할납부를 원할 경우에는 매년 5월 10일까지 정산보험료 분할
납부 신청서를 제출하면 된다.

「직장가입자보수총액통보서」 신고는 EDI와 팩스(우편) 모두 가능하며, 각각의 작성방법
은 다음과 같다.

① EDI를 통한 신고(10인 이상 사업장의 경우 의무적으로 EDI로 신고해야 함)

❶ 국민건강보험 EDI에 등록된 공인인증서로 사업장 로그인

❷ 받은 문서 전체보기 클릭

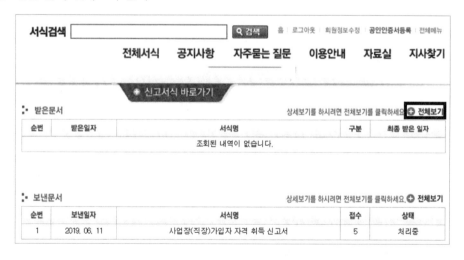

❸ 새 창이 뜨면 공단에서 전송한「직장가입자 보수총액 통보서」클릭

❹ 아래 그림과 같이 새로 뜬 화면에서 보수총액 신고 대상자 명단이 확인되며, 각 해당 근로자를 클릭하여 전년도 보수총액과 근무월수 입력

❺ 보수총액, 근무월수 입력 후「수정」버튼 클릭

❻ 전체 근로자 수정이 완료되면 상단의「신고」버튼 클릭

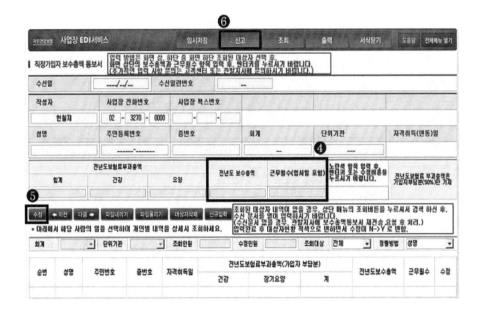

② **팩스(우편)을 통한 신고**

아래 그림의 직장가입자보수총액통보서를 직접 작성하여 관할 건강보험공단에 우편 또는 팩스로 송부한다.

❶~❻「직장가입자보수총액통보서」를 공단에서 사업장에 발송 시 해당 항목을 모두 기입하여 발송하므로 직접 작성하지 않는다.

❼ 전년도 보수총액을 기재한다(연계된 세무사사무실로부터 전달받은 근로소득원천 징수영수증을 참고하여 기록). 단, 2월에 보수총액신고를 한 경우에는 별도로 기 재할 필요가 없다.

❽ 전년도 총 근무월수를 기록한다.

직장가입자보수총액통보서							
소속지사			사업장관리번호		사업장명		
(팩 스)			단위사업장		회 계		
❶ 순번	❷ 증번호	❸ 성명	❹ 주민등록 번 호	❺ 자격취득 (변동)일	❻ 전년도보험료 부과총액	❼ 전년도 보수총액	❽ 근무 월수
	공	단	에 서	기 재	함		
작성자		사업장전화번호		새업장팩스번호			
국민건강보험법시행규칙 제33조의 규정에 의하여 직장가입자의 보수총액 등을 위와 같이 통보합니다.							
					사용자	· · (인)	
국민건강보험공단 이사장 귀하							

2) 국민연금

원칙적으로 국민연금의 소득월액은 전년도 해당 사업장에 종사한 기간 동안 받은 소득 액을 그 기간의 총 근무일수로 나눈 금액의 30배에 해당하는 금액(천원 미만 절사)으로 결 정한다. 기준소득월액 산정을 위한 소득액도 가입자가 별도로 신청하는 것이 아니라 관할 세무서를 통해 국민연금이 직접 과세자료를 입수하여 산정한다. 따라서 국민연금에서는 건 강보험과 같이 별도의 보수총액신고나 연말정산 등의 절차가 불필요하다.

다만, 예외적으로 개인사업장의 사용자, 과세자료 착오 및 국세청 연말정산 미신고 근로 자 등에 한해서는 공단이 정확한 소득자료를 입수하기 어려우므로 별도의 소득총액신고 를 하여야 한다. 이러한 예외적 경우 소득총액신고를 하여야 할 대상자는 공단에서 소득총 액신고서에 별도로 기재하여 발송한다. 국민연금 소득총액신고의 기한 및 방법은 다음 [표 3-27]과 같다.

[표3-27] 국민연금 소득총액신고의 기한 및 방법

구 분		내 용
신고기한		매년 5월 말(단, 개인사업장사용자 중 성실신고확인대상은 2019년 6월 말까지 신고 가능)
신고의무자		사용자
신고 사항	근무일수	전년도 중 해당 사업장에 근무한 일수(휴직일수 제외)
	사용자의 소득총액 (개인사업자)	해당 사업장의 사업소득을 신고. 종합소득세·농어촌특별세·지방소득세 과세표준확정신고 및 납부계산서에 첨부된 사업소득명세서 상 ⑪번 소득금액 (총수입금액 - 필요경비) ※ 면세나 비과세 등으로 국세청에 소득신고를 하지 않는 사용자(예: 어린이집 원장 등)도 공단에 소득총액신고 대상임
	근로자의 소득총액	『근로소득원천징수영수증』 상 현 근무처의 급여합계액(⑯번) + 소득세법상 비과세소득 이외의 비과세소득(주식매수선택권 비과세, 우리사주조합인출금 비과세, 장기 미취업자 중소기업 취업 비과세)
신고 방법	소득총액신고서에 신고	단에서 송부한 소득총액신고서에 신고대상자의 2018년도 해당 사업장에서 근무일수 및 소득총액을 작성하여 관할지사에 직접 우편 또는 팩스로 제출
	국민연금 EDI 신고	국민연금 EDI(http://edi.nps.or.kr)에 접속하여 '송수신문서'→'연금통지문서'→'소득총액신고서' 조회 후 개인별 소득총액을 입력하고 '신고서 발송' 클릭
	사회보험 EDI 신고	'수신함'→'소득총액신고(년)' 수신→'문서조회' 후 개인별 소득총액을 입력하고 '문서저장 및 송신'에서 파일 송신
	전산매체 신고 (CD 등)	공단에서 제공하는 layout 형식으로 신고
	4대사회보험 포털사이트 (www.4insure.or.kr)	신고 대상 100인 미만 사업장은 4대사회보험 포털사이트를 통하여 소득총액 신고 가능

III. 보험료의 체납

■ 연체금

(1) 의의

연체금이란 보험료 등을 체납하는 경우 징수하는 금액으로, 보험료 등의 성실납부를 이행하도록 하기 위해 이행지체에 대한 행정 제재적 성격의 금액을 말한다. 만약 납부기한 내에 건강보험, 국민연금 보험료를 납부하지 아니한 때에는 연체금이 가산된 납기 후 금액을 납부해야 한다.

(2) 연체료율

국민연금, 건강보험료는 매월 10일까지 납부해야 하며 미납 시에는 연체금이 최고 9%까지 가산된다. 구체적으로 2016년 5월분까지는 납부기한일 미납 시 최초부과 연체료율은 미납보험료의 3%이며, 이후 1개월 단위로 1%씩 추가가산이 되어 최고 9%까지 적용된다. 2016년 6월분부터는 연체금 일할계산 제도가 도입되어, 납부기한 경과 30일까지는 1일 경과마다 미납보험료의 1천분의 1일 가산되며 납부기한 경과 30일 초과 시에는 1일 경과마다 3천분의 1이 가산된다(최대 9% 이내).

■ 독촉고지 및 체납처분

(1) 의의

독촉은 채무이행의 청구로서 행하는 준법률행위적 행정처분으로서 체납된 보험료 등의 임의 납부를 촉구하는 '최고'의 성격을 가지며, 독촉장이 납부의무자에게 적법하게 도달함으로써 그 효력이 발생한다.

체납처분이란 공법상 금전급부의 의무를 이행 실현하는 행정상의 강제 집행 절차로, 납부의무자의 건물, 토지, 자동차, 예금통장 등을 압류하여 체납보험료에 충당하는 절차이다. 이 경우 체납처분 대상자는 재산권 행사와 금융활동에 지장이 초래될 수 있으며 체납처분 비용까지도 추가 부담하여야 한다.

(2) 절차

· 독촉고지 절차

건강보험공단은(4대보험료에 대한 독촉고지는 건강보험공단으로 일원화되어 있다) 보험료 및 그에 따른 징수금을 기한까지 납부하지 아니하면 그 기한을 정하여 독촉장을 발부하며, 독촉을 받은 자가 그 기한까지 보험료와 그에 따른 징수금을 내지 아니하면 보건복지부장관의 승인을 받아 국세체납처분의 예에 따라 징수할 수 있다. 또한 사업장의 사용자가 보험료를 납부기한 내에 납부하지 않은 경우에는 근로자에게 체납사실을 통지한다.

· 체납처분의 절차

체납처분은 ① 보험료고지서발송(정기) → ② 체납보험료 독촉 및 납부안내 → ③ 체납처분승인(보건복지부장관 등) → ④ 압류예고통지서 발송 → ⑤ 채권, 재산 등 압류 → ⑥ 추심 또는 공매 → ⑦ 체납보험료 충당 등의 절차에 따라 진행된다.

■ 체납보험료의 분할납부

(1) 의의

체납보험료 분할납부 제도는 일시 납부가 어려운 체납보험료에 대하여 금액과 개월 수에 따라 나누어 납부할 수 있도록 함과 동시에 건강보험의 경우 6회 이상 체납으로 인하여 급여를 받지 못하는 체납자가 분할납부를 신청하여 체납보험료 납부와 더불어 보험급여를 받을 수 있게 하는 제도이다.

(2) 분할납부 대상 및 신청 방법

건강보험료를 3회 이상 체납한 사업주는 월별로 고지된 보험료(연체금 포함) 이상으로 24회 이내로 분할납부 신청이 가능하다. 사업주가 고용산재 보험관계가 성립한 날로부터 1년 이상 지나서 성립신고를 한 경우에는 공단이 최초 독촉 고지한 납부기한 3일 전까지 분납신청 가능하며, 분납 총기간은 분납 승인을 받은 날의 다음 날부터 1년 이내로 한다. 분할납부 신청서는 FAX 또는 지사를 직접 방문하여 작성·제출하면 된다.

단, 분할납부 승인을 받은 사업장이 정당한 사유 없이 2회 이상 분할보험료를 납부하지 아니한 때에는 분할납부 승인을 취소한다.

제3장

건설업 건강보험 사업장 지도점검

I. 의의

"투명하고 책임지는 업무처리, 부패 ZERO 청렴공단"

국민건강보험공단 송파지사

자격부과부 명의의 공문

문서번호 : 자격부과부-1448호
시행일자 : 2019.06.18
수 신 자   대표자
(참 조) 건강보험 담당자
제   목 사업장 지도점검 서류제출 요청

1. 귀 사업장의 무궁한 발전을 기원합니다.

2. 건강보험 업무의 효율적인 관리를 위하여, 국민건강보험법 제11조(자격취득 등의 확인),제94조(신고 등)에 따라 자격취득(상실) 및 보험료 정산의 적정 신고여부 등 건강보험 관련 사항을 확인하고자 하오니 다음 서류를   2019.06.28까지 제출하여 주시기 바랍니다.

3. 건강보험 업무담당자께서는 정해진 일자에 지도점검이 원활히 수행될 수 있도록 협조하여 주시기 바라며, 문의사항은 지사 지도점검 담당자(T:02-   . F:02-   )에게 연락하여 주시기 바랍니다.

　　　　　가. 제출처 :   서울시 송파구

　　　　　나. 제출 방법 : 우편 또는 지사방문
　　　　　다. 제출서류

제출 요구서류

문 서 명	대상(사업장 가입일 이후)	비 고
소득자별근로소득원천징수부(1~2페이지)	2016 ~ 2018 귀속분	퇴사자포함, 2페이지 필수 제출
종합소득과세표준확정신고서 및 납부계산서	2016 ~ 2018 귀속분	개인사업자 대표자만 제출
원천징수이행상황신고서	2016 ~ 2019 현재	
일용근로소득 지급명세서(소득세법 별지 제24호 서식)(건설현장: 고용보험 현장별 근로내역확인신고서)	2016 ~ 2019 현재	일용근로자가 없는 경우 생략

[그림 3-3] 사업장 지도점검 대상 시 전송되는 공문

사업장 지도점검은 자격 및 보험료 정산 등 건강보험 신고 사항에 대한 정기적 업무안내로 사업장의 원활한 업무처리를 도모하고, 착오·누락·부당 신고로 인하여 발생된 각종 건강보험 관련 업무를 확인하여 재발사례를 방지하기 위한 제도이다. 쉽게 말해 건강보험공단 지사의 사업장 지도점검 전담팀에서 가입대상자임에도 보험에 가입하여 보험료를 납부하지 않은 신고 누락이나 허위 신고 등의 사례를 적발하여 보험료 및 연체금, 가산금을 부과하는 절차이다. 건강보험 사업장 지도점검 대상으로 선정이 되면 위 [그림 3-3]과 같은 자격부과부 명의의 공문이 발송되며, 제출을 요청하는 서류 목록이 함께 제시된다.

II. 사업장 지도점검 시 확인사항

　　건강보험공단에서 제시하는 사업장 지도점검 시 확인사항으로는 다음과 같은 것들이 있다.

　　　　① 사업장 및 대표자 변경신고 적정 여부
　　　　② 자격취득, 상실의 적정성 여부
　　　　③ 근무내역 변동자의 변동신고 적정성 여부
　　　　④ 적정보험료 공제 여부
　　　　⑤ 보험료 연말정산, 중간정산, 퇴직정산 적정성 여부
　　　　⑥ 소득 축소·탈루 여부 확인
　　　　⑦ 건강보험제도의 전반적인 관련 사항 지도 및 홍보, 건의사항 수렴

　　위와 같이 사업장 지도점검 시 보험관계와 관련한 여러 사항을 점검하는 것으로 나열되어 있으나, 결국 가장 중점적으로 점검받는 사항이 보험료 신고 및 납부 누락 사례이다. 따라서 사업장에서 지도점검에 대응하기 위해서는 보험료 신고 및 납부 누락 사례를 최대한 줄여 보험료 추징금액을 줄이는 데 중점을 두어야 한다.

III. 사업장 지도점검 대상 서류(3개년도 징수 원칙)

사업장 지도점검 시 공단에서 요청하는 서류에는 다음과 같은 것들이 있다. 단, 사업장 업종 등에 따라서 아래 목록에서 제출서류가 생략되거나 추가될 수도 있다.

① 근로소득원천징수영수증
② 임금(급여)대장
③ 원천징수이행상황신고서
④ 종합소득과세표준확정신고서(개인사업장 대표자의 경우에만 제출)
⑤ 일용근로소득지급명세서
⑥ 재무제표(대차대조표, 손익계산서 등)

IV. 법적 근거

[표 3-28] 건강보험 사업장 지도점검의 법적 근거

법조항	내용
국민건강보험법 제11조	가입자 자격의 취득·변동 및 상실은 그 사유 발생의 시기에 소급하여 효력을 발생, 이 경우 공단은 그 사실을 확인할 수 있음.
제78조의2 (가산금)	① 사업장의 사용자가 대통령령으로 정하는 사유에 해당되어 직장가입자가 될 수 없는 자를 제8조제2항 또는 제9조제2항을 위반하여 거짓으로 보험자에게 직장가입자로 신고한 경우 공단은 제1호의 금액에서 제2호의 금액을 뺀 금액의 100분의 10에 상당하는 가산금을 그 사용자에게 부과하여 징수한다. 1. 사용자가 직장가입자로 신고한 사람이 직장가입자로 처리된 기간 동안 그 가입자가 제69조제5항에 따라 부담하여야 하는 보험료의 총액 2. 제1호의 기간 동안 공단이 해당 가입자에 대하여 제69조제4항에 따라 산정하여 부과한 보험료의 총액 ② 제1항에도 불구하고, 공단은 가산금이 소액이거나 그 밖에 가산금을 징수하는 것이 적절하지 아니하다고 인정되는 등 대통령령으로 정하는 경우에는 징수하지 아니할 수 있다.
법 제93조 및 법 제115조	사용자는 고용한 근로자가 「국민건강보험법」에 의한 직장가입자가 되는 것을 방해하거나 자신이 부담하는 부담금이 증가되는 것을 피할 목적으로 정당한 사유 없이 근로자의 승급 또는 임금인상을 하지 아니하거나 해고나 그 밖에 불리한 조치를 할 수 없음. 만약 제93조를 위반한 사용자는 1년 이하의 징역 또는 1천만 원 이하의 벌금에 처함.
법 제94조 및 법 제119조	공단은 사용자, 직장가입자 및 세대주에게 가입자의 거주지변경 또는 보수·소득이나 그 밖에 건강보험 사업을 위하여 필요한 사항을 신고하게 하거나 관계서류를 제출하게 할 수 있고 공단은 신고한 사항이나 제출받은 자료에 대하여 사실여부를 확인할 필요가 있으면 소속직원이 해당 사항에 관하여 조사하게 할 수 있음. 만약 정당한 사유 없이 법 제94조제1항·제2항, 제97조제1항·제3항·제4항 또는 제101조제2항을 위반하여 서류의 제출, 의견진술, 신고 또는 보고를 하지 아니한 자, 거짓으로 진술·신고 또는 보고를 하나 조사 또는 검사를 거부·방해 또는 기피하는 자는 100만 원 이하의 과태료에 처함.
법 제95조	공단은 사용자가 신고한 보수 또는 소득 등에 축소나 탈루가 있다고 인정하는 경우에는 보건복지부장관을 거쳐 소득의 축소 또는 탈루에 관한 사항을 문서로 국세청장에게 송부할 수 있음.

건강보험공단에서 사업장 지도점검을 실시할 수 있는 법적 근거는 위와 같다.

V. 건강보험 사업장 지도점검 대응 방안

앞서 언급한 바와 같이, 건강보험 사업장 지도점검은 신고 누락 및 보험료 미납 사례를 적발하여 미납보험료 및 연체금, 가산금을 추징하는데 맞춰져 있다. 따라서 이에 대한 대응도 이에 초점을 맞추어 이루어져야 한다.

■ 담당자와의 일정 조율

사업장 지도점검 대상에 선정되어 공문을 받으면 제출서류 목록과 그 제출기한이 명시되어 있다. 그 기한에 쫓겨 급하게 서류를 수집하여 제출하기보다는, 건강보험공단의 지도점검 담당자와 커뮤니케이션을 통해 일정 조율을 하고 서류 검토 및 대응 방안 수립을 위한 충분한 시간적 여유를 벌어두는 것이 좋다. 지도점검 절차에 대한 이해 없이 섣부른 대응은 화를 더욱 키울 수 있으므로, 이때 건설업 전문 노무법인 등 전문가의 조언을 구하는 것도 추천한다.

■ 부과기간 확인 및 동 기간의 사업장 적용신고 내역 확인

건설일용직의 건강보험 의무가입 판단 기준은 사업장별(현장별)로 적용된다. 그러나 건설일용직이 현장별 분리적용을 받기 위해서는 사업장 적용신고가 반드시 되어 있어야 한다. 예를 들어 한 건설일용직 근로자가 사업장 적용신고가 되어 있는 두 개의 현장에서 1개월 동안만 7일씩 근무하였다면, 현장별 분리적용 원칙에 의해 이 근로자는 건강보험 가입대상에서 제외된다. 그러나 사업장 적용신고가 되어있지 않은 두 개의 현장에서 똑같이 7일씩 근무하였다면,

이 근로자는 분리적용을 받지 못하고 1개월간 14일 근무한 근로자로 판단되어 보험료가 부과될 가능성이 매우 높다.

만약 사업장 적용신고가 이루어져 있지 않다면 일용직 근로자가 가입 제외 대상임을 소명하기는 거의 불가능하다. 따라서 사업장 지도점검 선정 공문을 받으면, 가장 먼저 부과 대상 기간을 확인하고 동 기간의 사업장 적용신고 내역을 파악해야 한다.

■ 소명자료 제출

지도점검 대상 전체 기간에 대해 일용근로내용확인신고 자료, 일용노무비명세서 등의 자료와 사업장 적용신고 내역을 비교하여 소명 가능 대상자와 소명 불가 대상자를 구분하여 소명자료를 작성한다. 사업장 지도점검 대상 기간이나 일용직의 수, 공사현장 수에 따라 검토해야 할 자료의 양과 소명할 수 있는 보험료 금액이 달라질 수 있다.

만약 사업장에서 그동안 보험관계 신고, 사업장 적용신고 등을 게을리하거나 관련 제도에 대한 이해 부족으로 인해 제대로 처리하지 못했다면 지도점검 후 추징되는 보험료를 고스란히 모두 납부해야 되는 상황이 올 수도 있다. 결론적으로 말해서, 사업장 지도점검에 대처하는 가장 현명한 방법은 결국 꾸준한 신고 및 관리에 있다고 할 수 있다.

제4장
국민연금 가입자 확인

I. 의의

　최근 국민연금공단에서 사업장에 다음 [그림 3-4]와 같은 공문을 보내는 사례가 부쩍 늘어나고 있다. [그림 3-4]의 공문은 과거 기간 동안 공사현장에서 근무한 근로자로 확인되었음에도 국민연금에 가입하지 않은 건설일용직 근로자를 대상으로 '국민연금 사업장 가입신고'를 할 것을 안내하는 공문이다. 쉽게 말해, 국세청 소득 자료 등 다른 경로를 통해 근로자의 근로 사실이 확인되었음에도 국민연금 가입사실은 확인되지 않으니, 해당 근로자를 국민연금에 가입시키고 보험료를 납부할 것을 촉구하는 서류이다.

　사실상 건강보험공단의 사업장 지도점검, 근로복지공단의 확정정산과 유사한 절차라고 이해하면 된다. 그러나 국민연금 가입자 확인 공문에서는 소명자료 제출 요구 등 다른 사항에 대해서는 명시 없이 가입대상자로 확인된 목록만을 제시하고 가입을 촉구한다. 만약 이후에도 이 목록에 포함된 근로자에 대한 신고 및 보험료 납부가 이루어지지 않는다면 연금보험료 미납 시 징수 절차에 따라 연체금, 가산금이 부여되고 독촉 및 체납처분이 진행된다.

　국민연금은 다른 보험에 비해 보험료율이 상당히 높은 편이므로 과거 보험료가 추징되어 연체금, 가산금까지 부담하게 되면 상당한 금액을 납부해야 할 수도 있다. 또한 보험료액이 상대적으로 크므로 건강보험 사업장 지도점검이나 고용산재보험 확정정산에 비해 더욱 잦은 빈도로 수시로 가입자 확인 절차가 진행된다.

[그림 3-4] 국민연금 사업장가입자 가입신고 안내 공문

II. 대응 방안

1. 가입신고 안내 근로자의 근로내역 확인

　국민연금 가입신고 안내 공문에는 국민연금공단에서 가입대상자로 의심되는 근로자의 목록이 나열되어 있으므로, 해당 근로자에 대해서만 소명하면 된다. 사실, 국민연금공단에서는 해당 근로자의 국민연금 의무가입대상자인지 여부는 확인하지 않고, 근로 사실이나 소득 신고 사실만 확인되면 일단 가입대상자로 의심하고 목록에 포함시켜 사업장에 공문을 발송한다. 따라서 해당 근로자가 국민연금 가입대상자인지 여부를 사업장에서 직접 확인하여 적극 소명해야 한다. 이를 위해 우선적으로는 실제로 목록에 포함된 근로자가 사업장에서 근로한 근로자

가 맞는지, 근로 연월일이 일치하는지를 먼저 확인한다.

2. 해당 근로자의 근로내역 확인 및 소명자료 제출

앞의 그림 [3-4]에서 보는 바와 같이, 국민연금 가입대상자로 의심되는 근로자 목록에는 국민연금공단에서 해당 근로자가 근로한 것으로 확인한 근로월수가 정확하게 기재되어 있다. 다만, 공단에서는 해당 근로자가 제시간 근로연월에 국민연금 의무가입대상이었는가에 대해서까지는 엄밀하게 검토하지 않고 일단 가입대상자로 보고 명단을 송부한다. 따라서 목록에 포함된 근로자가 국민연금 가입대상자가 아닌 것으로 사업장에서 확인된다면 적극적으로 자료를 수집하여 공단에 소명하여야 한다.

예를 들어 김국민이라는 근로자가 국민연금공단에서 송부한 일용근로자 확인 대상 목록에 2019년 3월에 근로한 것으로 제시되어 있는데, 이 근로자가 2019년 3월에 해당 현장에서 근로한 것 맞으나 당시 해당 현장은 경과조치 사업장이었고, 3월의 근로일수가 18일이었다면 의무가입대상에서 제외되므로 공단에 미가입대상임을 적극 소명하면 된다. 이때 제출하여야 할 자료는 공단에서 명시적으로 규정한 바가 없으므로, 해당 공문을 송부한 담당자와 협의하여 관련 내용을 입증할 소명자료를 확인받아 제출하면 된다. 대부분의 경우 경과조치 사업장임을 증명할 수 있는 원계약 서류와 해당 근로자가 당해 사업장에서 근로한 사실을 확인할 수 있는 일용노무비지급명세서 등이 소명자료가 될 수 있을 것이다.

기타 건설일용직 노무관리 관련 제도

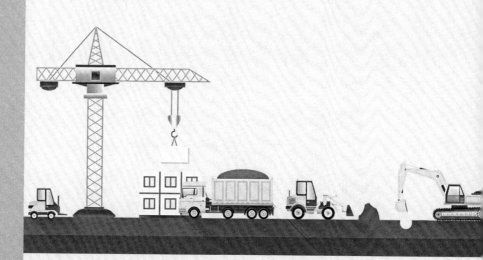

들어가기

건설일용직 노무관리에서 가장 중요한 사항이 바로 임금 및 4대보험 관리이다. 그러나 안정적인 사업 운영을 위해서는 추가적으로 숙지해야 할 몇 가지 제도들이 있다. 본 장에서는 이처럼 건설업체에서 안정적인 노무관리를 위해 추가적으로 알아야 할 제도에 대해 알아본다.

제 1 편

장애인 고용의무제도

제1장

장애인 고용의무제도의 의의

국가·지방자치단체와 50명 이상 공공기관 및 민간기업 사업주는 근로자 중 일정 비율 이상 장애인을 고용할 의무가 있으며, 이를 준수하지 않을 경우 부담금을 납부해야 한다. 이에 반해 의무고용률 이상 고용한 사업주에 대해서는 규모에 상관없이 초과 고용 이원에 대해 장려금을 지급한다(단, 국가·지방자치단체는 비공무원의 부담금은 적용, 장려금은 미적용). 이러한 제도를 장애인 고용의무제도라 한다.

이 제도에 따라 연도별, 기업 유형별 장애인 의무고용률은 다음 [표 4-1]과 같다.

[표 4-1] 기업 유형, 연도별 장애인 의무고용률

기업 유형	연도			
	2016년	2017년	2018년	2019년
국가 및 지자체(공무원) 공기업 및 준정부기관 기타공공기관 및 지방공기업	3%	3.2%	3.2%	3.4%
민간사업주	2.7%	2.7%	2.9%	3.1%
국가 및 지자체(공무원이 아닌 근로자)				3.4%

장애인 의무고용인원으로 인정되는 장애인이란 아래 [표 4-2]에서와 같이 장애인복지법상 장애인 분류에 따른다.

[표 4-2] 장애인복지법상 장애인의 분류

유형 \ 등급	1	2	3	4	5	6	7	비고
지체장애								※ 음영 표시된 부분은 중증장애인을 나타냄.
뇌병변장애								※ 지체장애인 3급 중 음영 표시된 부분은 팔에 장애가 있는 경우를 나타냄.
시각장애								※ 사선은 해당 장애유형의 장애등급이 없음을 나타냄.
청각장애								
언어장애								
지적장애								
자폐성장애								
정신장애								
신장장애								
심장장애								
호흡기장애								
간장애								
안면장애								
장루·요루장애								
뇌전증장애								
국가유공자								

(좌측 유형 구분: 장애인복지법상 분류)

※ 음영 표시된 부분은 중증장애인을 나타냄.
※ 지체장애인 3급 중 음영 표시된 부분은 팔에 장애가 있는 경우를 나타냄.
※ 사선은 해당 장애유형의 장애등급이 없음을 나타냄.

제2장

장애인 고용부담금, 고용장려금, 고용계획실시 보고

I. 장애인 고용부담금

■ 의의

　장애인 고용부담금은 장애인을 고용하여야 할 의무가 있는 사업주가 의무고용률에 못 미치는 장애인을 고용하는 경우 부과되는 것으로써, 사회연대 책임의 이념을 반영하여 장애인의 고용에 따르는 경제적 부담을 장애인을 고용하는 사업주와 고용하지 않는 사업주 간에 평등하게 조정함은 물론 장애인고용을 촉진하기 위하여 사용되는 사업주의 공동 갹출 성격의 부담금이다.

■ 장애인고용부담금 신고·납부 대상

　장애인고용부담금을 신고 및 납부해야 하는 대상자는 월평균 상시 100명 이상의 근로자를 고용하며 해당연도 의무고용률에 못 미치는 장애인을 고용한 달이 있는 사업주이다. 이 경우 사업주는 다음연도 1월 31일까지 사업체(기관) 본점 소재지를 관할하는 한국장애인고용공단 지사에 고용부담금을 신고 및 납부하여야 한다. 단, 연도 중 사업을 그만두거나 끝낸 경우에는 그 사업을 그만두거나 끝낸 날부터 60일 이내에 사업체(기관) 본점 소재지를 관할하는 공단 지사에 신고·납부하여야 한다.

장애인고용부담금 신고·납부 기준 월평균 상시근로자수 산정 예시 1

특정 월의 상시근로자수가 100명 이상이나 월평균 100명 미만인 경우: 고용부담금 신고대상에서 제외

구분	계	1월	2월	3월	4월	5월	6월	7월	8월	9월	10월	11월	12월
상시근로자수	1,060	70	70	70	70	70	90	90	90	110	110	110	110
의무고용인원	28	2	2	2	2	2	2	2	2	3	3	3	3

- 월평균 상시근로자수: 1,060명/12월=88명(1명 미만 끝수는 버림)
- 고용의무인원: 28명(1명 미만 끝수는 버림)
- 월평균 상시근로자수 88명으로 고용부담금 신고·납부 대상에서 제외(월평균 상시근로자수가 100명 미만일 경우에는 100명 이상인 달[9월, 10월, 11월, 12월]도 고용부담금 신고·납부 대상에서 제외됨)

장애인고용부담금 신고·납부 기준 월평균 상시근로자수 산정 예시 2

특정 월의 상시 근로자수가 100명 미만이어도, 월평균 100명 이상인 경우: 100명 미만인 달도 고용부담금 산정

구분	계	1월	2월	3월	4월	5월	6월	7월	8월	9월	10월	11월	12월
상시근로자수	1,410	120	120	120	130	130	130	90	90	120	120	120	120
의무고용인원	28	3	3	3	3	3	3	3	2	3	3	3	3

- 월평균 상시근로자수: 1,410명/12월=117명(1명 미만 끝수는 버림)
- 고용의무인원: 34명(1명 미만 끝수는 버림)
- 월평균 상시근로자수가 100명 이상일 경우에는 100명에 미달하는 해당월(7월, 8월)도 고용부담금 납부대상월로 부담금을 산정

■ 고용부담금 액수

(1) 부담기초액

장애인 고용의무를 미이행한 사업주는 매월 미고용 장애인 수에 연도별 부담기초액을 곱한 금액의 연간 합계액을 다음연도 1월 31일까지 신고 및 납부한다. 연도별 부담기초액이란 매년 고용정책심의회(장애인고용촉진전문위원회)의 심의를 거쳐 고용노동부장관이 고시하는 장애인고용부담금 산정 최저 기초액을 말한다. 단, 고용의무제도의 실효성을 확보하기 위하여 의무고용인원 대비 고용 장애인 수의 비율에 따라 고용미달 인원에 부과되는 부담기초액을 차등하여 적용한다. 2019년 기준 고용의무 이행 수준에 따른 부담기초액은 다음과 같다.

[표 4-3] 고용 의무 이행 수준에 따른 장애인 고용 부담기초액

고용 의무 이행 수준	부담기초액		가산율
	2018년	2019년	
의무고용인원의 3/4 이상 고용한 경우	945,000원	1,048,000원	-
의무고용인원의 1/2~3/4에 미달하는 경우	1,001,700원	1,110,880원	6% 가산
의무고용인원의 1/4~1/2에 미달하는 경우	1,134,000원	1,257,600원	20% 가산
의무고용인원의 1/4에 미달하는 경우	1,323,000원	1,467,200원	40% 가산
장애인을 한 명도 고용하지 않는 경우	1,573,770원	1,745,150원	최저임금기준 적용

위 표에서 가산율 산정에 기준이 되는 비율에 해당하는 인원은 [의무고용인원비율](산정된 인원에 소수점이 있는 경우 소수점 이하는 버림)로 산정한다. 예를 들어 의무고용인원 11명인 경우, 이의 1/2에 해당하는 인원은 11/2=5.5명이나 소수점을 버림하여 5명으로 계산된다. 즉, 의무고용인원이 11명인 사업장에서 장애인 5명을 고용할 경우 의무고용인원의 1/2을 충족한 것으로 인정된다. 또한 이 기준에 따라 각 비율로 산정한 인원이 같은 경우에는 사업주에게 유리하게 적용된다.

(2) 장애인 고용부담금 산정 방법

매월 장애인 고용 인원수가 변동이 있을 수도 있으므로, 동일 사업장에서 한 회계연도 동안에 부담금을 납입해야 하는 달과 지원금을 받게 되는 달이 번갈아 나타날 수 있다. 따라서 연간 장애인 고용부담금은 다음과 같은 산정식에 의해 산정한다.

> · 연간 장애인 고용부담금 = [월 미달고용인원 × 고용 의무 이행 수준별 적용 부담기초액]의
> 연간 합계액 − 장려금의 연간 합계액 − 연계고용 부담금 감면 승인액

※ 월별 고용의무인원 = 월별 상시근로자수 × 31/1,000 (소수점은 버림)
　공공기관 및 지방공기업의 경우에는 월별상시근로자수 × 34/1,000
※ 월별 미달고용인원 = 월별 의무고용인원 − 월별 장애인근로자 수

장애인 고용부담금 산정 예시 1

2018년 월평균 상시근로자수 450명, 경증장애인 1명을 고용하고 있는 사업주의 2019년 납부할 부담금 산정

월별	상시근로자수(A)	고용의무인원 (B)=(A)×2.9%	계	경증	중증장애인 60시간 이상	중증장애인 60시간 미만	3/4 이상	1/2~3/4 미만	1/4~1/2 미만	1/4 미만	미고용
매월	450	13＝450×2.9%	1	1	0	0				12	

부담금납부액: ①×②×12개월 ＝ 190,512,000원
 ① 부담기초액: 1,323,000원(의무고용인원의 1/4 미달 시 적용 부담기초액)
 ② 미달인원: 12명(의무고용인원－장애인근로자수)
 - 3/4에 해당하는 인원: 의무고용인원×3/4(소수점 이하 버림)
 - 1/2에 해당하는 인원: 의무고용인원×1/2(소수점 이하 버림)
 - 1/4에 해당하는 인원: 의무고용인원×1/4(소수점 이하 버림)
 ※ 각 해당인원이 동일한 경우 장애인고용이 있으면 의무이행이 높은 쪽을 충족한 것으로 간주
 - [조업월수] ＝ 12개월

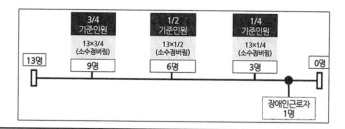

장애인 고용부담금 산정 예시 2

2018년 월평균 상시근로자수가 다음과 같을 경우

월별	상시근로자수(A)	고용의무인원 (B)=(A)×2.9%	계	경증	중증장애인 60시간 이상*	중증장애인 60시간 미만	3/4 이상	1/2~3/4 미만	1/4~1/2 미만	1/4 미만	미고용
합계	2,900	75	27	17	7	3	3	6	21	7	8
1월	200	5	2	2	0	0		3			
2월	200	5	2	1	1	0	2				
3월	200	5	2	1	0	1		3			
4월	200	5	1	1	0	0			4		
5월	200	5	5	4	1	0					
6월	200	5	5	2	3	0					
7월	200	5	4	3	0	1	1				
8월	300	8	0	0	0	0					8
9월	300	8	1	1	0	0			7		
10월	300	8	2	1	2	0			5		
11월	300	8	2	1	0	1			6		
12월	300	8			0	1			6		

*중증장애인 중 월 임금지급기초일수 16일 이상, 소정근로시간 60시간 이상인 근로자는 2명으로 계산
부담금 납부액: ①+②+③+④+⑤ ＝ 54,510,360원
 ① [3/4 이상 고용구간] 미달인원 3명×945,000원 ＝ 2,835,000원
 ② [1/2~3/4 미달 고용구간] 미달인원 6명 × 1,001,700원 ＝ 6,010,200원
 ③ [1/4~1/2 미달 고용구간] 미달인원 21명 × 1,134,000원 ＝ 23,814,000원
 ④ [1/4 미달 고용구간] 미달인원 7명 × 1,323,000원 ＝ 9,261,000원
 ⑤ [장애인 미고용] 미달인원 8명 × 1,573,770원 ＝ 12,590,160원
 ※ 3/4에 해당하는 인원: 의무고용인원 × 3/4(소수점 이하 버림)
 ※ 1 /2에 해당하는 인원: 의무고용인원 × 1/2(소수점 이하 버림)
 ※ 1 /4에 해당하는 인원: 의무고용인원 × 1/4(소수점 이하 버림)

■ 장애인고용부담금 신고·납부 절차

(1) 신고 및 납부 기간

당해연도에 대한 고용부담금은 다음연도의 1월 31일까지 공단 관할 지사에 자진하여 신고(연도 중에 사업을 그만두거나 끝낸 경우에는 그 사업을 그만두거나 끝낸 날부터 60일 이내)하고 국고수납은행에 신고금액을 납부하여야 한다. 만약 고용부담금을 신고기한 내에 신고하지 않을 경우 납부하여야 할 부담금액의 10%에 해당하는 가산금이 부과된다. 다만 계산상의 착오 등으로 인해 1월 31일까지 신고한 부담금이 실제 납부하여야 하는 부담금에 미치지 못한 경우, 2월 말일까지 수정신고를 통해 그 차액을 추가로 납부할 수 있다. 이처럼 수정신고기한 내에 오류를 정정한 경우에는 가산금이 100분의 50으로 감면된다.

(2) 고용부담금 신고서 작성 및 제출방법

고용부담금을 신고·납부하려는 사업주는 아래의 「장애인고용촉진 및 직업재활법 시행규칙」 별지 제15호 서식을 작성한 후 [표 4-4]의 서류를 첨부하여 사업체 본점 소재지를 관할하는 공단 지사에 제출하여야 한다. 별지 제15호 서식은 장애인 고용부담금 신고 및 고용장려금 신청, 장애인 고용계획 및 실시상황 보고를 함께 신고하는 서식이므로 마지막에 종합적으로 작성 방법에 대해 설명하기로 한다.

[표 4-4] 장애인고용부담금 신고 시 제출 서류 및 제출 기관

제출서류	1. 신고서(별지 제15호 서식) 1부 2. 장애인 근로자 명부 1부 3. 장애인 또는 중증장애인임을 증명할 수 있는 서류 사본 1부(해당 근로자에 대해 최초제출 후 생략 가능. 변경이 있는 경우에는 제출) 4. 장애인 근로자의 월별 임금대장 또는 소득자별 근로소득 원천징수부 사본 1부 5. 원천징수이행상황신고서(사업장별로 신고하는 경우 각 사업장별 신고서를 함께 제출)또는 전체 근로자의 월별 임금대장 사본 1부
제출기관	한국장애인고용공단 지사(사업체 본점 소재지 관할지사)

위 서류의 서식은 한국장애인고용공단 홈페이지나 e신고서비스(www.esingo.or.kr)에서 다운로드 받을 수 있다. 또한 장애인고용부담금의 신고는 e신고서비스를 통한 전자신고나 우편 등 오프라인 신고 모두 가능하다.

II. 장애인 고용장려금

■ 의의

장애인 고용장려금이란 장애인근로자의 직업생활 안정을 도모하고 고용촉진을 유도하고자 의무고용률(민간 3.1%)을 초과하여 장애인을 고용하는 사업주에게 일정액의 지원금을 지급하는 제도이다.

■ 고용장려금 지급 대상 및 지급 단가

장애인 고용장려금은 월별 상시근로자에서 의무고용률(2019년 민간 3.1%, 공공기관 및 지방공기업 3.4%)을 초과하여 장애인을 고용한 사업주에게 지급한다. 다만, 최저임금이상자 또는 최저임금적용제외 인가를 받은 장애인에 한해 지원하며, 「고용보험법」에 따른 고용보험 가입 대상으로 고용보험에 가입하지 않은 장애인근로자는 고용장려금 지급기준이 되는 대상인원에서 제외된다. 고용장려금은 월별 상시근로자에서 의무고용률을 초과하는 기간 동안은 계속 지원된다.

고용장려금은 고용한 장애인 1인당 최소 300,000원에서 최대 600,000원 범위에서 지급되며, 장애인의 성별 및 장애 정도에 따른 지급 단가는 다음과 같다.

[표 4-5] 고용장려금 지급 단가

구분	경증남성	경증여성	중증남성	중증여성	비고
지급단가	300,000	400,000	500,000	600,000	지급단가와 임금액의 60%를 비교하여 낮은 단가 적용

■ 고용장려금 신청 시기 및 방법

장애인 고용장려금은 다음과 같이 분기별 신청이 원칙이며, e신고를 통한 전자신고와 소재지 관할 한국장애인고용공단 지사에서 우편신청, 방문접수가 모두 가능하다.

- 1월 1일부터~3월 31일: 해당연도 4월 1일부터 3년 이내
- 4월 1일부터~6월 30일: 해당연도 7월 1일부터 3년 이내
- 7월 1일부터~9월 30일: 해당연도 10월 1일부터 3년 이내
- 10월 1일부터~12월 31일: 다음연도 1월 1일부터 3년 이내

신청 시에는 다음의 서류들을 함께 제출해야 한다.

- 고용장려금 지급신청서(「장애인고용촉진및직업재활법」 시행규칙 [별지 제15호 서식])
- 장애인근로자 명부
- 복지카드, 국가유공자증 등 장애인 인정서류(최초 신청 시)
- 중증장애인임을 인정할 수 있는 서류(최초 신청 시)
- 장애인근로자 월별 임금대장 사본
- 원천징수이행상황신고서 또는 전체 근로자의 월별 임금대장 사본
- 기타 고용장려금 처리에 필요한 자료

III. 장애인 고용계획 및 실시상황 보고

■ 의의

장애인 고용계획 및 실시상황 보고란 장애인 의무고용 사업주가 장애인 고용의무를 이행하기 위해 수립한 당해연도 고용계획과 전년도 고용계획에 대한 이행실적을 보고할 의무를 말한다.

■ 보고 대상 사업주

장애인 고용계획 및 실시상황 보고 대상 사업주는 월평균 상시 50인 이상의 근로자를 고용하는 국가 및 지방자치단체와 사업주(민간기업 및 공공기관)이다.

■ 제출 기한 및 제출 방법

전년도 장애인 고용계획 이행상황 및 해당연도 고용계획은 1월 31일일까지, 당해연도 고용계획에 대한 상반기 실시 상황 보고는 7월 31일까지 사업체 본사가 속한 지역 관할 공단 지사로 제출하여야 한다.

장애인 고용계획 및 실시상황보고서는 「장애인고용촉진및직업재활법」 시행규칙 [별지 제15호 서식](장애인 고용부담금/고용장려금 신청과 통합된 서식임)에 따라 작성하며, 상반기 장애인 고용계획 실시상황 보고서는 동법 시행규칙 [별지 제16호 서식]에 따라 작성하여 제출한다. 장애인 고용계획 및 실시상황보고서는 장애인 고용부담금/고용장려금과 통합하여 신고할 수 있다.

다른 신고 및 신청과 마찬가지로, 장애인 고용계획서는 전자 또는 우편 신고가 가능하며, 전자신고는 e신고사이트(www.esingo.or.kr)에 접속하여 신고서를 작성하고 관련 서류를 첨부하여 신고한다. 우편 신고는 관련 서식을 내려받아 작성한 후 첨부서류와 함께 해당 관할지사로 제출하면 된다.

제3장

장애인 고용계획, 고용부담금, 고용장려금의 신고 실무

I. 전자신고

❶ e신고(www.esingo.or.kr)에 접속하여 아이디/비밀번호 또는 공인인증서로 로그인.

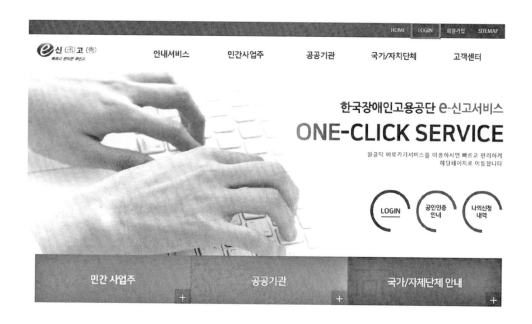

❷ 사업주 유형을 [민간사업주]로 선택 후 [고용계획/부담/장려금] – [고용계획/부담금/장려금 신고를 클릭한 뒤, 해당 기준연도를 선택하고 [전자신청하기]를 클릭한다.

❸ 사업체 정보와 담당자 정보를 입력하고 개인정보 활용 동의 여부에 체크한 후 [다음]을 클릭한다.

[장애인명부 및 임금대장 등록]

❹ [추가]를 먼저 클릭한 뒤

❺ 근로자명, 주민번호, 장애등급 등 장애인근로자의 개인정보를 입력한다.

❻ 근무월별 임금 및 최저임금 미만 여부, 중증장애 여부를 입력한 후

❼ [저장]을 클릭한다.

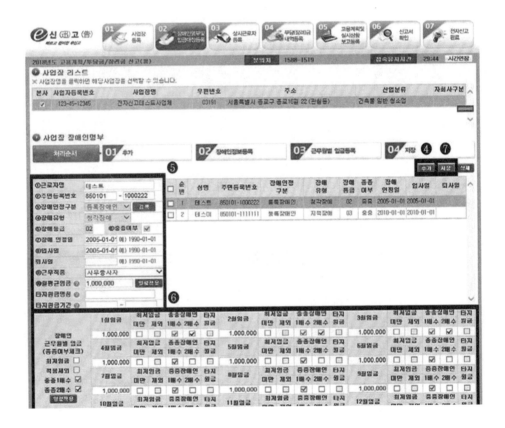

[상시근로자수 등록]

❽ 월별 근로자수 현황을 입력한다(근로자수 현황은 ❾ 엑셀 첨부파일로도 등록이 가능하다). 전체근로자수에는 매월 1일 이상 근무한 모든 인원(일용직 포함)을 기재하고, 적용 제외 근로자에 매월 임금지급 기초일수 16일 미만 근로자수와 소정근로시간 60시

간 미만(중증장애인은 예외) 근로자수를 기록한다(월별 상시근로자수는 자동 계산됨).

❿ 월별로 산정된 내용을 확인한다. [계산금액] 항목의 액수가 (+)인 경우에는 납부할 장
애인고용부담금을 의미하고, (−)인 경우에는 지급받게 될 장애인고용장려금 액수를
의미한다.

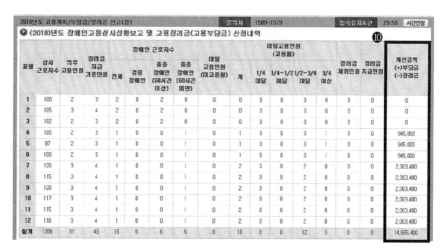

⓫ 신고(또는 신청)할 보고서를 선택한다. 전체근로자 40인 이상인 사업체의 경우 고용계획 및 실시상황보고서는 자동으로 선택되며, 상시근로자수 100인 미만인 경우 장애인 고용부담금은 발생하지 않는다.

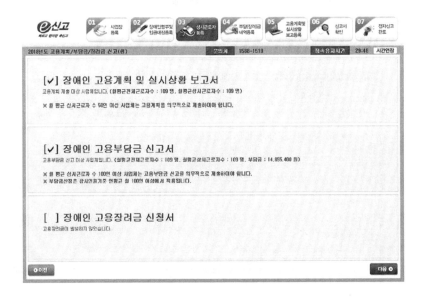

[부담(장려)금 내역 등록]

⓬ 고용부담금 산출내역 확인 후 납부방법(일시납부 혹은 분할납부)을 선택한다.
⓭ 고용장려금이 발생한 경우 지급받을 은행계좌를 입력한다.

[고용계획 및 실시상황 보고 등록]

❹ 전년도 장애인 고용의무 미달 인원이 있는지를 확인하고, 있는 경우 미이행 사유를 입력한다(전년도 12월 고용현황은 자동계산됨).

❺ 금년도 장애인 근로자 고용계획을 입력한다. 고용예정직무에는 한국표준직업분류에 따라 1) 관리자 2) 전문가 및 관련종사자 3) 사무종사자 4) 서비스종사자 5) 판매종사자 6) 농림어업 숙련종사자 7) 기능원 및 관련기능종사자 8) 장치, 기계조작 및 조립종사자 9) 단순노무종사자 중 해당 번호를 표시한다(우선순위 순서로 복수 선택 가능). [장애인 고용예정]의 [인원수] 란에는 금년도 채용예정인 장애인 수를 기재하고, [시기]란은 1) 1/4분기 2) 2/4분기 3) 3/4분기 4) 4/4분기로 구분하여 기록한다(복수 선택 가능).

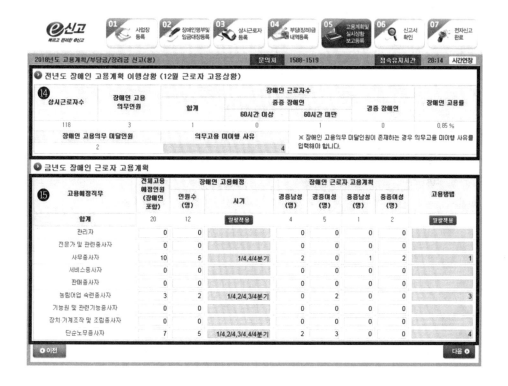

[신고서 확인]

　마지막으로 신고한 내역 전체를 확인하고 이상이 없다면 [전자신고]를 클릭한다. 반드시 최종적으로 [전자신고]를 클릭해야만 신고가 완료됨에 유의해야 한다. 전자신고가 완료되면 담당자 정보에 기재된 전화번호(휴대전화)로 메시지가 전송된다.

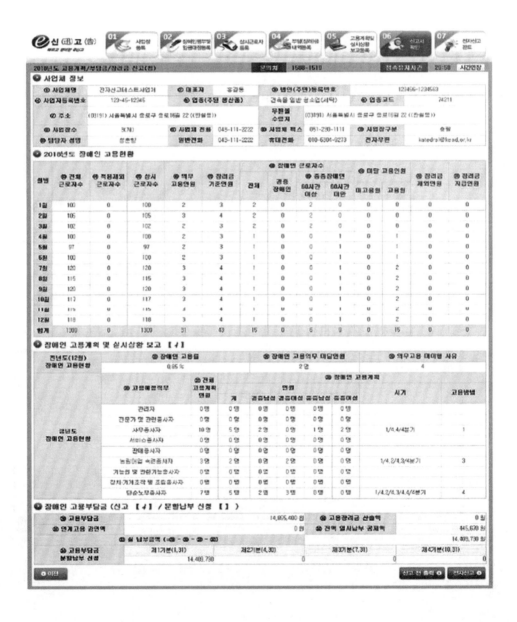

II. 우편 및 팩스 신고

우편 및 팩스 신고도 기본적인 기록 및 입력 사항은 동일하며, 아래의 서식을 작성하여(상세 작성 방법은 전자신고 방법 참조) 첨부서류와 함께 관할 한국장애인고용공단 지사의 주소나 팩스번호를 확인하고 발송하면 된다.

■ 장애인고용촉진 및 직업재활법 시행규칙 [별지 제15호서식] <개정 2019. 7. 1.>

[ ] 장애인 고용계획 및 실시상황 보고서	[ ] 장애인 고용장려금 신청서
[ ] 장애인 고용부담금　신고서( )　수정신고서( )	[ ] 장애인 고용부담금 분할납부 신청서

※ 제2쪽의 작성방법을 참고하시어 작성하시기 바라며, 색상이 어두운 난은 신청인(신고인)이 적지 않습니다.
※ 한국장애인고용공단 e신고서비스(http://www.esingo.or.kr)에서도 신청할 수 있습니다.

| 접수번호 | 접수일 | 처리기간 | 고용계획 및 실시상황, 고용부담금: 즉시　고용장려금: 30일 |

① 사업체명		② 대표자		③ 법인(주민등록)번호	
④ 사업자등록번호		⑤ 업종(주된 생산품)			⑥ 업종코드
⑦ 소재지				⑧ 사업장수	개
⑨ 사업체 전화번호		⑩ 사업체 팩스번호		⑪ 사업장 구분: [ ]총괄 [ ]사업장 [ ]자회사형 표준사업장	
⑫ 담당자 연락처	성명:	휴대전화번호:		전자우편:	

( )년 장애인 고용현황

월별	⑬전체 근로자수	⑭적용제외 근로자수	⑮상시 근로자수	⑯의무 고용인원	⑰장려금 기준인원	⑱장애인 근로자수 전체	중증장애인	60시간 이상	60시간 미만	⑳미달 고용인원 미고용월	고용월	㉑장려금 제외인원	㉒장려금 지급인원
1월													
2월													
3월													
4월													
5월													
6월													
7월													
8월													
9월													
10월													
11월													
12월													

장애인 고용계획 및 실시상황 보고

전년도(12월) 장애인 고용현황	㉓ 장애인 고용률	㉔ 장애인 고용의무 미달인원	㉕ 의무고용 미이행 사유

금년도 장애인 고용계획	㉖ 고용 예정직무	㉗ 전체 고용계획 인원	㉘ 장애인 고용계획 인원 계	경증남성	경증여성	중증남성	중증여성	시기	고용방법

장애인 고용장려금 신청

㉙ 고용장려금 지급신청액	원	은행명		계좌번호	
		예금주		㉚ 계좌실명번호	
㉛ 「고용보험법」 등에 따른 장려금 또는 지원금을 지급 받은 경우		장려금/지원금 명칭		대상자수 명	금 액 원

장애인 고용부담금 (수정)신고 · 분할납부 신청

㉜ 고용부담금				㉝ 고용장려금 산출액		
신고	원	수정신고	원	신고 원	수정신고	원
㉞ 연계고용 감면액				㉟ 전액 일시납부 공제액		
신고	원	수정신고	원			원
㊱ 실 납부금액(= ㉜ - ㉝ - ㉞ - ㉟)						원
㊲ 고용부담금 분할납부 신청	제1기분(1.31.) 원	제2기분(4.30.) 원	제3기분(7.31.) 원	제4기분(10.31.)		원
㊳ 수정신고에 따른 고용부담금의 차액 = [(수정신고 금액㉜-㉝-㉞) - (신고 금액㉜-㉝-㉞)]						원

「장애인고용촉진 및 직업재활법」 제29조제1항(제30조제1항, 제33조제1항·제5항·제8항·제10항, 제22조제3항·제4항), 같은 법 시행령 제27조(제28조, 제36조, 제38조) 및 같은 법 시행규칙 제11조(제12조, 제15조, 제17조)에 따라 위와 같이 제출합니다.

년　　　월　　　일

사업주　　　　　　　　　(서명 또는 인)

한국장애인고용공단　　　○○○○○○장　귀하

제 2 편

건설일용직 퇴직공제제도

제1장

건설일용직 퇴직공제제도의 개요

I. 의의

건설일용직 퇴직공제제도는 건설근로자들의 복지증진, 자긍심과 책임의식 고취를 통한 품질향상과 재해예방, 나아가 직업전망 제시를 통한 기능인력 확보와 육성, 건설산업 경쟁력 강화의 일환이다. 사실, 건설일용직 근로자는 건설공사의 일회성, 간접적 고용방식에 따라 공종별 완성을 위해 여러 곳에 투입과 철수를 반복하는 등 사업장의 잦은 이동으로 건설업에 오랜 기간 종사하였음에도 퇴직금 혜택을 제대로 보지 못했다. 퇴직공제제도의 취지는 그러한 건설일용직 근로자의 현실을 반영하여, 건설일용직이 여러 사업장에서 근로한 내역을 합산하여 향후 건설업에서 완전히 퇴직할 때 '퇴직공제금'을 지급받을 수 있도록 하기 위함이다.

II. 퇴직공제제도의 운영 방식

퇴직공제제도는 건설근로자가 퇴직공제 가입사업장에서 근로하면 본인 앞으로 퇴직공제금이 적립되고, 퇴직할 때 근로자가 적립금을 원금과 이자로 받아가는 형태로 운영된다. 제도의 운영을 위해 가입대상공사를 수행하는 건설사업주는 착공 시 성립 신고(가입)를 하고, 공사가 진행되는 기간 동안 매달 근로일수 신고와 공제부금 납부를 해야 하며, 이에 소요되는 비용은 공사원가에 퇴직공제부금비로 반영하도록 규정하고 있다.

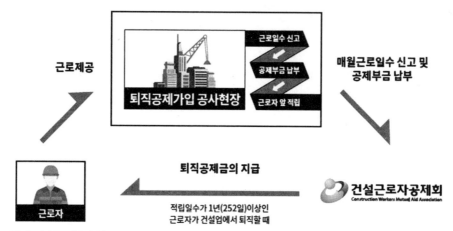

[출처: 건설근로자공제회(2019) 퇴직공제 현장 업무처리 해설서]

[그림 4-1] 퇴직공제제도의 운영 방식

III. 퇴직공제제도 가입대상 공사

다른 4대보험과 유사하게, 퇴직공제제도 또한 제도가입의 의무가 당연 발생하는 당연가입대상공사와 가입의무가 없음에도 사업주의 의사에 따라 가입하는 임의가입공사로 구분된다.

1. 퇴직공제제도의 적용을 받는 공사

「건설산업기본법」에 따른 건설공사, 「전기공사업법」에 따른 전기공사, 「정보통신공사업법」에 따른 정보통신공사, 「소방시설공사업법」에 따른 소방시설공사, 「문화재수리 등에 관한 법률」에 따른 문화재 수리공사와 같이 해당공사 관계법령에 따른 면허, 허가를 받거나 등록 등을 한 건설사업주는 퇴직공제제도에 가입이 가능하다.

2. 당연가입대상공사의 범위

아래 [표 4-6]과 같이 공사예정금액 3억원 이상 공공공사, 공사예정금액[1] 100억원 이상 민간공사, 200호 이상의 공동주택·오피스텔·주상복합 건설공사는 퇴직공제제도 당연가입대상공사에 해당된다.

[표 4-6] 퇴직공제제도 당연가입대상공사

유형	구 분	범 위
공공공사	국가 또는 지자체가 발주하는 공사	공사예정금액 3억원 이상
	국가 또는 지자체가 출자 또는 출연한 법인이 발주하는 공사	
	국가 또는 지자체가 출자 또는 출연한 법인이 납입자본금의 5할 이상을 출자한 법인이 발주하는 공사	
민자유치	「사회기반시설에 대한 민간투자법」에 따른 민간투자사업으로 시행되는 공사	
공동주택	「주택법」에 의한 공동주택의 건설공사	
주상복합	공동주택과 주거용 외의 용도가 복합된 건축물의 건설공사	200호(실) 이상
오피스텔	「건축법 시행령」에 따른 일반업무시설 중 오피스텔 건설공사	
민간공사	이 외 제도가입 공사업의 적용을 받는 공사	공사예정금액 100억원 이상

3. 퇴직공제부금비의 공사원가 반영 및 정산

「건설근로자의 고용개선 등에 관한 법률」 제10조의3, 「건설산업기본법 시행령」 제83조제2항, 건설근로자 퇴직공제 가입 소요비용 산정기준(국토교통부 고시 제2015-610호)에 의거하여 위와 같은 퇴직공제 당연가입공사의 도급계약 당사자는 공제가입에 소요되는 비용을 도급금액 산출명세서 또는 원가계산서에 밝혀야 한다. 이때 공사원가에 반영할 '퇴직공제부금비'는 직접

---

[1] 공사예정금액이란 부가가치세를 포함한 설계금액으로서 발주자가 재료를 제공하는 경우 그 재료의 시장가격 및 운임을 포함한 금액을 뜻한다. 즉, 공사예정금액=설계금액+부가가치세+도급자설치관급자재가 된다.

노무비의 2.3%로 산정한다.

· 공사원가에 반영할 퇴직공제부금비 = 직접노무비 × 2.3%

또한 건강연금보험 사후정산과 마찬가지로 원가에 반영된 퇴직공제부금비가 공제가입 사업주가 실제로 납부한 공제부금을 초과하는 경우에는 그 초과하는 금액을 정산하여야 한다.

IV. 퇴직공제제도 적용대상 근로자(피공제자)

1. 적용대상 근로자(피공제자)

관련 법령에서 퇴직공제 적용대상 근로자를 '피공제자'라고 하며, 공제가입사업주는 피공제자가 근로한 일수만큼 공제회로 근로내역을 신고하고 공제부금을 납부하여야 한다. '피공제자'가 될 수 있는 대상은 근로계약기간 1년 미만의 일용·임시직 건설근로자로서, 적용제외 근로자에 해당하지 않는 근로자이다. 피공제자 대상자는 국적, 연령, 소속 및 직종과 무관하며 간접노무비 지급대상 여부, 파견·용역 근로자 여부와도 무관하다.

2. 적용제외 근로자

다음에 해당하는 건설근로자의 경우에는 피공제자 대상에서 제외된다(관련규정: 「건설근로자의 고용개선 등에 관한 법률」 제11조, 시행령 제11조, 시행규칙 제12조).

① 기간을 정하지 아니하고 고용된 상용 근로자
② 1년 이상의 기간을 정하여 고용된 근로자

③ 1일 소정근로시간이 4시간 미만이고 1주간의 소정근로시간이 15시간 미만인 근로자

피공제자 여부 관련 예시

합법적 국내 체류자격 소지자가 고용허가(E9), 취업등록(H2) 등의 사유로 해당 사업장에서 1년 이상 기간을 정하여 근로계약을 체결하고 계속 근로하는 경우 피공제자가 아님

- 그러나 합법적 국내 체류자격 소지자라도 사업장 이탈이나 현장 이동 등의 사유로 해당 현장에서 1년 미만 근로계약 체결의 경우 퇴직공제 적용대상자임

제2장

건설업 퇴직공제 실무

I. 온라인 퇴직공제제도 업무처리

최근 퇴직공제제도와 관련한 신고 업무 또한 다른 4대보험 신고 업무와 마찬가지로 온라인 상으로 이루어진다. 2019년 10월 이전에는 온라인 퇴직공제 업무가 퇴직공제 EDI를 통해 이루어졌으나, 2019년 10월부터 건설근로자 공제회의 「퇴직공제업무통합시스템구축」 사업의 일환으로 "퇴직공제업무 통합시스템"이 개발되어 모든 공제 업무가 이를 통해 이루어지게 되었다.

퇴직공제업무 통합시스템은 퇴직공제 당연가입대상 공사 관리, 당연가입대상 공사수주업체 퇴직공제 가입 독려, 온라인 가입신청 및 민원관리 서비스를 통합적으로 제공하는 시스템이다. 통합시스템에서 처리할 수 있는 세부 업무 내용은 다음 [표 4-7]과 같다.

[표 4-7] 퇴직공제업무 통합시스템에서 처리 가능한 세부 업무 내용

메뉴명		업무내용	비 고
대시보드		주요정보현황(근로내역신고/납부, 성립신고, 하수급 사업주인정승인 등) 확인 및 바로가기 링크 제공	공통
가입사업장 관리	가입사업장	- 가입사업장 현황 - 하수급인 사업주 인정승인 - 기재사항변경신고 - 공사종료신고 - 인력투입현황신고	공통
	근로내역신고	- 근로내역신고 및 미신고 사유 등록 - 개별근로일수 및 부금납부현황 - 근로내역신고현황	공통
	대리인현황관리	대리인 등록 및 수정	사업주
민원신청 관리	성립신고	- 원수급 성립신고 - 하수급 성립신고 - 미신고 사유 등록 및 비대상 전환 요청	공통
	성립신고신청관리	성립신고 신청내역 확인 및 재등록	공통
	비대상신고현황	비대상 신고 현황	공통
	납부불일치 관리	- 납부불일치 현황 - 반환신청 - 충당신청 - 대납신청	공통
	작성중인 신고서	작성중인 신고서 목록	공통
건설인력고용지수		산정현황	공통
문서출력		- 건설근로자 퇴직공제 가입자증 - 하수급인 사업주 승인 및 불승인 통지서 - 공제부금 납부내역확인서 출력 - 공제가입자별 퇴직공제제도 이행현황 - 공제부금납부 및 근로일수 신고 현황 - 납부해야 할 공제부금 현황 - 근로월별 근로일수 신고 현황 - 퇴직공제금 적립내역서(건설근로자 복지수첩) - 건설근로자별 공제부금 납부명세대장	공통
의사소통관리		- 공지사항 - 퇴직공제업무 Q&A - 자료실 관리 - 설문조사	공통
회원정보관리		- 회원정보수정 - 인증서관리	공통

II. 퇴직공제업무 통합시스템 사용 준비

■ 회원가입 및 로그인

(1) 회원가입

퇴직공제업무 통합시스템을 사용하기 위해서는 기존 퇴직공제 EDI를 사용하고 있던 사업장이라 하더라도 통합시스템에서 새롭게 회원가입을 하여야 접속이 가능하다. 회원가입 절차는 다음과 같다.

❶ 퇴직공제 통합시스템 메인화면(https://wedi.cwma.or.kr)에 접속 후 [법인 회원가입] 클릭

❷ 약관 및 개인정보 수집 및 이용에 대한 안내의 내용 확인 후, 각 항목에 체크한다(약관에 동의하지 않을 경우, 회원가입 절차가 진행되지 않는다).

❸ 사업자등록번호와 법인등록번호 입력 후 [인증하기]를 클릭하여 인증서 유효성 검사를 시행한다. 이후 통합시스템에서 사용할 아이디를 영문과 숫자를 조합하여 6~12자 이내로 구성하여 입력 후 [중복확인]을 클릭하여 아이디 사용 가능 여부를 체크한

다. 이어서 상호, 대표자명, 본사소재지, 대표연락처 등 필수입력항목을 입력한다.

❹ 본사담당자 항목에는 본사에서 퇴직공제 업무를 담당하는 담당자에 관한 사항을 기록한다.

❺ 마지막으로 [확인]을 클릭하면 입력된 정보 및 인증서 재확인 과정을 거쳐서 회원등록이 완료되며, 로그인 화면으로 즉시 이동하게 된다.

(2) 로그인

회원가입이 완료되면 자동으로 아래의 로그인 화면으로 재접속하게 되며, 퇴직공제업무 통합시스템의 도메인(https://wedi.cwma.or.kr)으로 접속해도 아래 로그인 화면을 볼 수 있다. 로그인 시에는 반드시 회사 명의의 공인인증서가 필요하며, 로그인 방법은 다음과 같다.

❶ 아이디와 사업자등록번호를 기입한다. 이때, 아이디/사업자등록번호 저장에 ☑ 표시를 해두면 재접속 시 매번 아이디와 사업자등록번호를 기입해야 하는 번거로움을 덜

수 있다.

❷ 이어서 [인증서 LOGIN]을 클릭하면 공인인증서 선택창이 뜨고, 당해 사업장의 공인 인증서를 선택하여 인증서 비밀번호를 입력하면 로그인할 수 있다.

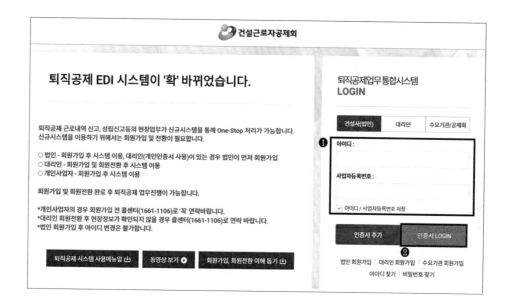

II. 퇴직공제제도 실무 세부사항

1. 원수급사 성립신고(공제가입)

(1) 신고 절차

퇴직공제제도 당연가입대상공사를 수행하는 원수급 사업주는 착공 14일 이내에 건설근로자공제회로 건설근로자 퇴직공제 관계의 성립신고를 해야 한다. 여기서 주의해야 할 점은 퇴직공제제도 성립 및 신고, 납부의 주체는 원수급 사업주라는 점이다. 따라서 하도급을 받은 하수급 사업주는 퇴직공제제도 성립 의무가 없다(하수급인 성립신고 예외). 또한 일용, 임시직 근로자를 사용하지 않는 현장이라도 당연가입대상공사의 원수급 사업주는 성립신고는 반드시 해야 한다. 즉, 퇴직공제제도의 원수급사 성립신고는 고용·산재보험에 있어서 원도급사의 공사 개시 후 공단에 신고하는 사업개시신고와 유사하다고 볼 수 있다.

성립신고 절차는 ① 성립신고서 작성 ② 성립신고서 제출 ③ 건설근로자공제회의 성립신고서 검토 ④ 결과 통보 순으로 진행된다.

(2) 신고 방법

1) 온라인 신고 방법

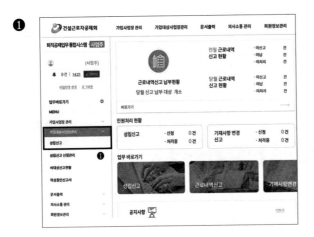

퇴직공제 통합시스템 로그인 후, 좌측 메뉴에서 [가입대상사업장관리] – [성립신고]를 클릭

❷ 원도급 공사의 성립신고일 경우 [원도급]을 클릭하여 성립신고를 진행하면 되고, 하수급인 사업주 인정승인 여부 등을 확인하려면 [하수급] 탭을 클릭하면 된다.

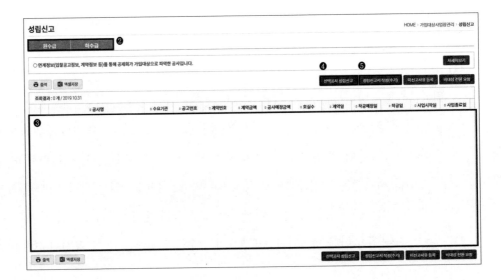

❸ 건설근로자공제회에서 입찰공고정보, 계약정보 등 연계정보를 통해 당연적용 대상 공사로 확인한 공사일 경우에는 아래 중앙의 조회결과에 내역이 자동 확인된다. 이러한 경우에는 신고하고자 하는 해당 공사를 클릭하고 ❹의 [선택공사 성립신고]를 클릭하고, 조회결과에 확인되지 않는 당연적용 대상 공사이거나 임의가입을 원하는 공사인 경우에는 ❺의 [성립신고서 작성(수기)] 탭을 클릭한다.

❻ 아래 그림의 작성화면으로 들어가면 먼저 가입형태(당연가입 혹은 임의가입)을 선택하고 도급계약을 맺고 진행하는 공사(원수급)인지 아니면 자체적으로 시공하는 공사(자체시공)인지 여부를 선택한다.

❼ 업체명, 사업자등록번호 등 업체와 관련한 정보를 입력한다. 통합시스템 가입사업장의 경우 자동입력된다.

❽ 공사명, 공동이행여부, 현장주소 등 공사 현장과 관련된 정보를 입력한다.

❾ 현장담당자와 관련된 사항을 입력하고 첨부서류(계약서 등) 파일을 첨부한다.

❿ 모든 기재사항이 입력되면 [신청]을 클릭한다.

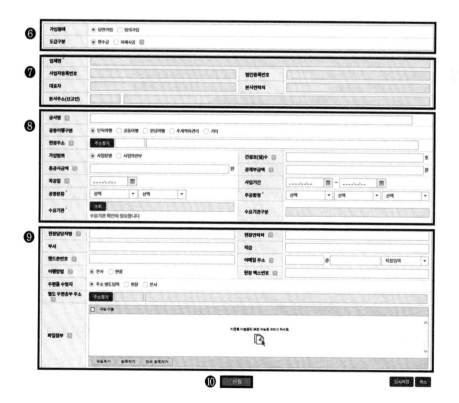

온라인 접속이 불가능하거나 개인사업자인 경우에는 「건설근로자 퇴직공제 성립신고서」 양식을 다운로드 받아서 직접 작성한 후, 첨부서류(도급계약서 사본 1부, 도급금액산출명세서 중 공제부금의 금액이 명시된 부분의 사본 1부)와 함께 공사현장 관할 퇴직공제회 지사에 팩스나 우편으로 제출하여야 한다. 기본적인 작성 방법은 위 온라인 신고 시 입력 내용과 거의 동일하다. 아래의 서식은 [건설근로자공제회 홈페이지(www.cwma.or.kr)] – [퇴직공제서비스] – [퇴직공제자료실] – [사업주]에서 다운받을 수 있다.

■ 건설근로자의 고용개선 등에 관한 법률 시행규칙 [별지 제5호서식] <개정 2016. 6. 16.>

건설근로자 퇴직공제 관계 성립신고서

※ [ ]에는 해당하는 곳에 √표시를 하시기 바라며, 바탕색이 어두운 난은 신고인이 적지 않습니다.

접수번호	접수일	처리기간: 7일

신고인 (사업주)	상호(법인 명칭)		대표자 성명	
	주된 사무소의 소재지		(전화번호:)	
	법인등록번호(생년월일)		사업자등록번호	
	가입범위	사업장별 [ ] 사업의 전부 [ ]		

사업장	사업주 구분	원수급 [ ] 하수급 [ ] 자체시공 [ ]		
	공사명			
	소재지		(전화번호:)	
	총공사금액	천원	공제부금액	천원	건설호(실)수	호(실)
	사업기간		착공일	주된 공사종류
	발주자	구분	국가 [ ] 지자체 [ ] 정부출자·출연기관 [ ] 정부재출자기관 [ ] 민간 [ ] 기타 [ ]	
		주소 및 성명(명칭)		

원수급인 (하수급인 성립 신고인인 경우에만 작성)	원도급공사명		상호	법인등록번호
	공제가입번호	□□□□ - □□□□□ - □□□		
※ 공제가입번호	□□□ - □□□□ - □□□		※ 공제가입일	

「건설근로자의 고용개선 등에 관한 법률」 제10조의4 및 같은 법 시행규칙 제9조제1항에 따라 위와 같이 신고합니다.

년   월   일

신고인(사업주)   (서명 또는 인)

건설근로자공제회 귀중

---

(3) 원수급사 성립신고 처리결과의 통보

원수급사 성립신고가 정상적으로 처리되면, 건설근로자공제회에서는 공제가입자증을 발급하여 현장으로 우편 발송한다. 이때 발송되는 주소지는 성립신고 시 별도로 기재한 우편

송부 주소지이다.

(4) 과태료

퇴직공제제도 당연가입공사임에도 성립신고를 하지 않은 경우, 300만 원 이하의 과태료가 부과될 수 있다.

2. 하수급사 성립신고

(1) 의의

원칙적으로 퇴직공제제도 당연가입공사의 경우 원도급사가 하도급사 일용직의 공제가입 등 신고 및 납부 의무를 부담하는 것이 원칙이다. 다만, 계약금액이 10억 원 이상인 하수급인이 일정한 요건을 갖춘 경우에는 퇴직공제에 별도로 가입하여 공제부금을 납입할 수 있다(이러한 측면에서 퇴직공제제도는 고용산재보험의 업무 진행 절차와 유사한 측면이 많다). 이를 하수급사 성립신고라 하며, 이 절차는 계약 당사자 간의 선택사항으로 의무사항은 아니다.

하수급인 성립신고를 위해서는 우선 원수급인이 공제회로부터 하수급인 사업주 인정승인을 받아야 하며 승인이 된 이후에 하수급인이 퇴직공제 성립신고를 하여 가입하는 절차를 밟아야 한다.

※ 점선 안의 절차는 하수급인 사업주 인정승인이 되어야 진행됨

[그림 4-3] 하수급사 성립신고 업무 절차

하수급사 성립신고의 요건은 다음과 같으며, 다음 요건을 모두 충족해야만 하수급인 성립신고가 가능하다.

① 하수급인이 건설, 전기, 정보통신, 소방시설, 문화재수리 등 관련 법령에 따른 공사업자로 등록되어 있을 것

② 하도급공사의 공사금액이 10억 원 이상(부가가치세 포함)일 것

③ 원수급인과 하수급인 간 공제부금의 납부에 관한 사항을 하도급계약서에 밝힐 것

④ 퇴직공제 가입에 드는 비용을 하도급금액 산출명세서에 밝힐 것

(2) 신고 방법(통합시스템 신고를 중심으로)

1) 하수급인 사업주 인정승인 신고(※본 신청은 원도급 공사 성립신고 완료 후에 가능)

❶ [가입사업장 관리]의 [하수급인사업주 인정승인] 클릭 또는 중앙 사진 탭의 가장 우측 [하수급인사업주인정승인신청]이 쓰인 사진을 클릭

❷ 중앙에 성립신고 된 현장 목록이 확인되면, 그중 사업주 승인 신청을 할 해당 현장을 체크

❸ 해당 현장 체크 후 [하수급인사업주 승인 신청]을 클릭

❹ 원수급인 정보를 입력한다(음영 처리된 부분은 해당 사업자의 원도급사 정보가 자동 입력된다).

❺ 하수급인 정보를 입력한다. 이때 업체명 옆의 [조회]를 클릭하여 하수급인으로 신청할 업체의 정보를 조회하여 대상을 지정하면 된다. 그러면 하수급인 정보는 조회되어 자동 입력된다. 다만, 공사명과 현장주소는 하수급인이 실제 작업하는 현장의 명칭과 주소를 입력하여야 한다. 이어서 사업기간, 총공사금액, 노무비 등을 입력한다. 마지막으로 필수 첨부서류인 하도급계약서 사본 1부와 하도급금액산출명세서(공사비내역서 등 명칭 무관) 중 퇴직공제부금비가 기재된 부분의 사본 1부를 첨부한다.

❻ 모든 기재사항 입력과 파일 첨부가 완료되면 [승인신청]을 클릭한다.

하수급인사업주 인정승인

2) 하수급사 성립신고

하수급사 성립신고는 공사의 원수급 사업주가 하수급인 사업주 인정 승인 신청을 완료하고 승인을 받은 후, 하수급인이 직접 성립신고를 진행하는 절차이다. 하수급사 성립신고 방법은 다음과 같다.

❶ 퇴직공제 통합시스템 로그인 후, 좌측 메뉴에서 [가입대상사업장관리] – [성립신고를 클릭

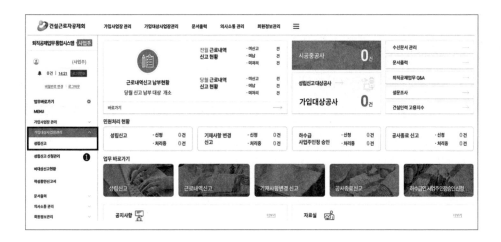

❷ 하수급인사업주 인정승인을 받은 공사이므로, [하수급] 탭을 클릭하여 ❸의 창에 해당 공사 내역이 뜨면 클릭한다. 이어서 ❹ [가입대상 성립신고] 탭을 클릭한다. 이후 내용은 앞서 설명한 성립신고의 내용과 거의 동일하므로 자세한 설명은 생략하기로 한다.

3. 근로일수 신고

(1) 퇴직공제부금 근로일수의 산정 기준

퇴직공제부금에 있어서 가장 중요한 사항 중 하나가 바로 근로일수 신고이다. 퇴직공제부금 적립액은 신고된 근로자당 근로일수에 1일당 퇴직공제부금을 곱한 만큼이 되고, 이렇게 적립된 퇴직공제부금은 요건을 충족한 건설일용직 근로자가 신청 시 지급되기 때문이다. 따라서 근로일수의 정확한 신고가 이루어져야 퇴직공제부금의 납부 및 공제금 지급이 제대로 이루어질 수 있다.

퇴직공제부금 근로일수 신고 시 주의해야 할 점은, 퇴직공제의 근로일수가 실제 근로한 일수가 아닌 "출력공수"를 기준으로 산정된다는 점이다. 만약 건설일용직 근로자가 「근로기준법」 제2조 제1항에 따른 소정근로시간 동안 근로를 제공할 경우 1공수로 책정되며, 그 이상 초과근로를 하게 될 경우에는 1.5공수 등으로 계산하여 연장근로수당을 지급받게 된다. 즉, 공수의 개념은 소정근로시간 이상을 근로한 건설일용직 근로자의 연장근로수당을 책정하기 위해 고안된 개념이다.

구분	계	근무현황							
출력일수	10일	1일	1일	1일	1일	1일	1일	1일	1일
출력공수	12공수	1공수	1공수	1.5공수	1공수	1.5공수	1공수	1.5공수	1.5공수

예를 들어, 근로자가 위와 같이 근무를 하였다면 실제 근로한 일수는 총 10일이지만 퇴직공제부금으로 신고해야 할 출력공수는 12일(12공수)이 된다. 만약 출력공수에 소수점이 발생할 경우, 소수점 이하는 버림하고 신고하며, 버림한 공수가 다음 달 출력공수와 합하여 정수가 되는 경우에는 합산하여 신고한다. 또한 일용직에게는 흔치 않은 경우이지만, 만약 당사자 사이에 약정한 유급휴일이 있는 경우에는 이를 근로일수에 포함하여 신고하여야 한다. 만약 근로자가 근로하였음에도 근로일수를 신고하지 않았다면 100만 원 이하의 과태료가 부과될 수 있다.

⑵ 근로일수 신고 방법

퇴직공제부금 근로일수는 퇴직공제업무 통합시스템 화면에서 신고하거나 서면 신고서에 근로자별 근로일수를 직접 작성하여 날인하고 제출할 수 있다.

1) 퇴직공제업무 통합시스템을 이용한 신고 방법

좌측 메뉴의 [가입사업장 관리] – [근로내역신고] 클릭 또는 중앙에 나열된 사진 중 두 번째 [근로내역신고] 사진 클릭

❷ 근로내역신고 새 창이 열리면, 성립신고가 된 현장이 조회결과로 나타난다. 이 중 근로내역신고 대상자가 근무한 현장에 ☑를 한다.

❸ 신고 대상 현장에 체크 후 [근로내역신고]를 클릭하면 근로내역 신고가 가능한 새로운 팝업창이 뜬다.

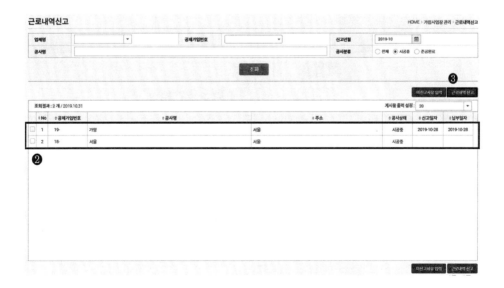

❹ 근로내역 등록을 위해 [추가]를 클릭하면 근로자 정보를 입력할 수 있는 아래 그림과 같은 [개별근로일수 등록] 팝업창이 뜬다. 여기에 근로내역 신고를 하고자 하는 근로자의 주민등록번호, 성명, 근로 연월, 근로일수, 직종 등 필수기재 사항을 모두 입력하고 등록을 클릭한다. 그러면 다신 근로내역 신고 화면으로 돌아와 중앙 아래쪽 [조회결과]에 방금 입력한 근로자에 관한 내역을 확인할 수 있다.

❺ 근로내역을 등록한 근로자 중 수정할 사항이 있다면 해당 근로자를 ☑로 체크한 뒤 [수정]을 클릭하여 수정한다.

❻ 모든 근로자에 대한 사항이 입력되면 [저장]을 클릭한다.

❼ 최종적으로 [공제회송부]를 클릭하여야 근로내역 신고가 완료된다.

근로내역신고 시 주의사항

1. 근로자 성명 입력 시 주의사항
 - 근로자의 이름 기입 시 이름 외 빈칸이 없는지 확인 후 입력
 - "내국인"인 경우 국문으로만 입력하고 빈칸 없이 입력
 - "외국인" 근로자의 이름은 "영문 대문자"로만 입력하여야 하며 국문 입력 불가

2. 근로년월 입력 시 주의사항
 - 근로내역입력 시 근로년월은 "1901(2019년 1월)"과 같이 4자리로 입력

3. 근로일수 입력 시 주의사항
 - 근로일수 입력 시 숫자 두 자리로 입력(예: 12일 → 12)

4. 엑셀 파일 업로드 시 서식이 필요한 경우
 - 근로내역신고 팝업에서 [엑셀저장] 버튼을 클릭하여 서식을 다운로드 하여 사용

엑셀 파일을 통한 근로내역 신고

일용근로자의 수가 많은 경우 한 명씩 등록하는 것이 시간이 많이 걸리며 번거로울 수 있으므로 엑셀 파일로 근로자 목록을 정리한 뒤 파일 등록으로 신고하는 방법을 활용하는 것이 편리하다. 엑셀 파일을 이용하는 방법은 다음과 같다.

❶ [엑셀저장]을 클릭하면 파일로 등록이 가능한 엑셀 서식을 다운받을 수 있다. 이 서식에 신고하고자 하는 일용근로자의 성명, 주민번호, 직종 등 필수입력사항을 기재한다.
❷ [파일 추가]를 클릭하여 정리한 엑셀 자료를 등록한 후 [공제회송부]를 클릭하여 신고를 완료한다.

4. 공제부금의 납부

(1) 공제부금액 확인

퇴직공제부금에 가입된 사업장에서는 매월 15일까지 근로일수를 신고하고 공제부금을 납부해야 한다. EDI에서 근로일수 신고를 완료 시 나타나는 "납부해야 할 공제부금 현황"을 출력하면 해당월에 납부해야 할 공제부금액을 확인할 수 있다(서면신고 시에는 납부해야 할 공제부금 산정기준에 따라 직접 계산하여 공제회로 납부하여야 한다).

납부해야 할 공제부금은 신고한 근로일수의 총합계에 해당 공사에 적용되는 공제부금 일액을 곱한 금액으로 계산한다.

> · 납부해야 할 공제부금 = 신고한 근로일수 합계 × 공제부금 일액

2019년까지 적용되는 공제부금 일액은 5,000원(퇴직공제금 4,800원, 부가금 200원)이며, 적용액은 최초 착공일 기준으로 준공 시까지 동일 금액이 적용된다. 준공년도에 따른 공제부금 일액 적용 기준은 다음 [표 4-8]과 같다.

[표 4-8] 기준년도별 공제부금 일액

적용기준	공제부금 일액 (A+B)	퇴직공제금(A. 근로자 몫)	부가금(B. 사업·운영비)
2018. 1. 1. ~ 현재	5,000원	4,800원	200원
2012. 4. 1. ~ 2017년	4,200원	4,000원	
2008년 1월 ~ 2012년 3월 말	4,100원		100원
2007년	3,100원	3,000원	

* 2018. 1. 1 이후 최초로 입찰공고한 공사(입찰공고를 하지 않는 경우에는 도급계약을 체결하는 공사)부터 적용, 그 외(1998년~2017년)는 최초 착공일을 기준으로 준공 시까지 동일 금액 적용

(2) 공제부금액 납부 방법

퇴직공제부금은 납부전용(가상)계좌, 인터넷 지로, 금융기관 방문 지로로 납부가 가능하다.

납부해야 할 공제부금 현황

(출력일자 : 2019년 08월 08일 10시 54분 55초)

◎ 공사명 :

◎ 업체명 :   ◎ 공제가입번호 :

[사업장별 납부전용 계좌] — **[예금주 : 건설근로자공제회]**

하나 : 175-970780-43937   국민 : 293290-13-934320
농협 : 790-1435-2125-066   신한 : 562-084-84389272
우리 : 271-230111-18-423

□ 퇴직공제 신고·납부내역

년월	근로일수	공제부금 환산금액 (A)	미처리 납부금액 (B)	납부해야 할 공제부금액 (A) - (B)
2019년 08월	433	2,165,000	0	**2,165,000**
당월 이전 미처리내역	0	0	0	**0**
납부해야 할 공제부금액(총괄)				**2,165,000**

<참고사항>
 - 정상적으로 적립완료 된 근로일수 신고 및 납부내역은 제외
   또한, 근로내역 일력증(공제회 미송부)인 자료도 제외
 - 미처리 내역은 근로일수 신고·납부 불일치로 적립완료 되지 않은 내역
 - 공제부금 과납의 경우 이후 신고할 근로내역신고 금액으로 충당 가능

□ 공제부금 납부방법 안내

구분	납부 방법
납부전용계좌 납부 (납부내역 당일확인 가능) ※ 납부 후 1시간 소요	◎ **부여받은 사업장별 납부전용계좌** 로 공제부금 납부 - 납부방법 : CD/ATM, 인터넷뱅킹, 폰뱅킹, 모바일뱅킹, 창구납부 등 - 이용시간 : 365일 이용 가능 (07시 ~ 22시) ※보내는 분 또는 받는분 통장표시내용(입금기록사항)"에 업체명(상호) 기재 (주의) 모든 금융기관 이용가능하며, 납부금액은 "100원"단위로만 이체가능 　타행 이체시 송금수수료가 발생될 수 있음
지로 납부 (납부일 + 3~4일 후 납부내역 확인 가능) ※ 영업일 기준	◎ 인터넷 지로납부 (www.giro.or.kr 이용) ┌─ <입력 사항> ─┐ ·지로납부 : 6341983 (공제회 지로번호)　·납부금액 : 납부할 공제부금 ·납부자확인(고객) 번호 : 공제가입번호　·납부자명 : 업체명 ·기타 납부자 정보 : 전화번호, 공사명 등 입력 ※ 공제가입번호(납부자확인 번호) : 19-01102-0608(반드시 기재)

[그림 4-4] 납부해야 할 공제부금 현황 출력 자료

---

1) 납부전용(가상)계좌 납부

납부전용(가상)계좌 납부란 퇴직공제 가입 사업장별로 부여받은 가상계좌로 공제부금을 납부하는 방법이다. 납부전용계좌를 통해 납부하면 납부 당일 수납확인이 바로 가능하며 납부전용계좌는 현장의 공제가입번호별로 각각 부여된다. 납부전용계좌는 공제업무 EDI에서 [공제부금 납부안내] − [사업장별 납부전용계좌] 메뉴로 가면 확인할 수 있다.

2) 인터넷 지로 납부

인터넷 지로 납부란 인터넷 지로사이트(www.giro.or.kr)에 접속하여 공제부금을 납부하는 방법이다. 이 방법으로 공제부금을 납부하면 납부일로부터 2영업일 이후에 수납확인이 가능하다. 인터넷 지로를 통해 납부한 납부 영수증은 지로사이트 영수증 함에 3년간 보관되므로 영수증을 따로 모아둘 필요 없이 인터넷을 통해 바로 확인 가능하다는 장점이 있다. 공제회의 지로번호는 6341983이다.

3) 금융기관 방문 지로 납부

공제회가 발행한 지로장표를 이용하여 금융기관에 직접 방문하여서도 공제부금의 납부가 가능하다. 금융기관의 자동화기기(ATM)나 창구에서 납부가 모두 가능하며, 이 방법을 통해 납부하면 납부일로부터 2영업일 이후에 수납확인이 가능하다.

Epilogue

　지금까지 건설일용직, 건설업 4대보험 및 관련 제도 전반에 대해 살펴보았다. 본서는 건설공무를 처음 시작하는 실무담당자는 물론 일반인도 쉽게 이해할 수 있도록 표와 그림을 중심으로 서술하는 데 중점을 두었다. 그럼에도 불구하고 본서에서 모두 담지 못했거나 독자가 쉽게 다가가지 못하는 내용들이 있을 수 있다. 이러한 부족한 점은 전적으로 집필진의 책임이며, 향후 개정판을 통해 꾸준히 개선해 나갈 예정이다. 또한 본서는 실무자들이 가급적 어려운 내용을 배제하고 쉬운 내용들로 전반적인 사항을 이해할 수 있도록 구성하였으므로 좀 더 깊이 있는 내용과 정보를 원하는 독자의 갈증을 온전히 채우기에 부족함을 느낄 수도 있을 것이다. 이에 대해서는 실무 심화편 등 증보판을 통해 향후 더욱 깊이 있는 내용을 전달할 기회가 있으리라 생각한다.

　이 책을 읽고서 추가적으로 궁금한 사항이나 문의사항 등과 관련하여서도 노무법인명문으로 문의할 수 있다. 노무법인명문에서는 독자들의 건설업 노무관리 관련, 4대보험 관련 문의 등 이 책과 관련한 어떤 문의라도 열렬히 환영하며, 충실히 답변드릴 것을 약속드린다. 노무법인 명문의 건설업을 향한 그간의 열정과 노력의 결실인 이 첫 번째 책이 더 많은 독자들에게 널리 알려지고 더 많은 정보를 전달하여, 대한민국 건설업의 발전과 나아가 대한민국 경제 발전에 아주 조금이나마 이바지할 수 있기를 기대한다.

건설업 4대보험 관련 주요 법령 용어정리

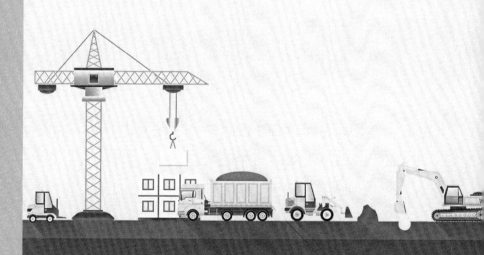

건설업과 건설업 4대보험에서는 일반인에게는 낯선 개념이나 용어들이 빈번히 사용된다. 이에 건설업 4대보험을 이해하기 위해서는 관련 법령에서 정의하고 있는 용어들을 이해하고 있는 것이 필수이다. 이에 본 장에서는 근로기준법부터 4대보험법 및 보험료징수법까지 건설업 노무관리와 관련한 여러 법령의 정의 규정을 살펴보면서, 건설업 및 건설업 4대보험에서 중요하게 사용되는 용어들의 정의 및 기본적인 개념에 대해 소개하고자 한다.

I. 근로기준법

근로기준법은 근로계약관계라는 특별한 계약관계에 관한 사항을 규율하는 민법의 특별법이며, 법에 따라 근로조건의 기준을 정함으로써 근로자의 기본적 생활을 보장, 향상시키며 균형 있는 국민경제의 발전을 꾀하는 것을 목적으로 한다(근로기준법 제1조). 근대 시민법 사회에서 근로자는 노동을 팔지 않으면 생존자체가 불가능하였기에 사용자에게 종속될 수밖에 없었고, 이에 근로계약의 내용은 사용자의 일방적 의사에 따라 결정되었다. 이러한 시민법상의 사용종속관계가 가지고 있는 불합리성을 극복하고자 대두된 것이 바로 근로기준법이다.

건설업 노사관계 및 4대보험 관계는 모두 근로계약 관계의 성립을 기초로 발생하는 관계이므로 먼저 근로관계를 규율하는 근로기준법의 기본적인 용어에 대해 이해할 필요가 있다. 본절은 근로기준법이 낯설지 않은 독자라면 굳이 일독하지 않아도 무방하다.

> **근기법 제2조제1항제1호:** '근로자'란 직업의 종류와 관계없이 임금을 목적으로 사업이나 사업장에 근로를 제공하는 자를 말한다.

위 정의에 따르면, 근로계약의 형식 및 형태와는 무관하게 임금을 목적으로 근로를 제공한다면 모두 근로기준법상 근로자에 해당한다. 이에 일용근로자, 상용근로자, 임시직, 단시간근로자 여부를 가리지 않는다. 또한 '사업 또는 사업장에 근로를 제공하는 자'이어야 하므로 실업자나 해고자는 근기법상 근로자에 해당하지 않는다(참고로 노조법상 근로자는 실업자, 해고자를 포함한다는 것이 판례와 통설이다). 또한 '근로'는 정신노동과 육체노동을 모두 포함(근기법 제2조제1항제3호)하나, 종속적 노동만을 의미하므로 독립적 노동인 위임이나 도급계약 등을 맺은 근로자는 근기법상 근로자에 해당하지 않는다.

그리고 위 조항의 '사업'이란 사회생활상의 지위에서 하는 일로서 계속적으로 하는 작업 조직을, '사업장'이란 사업의 일부분으로서 업무·노무관리·회계를 독자적으로 수행하는 것 또는 독자성은 없지만 장소적으로 분리되어 있는 것을 말한다.

또한 불법체류 외국인 근로자에 대해 판례[1]에 따르면 '출입국관리법의 입법취지가 취업자격 없는 외국인의 고용이라는 사실적 행위 자체를 금지하고자 하는 것뿐이지 나아가 취업자격 없는 외국인이 사실상 제공한 근로에 따른 권리나 이미 형성된 근로관계에 있어서의 근로자로서의 신분에 따른 노동관계법상의 제반 권리 등의 법률효과까지 금지하려는 규정으로 보기 어렵다'고 하여, 불법체류 외국인 근로자 또한 근로의 제공이라는 사실관계가 성립하는 한 근기법상 일정한 보호를 받는 근로자로 보아야 한다고 판시하였다. 따라서 외국인 근로자의 불법체류에 따른 불법성은 논외로 하고, 근로의 제공과 그 반대급부인 임금지급이 이루어졌다면 불법체류 외국인 또한 근로자로서 근로기준법상의 여러 보호규정을 적용받게 된다.

참고로 「노동조합 및 노동관계 조정법(노조법)」 제2조제1호에서 규정하는 근로자의 개념은 '직업의 종류를 불문하고 임금·급료 기타 이에 준하는 수입으로 생활하는 자이다. 이 규정은 노동3권을 행사할 수 있는 자의 범위를 확정하기 위한 규정이라는 점에서 근기법에서 정한 근로조건의 보호를 받을 근로자 범위를 설정하기 위한 규정인 근로기준법상 근로자 개념과는 구별된다.

> **근기법 제2조제1항제2호:** '사용자'란 사업주 또는 사업 경영 담당자, 그 밖에 근로자에 관한 사항에 대하여 사업주를 위하여 행위하는 자를 말한다.

본조에서 말하는 '사업주'란 경영의 주체를 말하며 개인기업의 경우 경영주 개인, 법인기업의 경우 법인 그 자체가 된다. 또한 '사업 경영 담당자'란 사업 경영 제반에 관해 책임을 지는 자로서 사업주로부터 사업 경영의 일부 또는 전부에 대해 포괄적 위임을 받고 대외적으로 사업을 대표하거나 대리하는 자를 의미한다. 그리고 '근로자에 관한 사항에 대하여 사업주를 위하여 행위하는 자'란 근로자의 인사, 급여, 후생, 노무관리 등 근로조건의 결정 또는 업무상 명령, 지

---

1) 대판 1995.09.15, 94누12067

휘·감독을 하는 등의 사항에 대하여 사업주로부터 일정한 권한과 책임을 부여받은 자를 의미한다.

> **근기법 제2조제1항제5호:** '임금'이란 사용자가 근로의 대가로 근로자에게 임금, 봉급, 그 밖에 어떠한 명칭으로든지 지급하는 일체의 금품을 말한다.

근로기준법상 임금은 근로의 대가로 근로자가 지급받는 일체의 금품을 말한다. 다만, 평균이나 통상임금 등 근로기준법상 제규정에 적용되는 임금 개념이나 4대보험 부과 기준이 되는 보수액은 임금과는 다소 차이가 있다. 또한 근로계약 관계에서 가장 빈번히 발생하는 분쟁 중 하나가 임금과 관련한 분쟁이므로 그 정의와 관련한 세심한 주의가 필요하다.

위 정의 규정에서와같이, 근기법은 임금을 근로의 대가로 규정하여 근로자가 제공한 근로에 대한 반대급부를 의미한다. 여기서 근로의 제공 의미에 대해 종업원 지위에 대한 대가와 근로에 대한 대가가 포함되어 있다는 견해가 있으나, 판례는 '근로자 지위에 기하여 발생하는 생활보장적 임금이란 있을 수 없다'[2]고 하여 근로에 대한 반대급부를 근로에 대한 대가만을 의미한다고 판시하였다. 한편 근로의 제공이라는 것은 근로자가 현실적으로 그의 노동력을 사용자의 처분가능한 상태에 두는 것을 의미하므로, 근로자의 노동력의 사용 여부에 관계없이 사용자는 임금을 지급해야 한다.

또한 임금 지급과 관련하여 근로기준법에서는 임금지급의 4대원칙을 규정하고 있는데, 여기에는 통화지급의 원칙, 직접지급의 원칙, 전액지급의 원칙, 정기지급의 원칙이 있다. 이에 따라 임금은 강제통용력이 있는 화폐로, 근로자에게 직접(친권자, 대리인 등에게 지급 금지), 임금의 전액(대출채권 등과 상계 금지)을 정기적으로 지급해야 한다.

임금과 관련하여 중요한 또 다른 개념이 평균임금과 통상임금의 개념이다. 이 개념은 근로기준법 및 근로기준법 시행령에서 규정하고 있으며, 먼저 평균임금의 법적 정의는 다음과 같다.

---

2) 대판[전합] 1995.12.21., 94다26721

> **근기법 제2조제1항제6호:** '평균임금'이란 이를 산정하여야 할 사유가 발생한 날 이전 3개월 동안에 그 근로자에게 지급된 임금의 총액을 그 기간의 총일수로 나눈 금액을 말한다. 근로자가 취업한 후 3개월 미만인 경우도 이에 준한다.

판례[3]에 의하면 평균임금은 '근로자의 통상적인 생활을 종전과 같이 보장하려는데 그 취지가 있다'고 한다. 즉, 평균임금은 근로자가 퇴직, 휴업, 재해, 징계 등으로 근로하지 못하게 된 경우, 이에 대한 보상으로서 종전과 같은 통상적인 생활을 보장해주기 위해 산정하는 임금의 개념이라 할 수 있다. 따라서 평균임금은 노동관계법상 퇴직급여, 휴업수당, 연차유급휴가수당, 재해보상금 및 감금제재로서의 감급액 등을 산출하는 기초임금이 된다. 일반적으로 평균임금액이 통상임금을 상회하므로 평균임금으로 산정하는 것이 근로자에게 유리하며, 만약 평균임금액이 통상임금액을 하회하는 경우에는 통상임금을 평균임금으로 하여야 한다(근기법 제2조제2항). 근로기준법 시행령 제2조제1항에서는 평균임금 계산에서 제외되는 기간과 임금에 대해 아래와 같이 규정하고 있다.

> **근기법 시행령 제2조제1항:** 「근로기준법(이하 '법'이라 한다」 제2조제1항제6호에 따른 평균임금 산정기간 주에 다음 각호의 어느 하나에 해당하는 기간이 있는 경우에는 그 기간과 그 기간 중에 지급된 임금은 평균임금 산정기준이 되는 기간과 임금의 총액에서 각각 뺀다.
>
> 1. 법 제35조제5호에 따른 수습 사용 중인 기간
> 2. 법 제46조에 따른 사용자의 귀책사유로 휴업한 기간
> 3. 법 제74조에 따른 출산전후휴가 기간
> 4. 법 제78조에 따라 업무상 부상 또는 질병으로 요양하기 위하여 휴업한 기간
> 5. 「남녀고용평등과 일·가정 양립 지원에 관한 법률」 제19조에 따른 육아휴직 기간
> 6. 「노동조합 및 노동관계조정법」 제2조제6호에 따른 쟁의행위기간
> 7. 「병역법」, 「예비군법」 또는 「민방위기본법」에 따른 의무를 이행하기 위하여 휴직하거나 근로하지 못한 기간. 다만, 그 기간 중 임금을 지급받은 경우에는 그러하지 아니하다.
> 8. 업무 외 부상이나 질병, 그 밖의 사유로 사용자의 승인을 받아 휴업한 기간

---

3) 대판 1995.5.12, 97다5015

다음으로 근로기준법 시행령에서 정하는 통상임금의 정의는 다음과 같다.

> **근기법 시행령 제6조제1항:** '통상임금'이란 근로자에게 정기적이고 일률적으로 소정(所定)근로 또는 총 근로에 대하여 지급하기로 정한 시간급 금액, 일급 금액, 주급 금액, 월급 금액 또는 도급 금액을 말한다.

위 시행령에 의하면, 통상임금이란 근로의 대가로 사용자가 근로자에게 지급하면서 소정근로 또는 총근로에 대해 정기적·일률적으로 지급하기로 정해진 금액을 의미한다. 통상임금을 기초로 산정하는 수당이 주로 시간 단위로 계산되므로 통상임금은 시간급으로 산정함이 원칙이나, 일반적 임금지급 형태는 일급, 주급, 월급 등이므로 통상임금 계산 시에는 이를 시간급으로 환산하는 과정이 필요하다.

구체적 항목별로 살펴보면, 근로자에게 정기적·일률적으로 지급되는 선물비, 생일자지원금, 개인연금지원금, 단체보험료 등 복리후생비는 통상임금에 포함된다.[4] 정기상여금 중 1월을 초과하는 기간마다 지급되는 상여금은 논란의 여지가 있었으나, 정기성이 매월을 의미하는 것만은 아니므로 1월을 초과하는 기간마다 지급되는 정기상여금도 통상임금에 포함된다. 또한 특수한 기술, 경력 등을 조건으로 하는 이른바 자격수당의 경우 그 성취 여부가 불확실한 조건이 아니라 기왕에 확정된 사실이므로 고정성이 인정되며 통상임금에 해당한다.[5]

통상임금은 해고예고수당(근기법 제26조), 연장·야간 및 휴일근로의 가산임금(근기법 제56조), 연차유급휴가수당(근기법 제60조), 산전후·유사산휴가급여(고용보험법 제76조), 평균임금의 최저한도의 보장의 산정기초(근기법 제2조제2항)가 된다.

> **근기법 제2조제1항제8호:** '소정(所定)근로시간'이란 제50조, 제69조 본문 또는 「산업안전보건법」 제46조에 따른 근로시간의 범위에서 근로자와 사용자 사이에 정한 근로시간을 말한다.

---

4) 대판[전합] 2013.12.18., 2012다94643(로노해, 133면)
5) 대판[전합] 2013.12.18., 2012다

소정근로시간이란 법정근로시간의 범위 내에서 근로자와 사용자 사이에 약정한 근로시간을 의미한다. 일반적으로는 근기법에서 정한 1주 간 최대 근로시간인 주 40시간(근기법 제50조)을 소정근로시간으로 정하는 경우가 많다. 이 법정최대근로시간 내에서는 소정근로시간을 초과하더라도 연장근로수당 지급 의무가 발생하지 않으나, 소정근로시간을 초과하면서 법정근로시간을 초과하는 근로시간에 대해서는 통상임금의 100분의 50 이상을 가산하여 지급하여야 한다. 그러나 원칙적으로는 연장근로수당을 지급한다 하더라도 법에서 정한 일반근로자의 연장근로 허용 시간인 주 12시간을 초과한 연장근로(주당 총 52시간을 초과하는 근로)는 금지된다(단, 탄력적 근로시간제, 선택적 근로시간제, 특정 업무 등은 예외).

> **근기법 제2조제1항제9호:** '단시간근로자'란 1주 동안의 소정근로시간이 그 사업장에서 같은 종류의 업무에 종사하는 통상근로자의 1주 동안의 소정근로시간에 비하여 짧은 근로자를 말한다.

정의 규정에서 보는 바와 같이, 근로기준법상 단시간근로자란 통상근로자의 소정근로시간에 비해 짧은 시간을 근로하는 근로자를 말하며, 이는 건설업에서 흔히 사용하는 '일용직'의 개념과는 다르다. 일용근로자에 대해서는 산업재해보상보험법에서 그 정의 개념을 규정하고 있는데, 이에 따르면 일용근로자란 1일 단위로 고용되거나 근로일에 따라 일당 형식의 임금을 지급받는 근로자로서 그 날의 근로가 끝나면 근로관계가 종료되어 계속 고용이 보장되지 않는 근로자를 말한다. 이에 대해서는 산업재해보상보험법상 법적 용어 정의에서 상세히 언급하기로 한다.

II. 건설산업기본법

건설산업기본법은 건설공사의 조사, 설계, 시공, 감리, 유지관리, 기술관리 등에 관한 기본적인 사항과 건설업의 등록 및 건설공사의 도급 등에 필요한 사항을 정함으로써 건설공사의 적정한 시공과 건설산업의 건전한 발전을 도모함을 목적으로 한다(건설산업기본법 제1조). 즉, 건설산업기본법은 민법, 상법, 근로기준법, 주택법, 하도급법 등 다양한 법령과 밀접한 관련성을 가지면서 건설공사의 기초와 토대가 되는 법이며, 건설업이 안정적으로 유지, 발전할 수 있는 내용들을 총체적으로 규율한다. 본 절에서는 우선 건설산업기본법상 정의 규정을 검토하여, 건설산업기본법과 건설업을 이해함에 있어서 필요한 기초 법적 용어들을 살펴보기로 한다.

건설산업기본법 제2조(정의)

1. '건설산업'이란 건설업과 건설용역업을 말한다.
2. '건설업'이란 건설공사를 하는 업(業)을 말한다.
3. '건설용역업'이란 건설공사에 관한 조사, 설계, 감리, 사업관리, 유지관리 등 건설공사와 관련된 용역(이하 '건설용역'이라 한다)을 하는 업(業)을 말한다.

제2조제1호에서 규정한 바와 같이, 건설산업기본법에서의 건설산업이란 건설업과 건설용역업을 총칭하는 개념이다. 이는 건설산업기본법에서는 토목, 건축공사 등 시공분야에 한정하는 것이 아니라 조사, 설계, 사업관리, 유지관리 등 건설용역까지 포괄함을 의미한다.

제2조제2호의 '건설업'이란 원도급 공사, 하도급 공사 등의 명칭을 불문하고 건설산업기본법의 적용을 받는 건설공사를 수행하는 업을 말한다. 따라서 건설산업기본법 외 다른 법이 적용되는 공사(전기공사, 통신공사, 소방설비공사 등)은 건설업에서 제외된다.

제2조제3호에 따라 '건설용역업'이란 건설공사에 관한 조사, 설계, 감리, 사업관리, 유지관리 등 건설공사와 관련된 용역(건설용역)을 수행하는 업을 말한다. 이 조항에 따라 건설용

역업이 건설산업의 개념에 포함되기는 하나, 건설산업진흥기본계획의 수립과 건설산업관리(Construction Management; CM)제도 및 건설분쟁조정위원회에 관한 사항 등 건설산업기본법의 일부 규정만을 건설용역업에 적용하도록 하였을 뿐, 건설용역업의 영업활동에 대해서는 여전히 「건축사법」, 「건설기술진흥법」, 「엔지니어링산업진흥법」 등 개별 법률의 규정이 적용된다.

건설산업기본법 제2조(정의)

4. '건설공사'란 토목공사, 건축공사, 산업설비공사, 조경공사, 환경시설공사, 그 밖에 명칭에 관계없이 시설물을 설치·유지·보수하는 공사(시설물을 설치하기 위한 부지조성공사를 포함한다) 및 기계설비나 그 밖의 구조물의 설치 및 해체공사 등을 말한다. 다음 각 목의 어느 하나에 해당하는 공사는 포함하지 아니한다.
   가. 「전기공사업법」에 따른 전기공사
   나. 「정보통신공사업법」에 따른 소방시설공사
   다. 「소방시설공사업법」에 따른 소방시설공사
   라. 「문화재수리 등에 관한 법률」에 따른 문화재 수리공사

일반적으로 '건설공사'라 함은 토지를 변경시키거나 토지에 정착하는 시설물을 신설, 이설 또는 변경시키는 일련의 행위를 총칭하는 용어로 사용되나, 건설산업기본법에서는 그 개념을 보다 구체적으로 규정하고 있다. 건설산업기본법 제2조제4호의 '건설공사'란 토목공사, 건축공사, 산업설비공사, 조경공사, 환경시설공사 그 밖에 명칭에 관계없이 시설물을 설치·유지·보수하는 공사(시설물을 설치하기 위한 부지조성공사 포함) 및 기계설비나 그 밖의 구조물 설치 및 해체공사 등을 말한다. 다만, 전기공사, 정보통신공사, 소방시설공사, 문화재 수리공사 등 다른 법의 적용을 받는 공사는 건설공사의 개념에서 제외된다.

이 조항은 종합공사 및 전문공사의 하도급공사뿐 아니라, 그동안 건설업법 이외에 다른 법률에 의해 규정해온 환경시설공사, 기계설비, 기타 구조물 설치 및 해체, 시설물의 유지·보수 등에 이르기까지 건설공사 개념의 범위를 확장했다는 데 그 의의가 있다.

건설산업기본법 제2조(정의)

5. '종합공사'란 종합적인 계획, 관리 및 조정을 하면서 시설물을 시공하는 건설공사를 말한다.
6. '전문공사'란 시설물의 일부 또는 전문 분야에 관한 건설공사를 말한다.

건설산업기본법 제2조제5호에 따르면 '종합공사'란 종합적인 계획, 관리 및 조정을 하면서 시설물을 시공하는 건설공사를 말한다. 즉, 종합공사를 수행하는 건설업자는 건설공사가 적정하게 시공되어 완성까지 이를 수 있도록 공사현장을 총괄 지휘하는 활동을 지속적으로 수행한다. 현재 종합공사를 시공하는 건설업종은 토목공사업, 건축공사업, 토목건축공사업, 산업·환경설비공사업 및 조경공사업의 5개 업종으로 구분된다(시행령 제7조 별표 1).

동법 제2조제6호에서 말하는 '전문공사'란 시설물의 일부 또는 전문 분야에 관한 건설공사를 말한다. 전문공사를 수행하는 건설업자는 주로 전문 공종별로 하도급을 받아 시공하며, 25개 유형의 전문공사가 있다. 이러한 업종의 종류는 대통령령으로 정한다(시행령 제7조 별표 1). 건설공사는 단일공정으로만 수행되는 경우는 거의 없으며, 다수 전문직별 공사의 복합성과 상호연관성을 그 특징으로 하는데, 이러한 개개의 전문직별 공사 단위업종을 전문공사라 한다. 종합공사업, 전문공사업에 따른 각 업종 및 업무내용 예시는 다음과 같다.

[건설산업기본법 시행령 별표 1] 〈개정 2018.12.24.〉

– 건설업의 업종과 업종별 업무내용(제7조 관련)

구분	건설업종	업무내용	건설공사의 예시
종합공사를 시공하는 업종	1. 토목공사업	종합적인 계획·관리 및 조정에 따라 토목공작물을 설치하거나 토지를 조성·개량하는 공사	도로·항만·교량·철도·지하철·공항·관개수로·발전(전기제외)·댐·하천 등의 건설, 택지조성 등 부지조성공사, 간척·매립공사 등
	2. 건축공사업	종합적인 계획·관리 및 조정에 따라 토지에 정착하는 공작물 중 지붕과 기둥(또는 벽)이 있는 것과 이에 부수되는 시설물을 건설하는 공사	
	3. 토목건축공사업	토목공사업과 건축공사업의 업무내용에 속한 공사	
	4. 산업·환경설비공사업	종합적인 계획·관리 및 조정에 따라 산업의 생산시설, 환경오염을 예방·제거·감축하거나 환경오염물질을 처리·재활용하기 위한 시설, 에너지 등의 생산·저장·공급시설 등을 건설하는 공사	제철·석유화학공장 등 산업생산시설, 소각장·수처리설비·환경오염방지시설·하수처리시설·공공폐수처리시설·중수도 및 하·폐수처리수 재이용시설 등 환경시설공사, 발전소설비공사 등
	5. 조경공사업	종합적인 계획·관리·조정에 따라 수목원·공원·녹지·숲의 조성 등 경관 및 환경을 조성·개량하는 공사	수목원·공원·숲·생태공원·정원·등의 조성공사
전문공사를 시공하는 업종	1. 실내건축공사업	· 실내건축공사: 건축물의 내부를 용도와 기능에 맞게 건설하는 실내건축공사 및 실내공간의 마감을 위하여 구조체·집기 등을 제작 또는 설치하는 공사	실내건축공사(제4호 및 제5호의 공사만으로 행하여지는 공사를 제외한다), 실내공간의 구조체 제작 및 마감, 그 밖에 집기 등을 제작 또는 설치하는 공사 등
		· 목재창호·목재구조물공사: 목재로 된 창을 건축물 등에 설치하는 공사 및 목재구조물·공작물 등을 축조 또는 장치하는 공사	목재창호공사, 목재 등을 사용한 칸막이공사, 목재구조물·공작물 등을 축조 또는 장치하는 공사 등
	2. 토공사업	땅을 굴착하거나 토사 등으로 지반을 조성하는 공사	굴착·성토·절토·흙막이공사·철도도상자갈공사, 폐기물매립지에서의 굴착·선별·성토공사 등

3. 습식·방수 공사업	· 미장공사: 구조물 등에 모르타르·플러스터·회반죽·흙 등을 바르거나 내·외벽 및 바닥 등에 성형단열재·경량단열재 등을 접착하거나 뿜칠하여 마감하는 공사	일반미장공사, 미장모르타르공사, 합성수지모르타르공사, 미장뿜칠공사, 다듬기공사, 줄눈공사, 단열재 접착 및 뿜칠공사, 견출 및 코킹공사, 내화충전공사 등
	· 타일공사: 구조물 등에 점토·고령토를 주된 원료로 제조된 타일을 붙이는 공사	내·외장 타일 붙임공사, 모자이크, 테라코타타일공사 및 합성수지계타일공사 등
	· 방수공사: 아스팔트·실링재·에폭시·시멘트모르타르·합성수지 등을 사용하여 토목·건축구조물, 산업설비 및 폐기물매립시설 등에 방수·방습·누수방지 등을 하는 공사	방수공사, 에폭시공사, 방습공사, 도막공사, 누수방지공사 등
	· 조적공사: 구조물의 벽체나 기초 등을 시멘트블록·벽돌 등의 재료를 각각 모르타르 등의 교착제로 부착시키거나 장치하여 쌓거나 축조하는 공사	블록쌓기공사, 벽돌쌓기공사, 벽돌붙임공사 등
4. 석공사업	석재를 사용하여 시설물 등을 시공하는 공사	건물외벽 등 석재공사, 바닥·벽체 등의 돌붙임공사, 인도·광장 등 돌포장공사, 석축 등 돌쌓기공사 등
5. 도장공사업	시설물에 칠바탕을 다듬고 도료 등을 솔·로울러·기계 등을 사용하여 칠하는 공사	일반도장공사, 도장뿜칠공사, 차선도색공사, 분사표면처리공사, 전천후경기장바탕도장공사, 부식방지공사 등
6. 비계·구조물 해체공사업	· 비계공사: 건축물 등을 건축하기 위하여 비계를 설치하거나 높은 장소에서 중량물을 거치하는 공사	일반비계공사, 발판가설공사, 빔운반거상공사, 특수중량물설치공사, 높은 장소에서 행하여지는 공사 등
	· 파일공사: 항타에 의하여 파일을 박거나 샌드파일 등을 설치하는 공사	샌드파일공사, 말뚝공사 등
	· 구조물해체공사: 구조물 등을 해체하는 공사	건축물 및 구조물 등의 해체공사 등
7. 금속구조물·창호·온실공사업	· 창호공사: 각종 금속재·합성수지·유리 등으로 된 창 또는 문을 건축물 등에 설치하는 공사	창호공사, 발코니창호공사, 외벽유리공사, 커튼월창호공사, 배연창·방화문설치공사, 자동문·회전문설치공사, 승강장스크린도어설치공사, 유리공사 등

	· 금속구조물공사	
	– 금속류 구조체를 사용하여 건축물의 천장·벽체·칸막이 등을 설치하는 공사	천정·건식벽체·강재벽체·경량칸막이 등의 공사
	– 금속류 구조체를 사용하여 도로, 교량, 터널 및 기타의 장소에 안전·경계·방호·방음시설물 등을 설치하는 공사	가드레일·가드케이블·표지판·방호울타리·휀스·낙석방지망·낙석방지책·방음벽·방음터널·교량안전점검시설·버스승강대·도로교통안전시설물 등의 공사
	– 각종 금속류로 구조물 및 공작물을 축조하거나 설치하는 공사	굴뚝·탱크·수문설치·셔터설치·옥외광고탑·격납고도어·사다리·철재프레임·난간·계단 등의 공사
	· 온실설치공사: 농업·임업·원예용 등 온실의 설치공사	농업·임업·원예용 등 온실설치공사와 부대설비공사
8. 지붕판금· 건축물조립공사업	· 지붕·판금공사: 기와·슬레이트·금속판·아스팔트슁글 등으로 지붕을 설치하는 공사, 건축물 등에 판금을 설치하는 공사	지붕공사, 지붕단열공사, 지붕장식공사, 판금공사, PVC가공 부착공사, 빗물받이 및 홈통공사 등
	· 건축물조립공사: 공장에서 제조된 판넬과 부품 등으로 건축물의 내벽·외벽·바닥 등을 조립하는 공사	샌드위치판넬·ALC판넬·PC판넬·세라믹판넬·알루미늄 복합판넬·사이딩판넬·클린복합판넬·시멘트보드판넬·악세스바닥판넬 등의 공사
9. 철근·콘크리트 공사업	철근·콘크리트로 토목 ·건축구조물 및 공작물 등을 축조하는 공사	철근가공 및 조립공사, 콘크리트공사, 거푸집 및 동바리공사, 각종 특수콘크리트공사, 프리스트레스트콘크리트(PSC)구조물공사, 포장장비로 시공하지 아니하는 2차로 미만의 농로·기계화 경작로·마을안길 등을 시멘트콘크리트로 포장하는 공사 등
10. 기계설비 공사업	건축물·플랜트 그 밖의 공작물에 급배수·위생·냉난방·공기조화·기계기구·배관설비 등을 조립·설치하는 공사	건축물 등 시설물에 설치하는 급배수·환기·공기조화·냉난방·급탕·주방·위생·방음·방진·전자파차단설비공사, 플랜트 안의 배관·기계기구설치공사, 기계설비를 자동제어하기 위한 제어기기·지능형제어시스템·자동원격검침설비 등의 자동제어공사, 시스템에어컨(GHP·EHP)공사, 지열냉·난방 기기설치 및 배관공사, 보온·보냉 등 열절연공사, 옥내급배수관 개량·세척공사, 무대기계장치공사, 자동창고설비공사, 냉동냉장설비공사, 집진기공사, 철도기계신호공사, 건널목차단기공사 등

11. 상·하수도설 비공사업	· 상수도설비공사: 상수도, 농·공업 용수도 등을 위한 기기를 설치하 거나 상수도관, 농·공업용수도관 등을 부설하는 공사	취수·정수·송배수를 위한 기기설치공 사, 상수도, 농·공업용수도 등의 용수관 설치공사(옥내급배수설비공사를 제외한 다), 관세척 및 갱생공사, 각종 변류이형 관설치공사, 옥외스프링클러설치공사 등
	· 하수도설비공사: 하수 등을 처리 하기 위한 기기를 설치하거나 하 수관을 부설하는 공사	하수 등의 처리를 위한 기기설치공사, 하 수·우수관 부설(옥내급배수설비공사를 제외한다)및 세척·갱생공사 등
12. 보링·그라우 팅공사업	지반 또는 구조물 등에 천공을 하거나 압력을 가하여 보강재를 설치하거나 회반죽 등을 주입 또는 혼합 처리하 는 공사	보링공사, 그라우팅공사, 착정공사, 지열 공착정공사 등
13. 철도·궤도 공사업	철도·궤도를 설치하는 공사	궤광공사, 레일공사, 레일용접공사, 분기 부공사, 받침목공사, 도상공사, 궤도임시 받침공사, 선로차단공사, 아이빔 및 거더 설치공사, 건널목보판공사 등
14. 포장공사업	역청재 또는 시멘트콘크리트·투수콘 크리트 등으로 도로·활주로·광장·단 지·화물야적장 등을 포장하는 공사 (포장공사에 수반되는 보조기층 및 선 택층 공사를 포함한다)와 이의 유지· 수선공사	아스팔트콘크리트포장공사, 시멘트콘크 리트포장공사, 유색·투수콘크리트포장 공사, 소파보수 및 덧씌우기 포장공사, 과속방지턱설치공사 등
15. 수중공사업	수중에서 인원·장비 등으로 수중·해 저의 시설물을 설치하거나 지장물을 해체하는 공사	수중암석파쇄공사·수중구조물의 설치 및 해체공사·계선부표 및 수중작업이 요 구되는 항로표지설치공사, 수중구조물방 식공사, 해저케이블공사, 투석공사 등
16. 조경식재공사 업	조경수목·잔디 및 초화류 등을 식재 하거나 유지·관리하는 공사	조경수목·잔디·지피식물·초화류 등의 식재공사 및 이를 위한 토양개량공사, 종 자뿜어붙이기공사 등 특수식재공사 및 유지·관리공사, 조경식물의 수세회복공 사 및 유지·관리공사 등
17. 조경시설물 설치공사업	조경을 위하여 조경석·인조목·인조암 등을 설치하거나 야외의자·파고라 등 의 조경시설물을 설치하는 공사	조경석·인조목·인조암 등의 설치공사, 야외의자·파고라·놀이기구·운동기구· 분수대·벽천 등의 설치공사, 인조잔디공 사 등

18. 강구조물 공사업	· 교량 및 이와 유사한 시설물을 건설하기 위한 철구조물의 조립·설치에 관한 공사를 하도급받아 시공하는 공사	교량 등의 철구조물을 하도급받아 조립·설치하는 공사
	· 건축물을 건축하기 위하여 철구조물을 조립·설치하는 공사	건축물의 철구조물조립·설치공사
	· 그 밖의 각종 철구조물공사	인도전용강재육교설치공사, 철탑공사, 갑문 및 댐의 수문설치공사 등
19. 철강재 설치공사업	· 교량 및 이와 유사한 시설물을 건설하기 위하여 철구조물을 제작하여 조립·설치하는 공사	교량 등의 철구조물의 제작·조립·설치공사
	· 건축물을 건축하기 위하여 철구조물을 조립·설치하는 공사	건축물의 철구조물 조립·설치공사
	· 대형 댐의 수문 및 이와 유사한 시설을 건설하기 위하여 철구조물을 조립·설치하는 공사	대형 댐 수문설치공사 등
20. 삭도설치 공사업	삭도를 신설·개설·유지보수 또는 제거하는 공사	케이블카·리프트의 설치공사 등
21. 준설공사업	하천·항만 등의 물밑을 준설선 등의 장비를 활용하여 준설하는 공사	항만·항로·운하 및 하천의 준설공사 등
22. 승강기설치 공사업	건축물 및 공작물에 부착되어 사람이나 화물을 운반하는 데 사용되는 승강설비를 설치·해체·교체 및 성능개선공사	승객·화물·건설공사용 엘리베이터 및 에스컬레이터설치공사, 무빙워크설치공사, 기계식주차설비공사 등
23. 가스시설 시공업(제1종)	· 가스시설시공업 제2종 및 제3종의 업무내용 · 도시가스공급시설 설치·변경공사 · 액화석유가스 충전시설·집단공급시설·저장소시설의 설치·변경공사 · 도시가스시설 중 특정가스사용시설의 설치 ·변경공사 · 저장능력 500kg 이상의 액화석유가스사용시설의 설치·변경공사 · 고압가스배관의 설치 ·변경공사	

24. 가스시설 시공업(제2종)	· 가스시설시공업 제3종의 업무 내용 · 도시가스시설 중 특정가스사용시설 외의 가스사용시설의 설치·변경공사 · 도시가스의 공급관과 내관이 분리되는 부분 이후의 보수공사 · 배관에 고정설치되는 가스용품의 설치공사 및 그 부대공사 · 저장능력 500kg 미만의 액화석유가스사용시설의 설치·변경공사 · 액화석유가스판매시설의 설치·변경공사	
25. 가스시설 시공업(제3종)	· 공사예정금액이 1천만원 미만인 아래의 공사 – 도시가스사용시설 중 온수보일러·온수기 및 그 부대시설의 설치·변경공사 – 액화석유가스사용시설 중 온수보일러·온수기 및 그 부대시설의 설치·변경공사	
26. 난방시공업 (제1종)	· 「에너지이용 합리화법」제37조에 따른 특정열사용기자재 중 강철재보일러·주철재보일러·온수보일러·구멍탄용 온수보일러·축열식 전기보일러·태양열집열기·1종압력용기·2종압력용기의 설치와 이에 부대되는 배관·세관공사 · 공사예정금액 2천만원 이하의 온돌설치공사	
27. 난방시공업 (제2종)	· 특정열사용기자재 중 태양열집열기·용량 5만kcal/h 이하의 온수보일러·구멍탄용 온수보일러의 설치 및 이에 부대되는 배관·세관공사 · 공사예정금액 2천만원 이하의 온돌설치공사	
28. 난방시공업 (제3종)	특정열사용기자재 중 요업요로·금속요로의 설치공사	

29. 시설물유지 관리업	· 시설물의 완공 이후 그 기능을 보전하고 이용자의 편의와 안전을 높이기 위하여 시설물에 대하여 일상적으로 점검·정비하고 개량·보수·보강하는 공사로서 아래의 공사를 제외한 공사 - 건축물의 경우 증축 ·개축·재축 및 대수선 공사 - 건축물을 제외한 그 밖의 시설물의 경우 증설·확장공사 및 주요구조부를 해체한 후 보수·보강 및 변경하는 공사 - 전문건설업종 중 1개 업종의 업무내용만으로 행하여지는 건축물의 개량·보수·보강공사	

[비고]

1. 위 표의 업무내용에는 건설공사용 재료의 채취 또는 그 공급업무, 기계 또는 기구의 공급업무와 단순한 노무공급업무 등은 포함되지 아니한다. 다만, 건설공사의 시공 계약과 건설공사용 재료의 납품 계약을 같은 건설업자가 체결하는 경우 해당 건설공사용 재료의 납품 업무는 해당 업종의 업무내용에 포함되는 것으로 본다.

  1의 2. 토목건축공사업의 경우에는 법 제29조제2항을 적용함에 있어서 토목공사업 또는 건축공사업과 동일한 업종으로 본다.

2. 위 표에 명시되지 아니한 건설공사에 관한 건설업종의 구분은 해당 공사의 시공에 필요한 기술·재료·시설·장비 등의 유사성에 따라 구분한다.

3. 건설업자는 해당 업종에 속하는 건설공사에 부대되는 공사로서 제21조에 해당하는 공사는 함께 수행할 수 있다.

4. 가스사용시설 중 호스의 설치 또는 교체는 가스사용자가 할 수 있다.

5. 기계설비공사업을 등록한 자는 해당 업종에 해당하는 공사와 함께 난방시공업 제1종 및 제2종의 업무내용에 해당하는 공사 및 플랜트 또는 냉동냉장설비 안에서의 고압가스배관의 설치·변경공사를 할 수 있다.

6. 난방시공업 제1종을 등록한 자는 그 업종에 해당하는 공사가 포함된 경우 연면적 350제곱미터 미만인 단독주택의 기계설비공사를 함께 할 수 있다.

7. 난방시공업 제2종을 등록한 자는 그 업종에 해당하는 공사가 포함된 경우 연면적 250제곱미터 미만인 단독주택의 기계설비공사를 함께 할 수 있다.

8. 전문공사를 시공하는 업종의 등록을 한 자는 완성된 시설물 중 해당 업종의 업무내용에 해당하는 건설공사에 대하여 복구·개량·보수·보강하는 공사를 수행할 수 있다.

> 7. '건설업자'란 이 법 또는 다른 법률에 따라 등록 등을 하고 건설업을 하는 자를 말한다.

위 제7조에서 말하는 '이 법에 따라 등록 등을 하고 건설업을 하는 자'란 건설산업기본법상 건설업 등록 규정(건설산업기본법 제8조~제10조)에 따라 등록을 한 건설업자를 말하며, '다른 법률에 따라 등록 등을 하고 건설업을 하는 자'란 도시가스시설공사, 액화가스시설공사, 특정 열사용기자재설치공사, 시설물유지관리업, 온돌설치공사 등과 같이 건설업법 이외 다른 법률에 의하여 규정되었다가 각 개별법에서 삭제되고 건설산업기본법상 등록을 받는 건설업에 포함된 업을 하는 자를 말한다(1996.12.30. 개정, 법 부칙 4조).

건설산업기본법 제2조(정의)

> 10. '발주자'란 건설공사를 건설업자에게 도급하는 자를 말한다. 다만, 수급인으로서 도급받은 건설공사를 하도급하는 자는 제외한다.
> 11. '도급'이란 원도급, 하도급, 위탁 등 명칭에 관계없이 건설공사를 완성할 것을 약정하고, 상대방이 그 공사의 결과에 대하여 대가를 지급할 것을 약정하는 계약을 말한다.
> 12. '하도급'이란 도급받은 건설공사의 전부 또는 일부를 다시 도급하기 위하여 수급인이 제3자와 체결하는 계약을 말한다.
> 13. '수급인'이란 발주자로부터 건설공사를 도급받은 건설업자를 말하고, 하도급의 경우 하도급하는 건설업자를 포함한다.
> 14. '하수급인'이란 수급인으로부터 건설공사를 하도급받은 자를 말한다.

위 제11호, 건설산업기본법상 '도급'은 민법상 도급의 개념, '일의 완성을 약정하고, 상대방이 그 일의 결과에 대하여 대가를 지급할 것을 약정하는 계약'을 인용한 개념이다. 원도급, 하도급, 위탁 등 명칭에 구애받지 않고, 실질적으로 위 도급의 개념에 부합한다면 건설산업기본법상 도급에 해당된다. 특히 건설공사의 도급계약에 관하여서는 일정한 요건을 기재한 서면이 요구된다.

도급과 유사한 개념으로 고용과 위임이 있는데, 민법상 고용이란 당사자 일방이 상대방에 대하여 노무 내지 노동력을 제공할 것을 약정하고 이에 대하여 보수를 지급할 것을 약정함으로써 성립하는 계약을 말한다(민법 제655조). 한편 위임은 당사자 일방이 상대방에 대해 사무처리를 위탁하고 상대방이 이를 승낙함으로써 성립하는 계약을 말한다(민법 제680조). 고용과 도급, 위임을 구분하는 가장 핵심적인 구분 기준은 바로 사용자의 지휘명령 여부이다. 만약 형식이나 명칭은 도급, 위임이라 하더라도 업무를 수행함에 있어서 실질적 지휘·명령이 이루어지는 관계라면 이는 고용계약으로 볼 수 있다. 반면 위임과 도급의 경우, 전자는 사무의 처리에 주안점을 두며 후자는 일의 완성에 중점을 둔다는 점에서 차이가 있다.

위 제10호의 '발주자'란 앞서 설명한 도급 관계에 있어서 최초로 건설공사 도급을 주는 당사자를 의미한다. 제10호 후단의 '수급인으로서 도급받은 건설공사를 하도급하는 자'란 최초로 도급받은 공사를 다시 도급을 주는 계약을 맺은 자를 의미한다. 종합하면, '발주자'란 건설공사 계약에서 있어서 최초로 건설공사 도급을 주는 자를 의미하며, 도급받은 건설공사를 하도급을 주거나 재하도급을 주는 자는 발주자가 아니다.

제13호의 '수급인'이란 발주자로부터 건설공사를 도급받는 건설업자와 하도급의 경우 하도급하는 건설업자를 총칭하는 개념이다. 즉, 수급인이란 발주자와의 최초 도급 관계에서는 도급을 받은 건설업자, 하도급 계약에 있어서는 하도급을 주는 건설업자를 의미한다. 또한 등록을 하지 않고 건설업을 영위하는 무면허업자 등은 건설업자가 아니므로, 엄밀히 말하면 이들은 여기서 말하는 수급인에는 포함되지 않는다.

건설공사의 '하도급'이란 도급받은 건설공사의 전부 또는 일부를 다시 도급하기 위하여 제3자와 체결하는 계약을 의미한다(건설산업기본법 제2조제13호). 여기서 제3자란 최초 도급 시 계약당사자가 아닌, 전부 또는 일부를 다시 도급하기 위해 계약을 맺는 당사자 중 도급받는 자를 말한다. 즉, 수급인이 자기가 인수한 일의 완성을 다시 또 다른 제3자에게 도급시키는 것을 하도급이라 하며, 개정 전 민법에서는 이를 '하청(下請)'이라는 용어로 칭하였다. 도급은 일의 완성이 목적이므로 원칙적으로 하도급이 허용되지만, 예외가 인정되는 경우가 아니라면 도급받은 공사의 전부를 하도급 하는 일괄하도급은 금지된다(일괄하도급의 예외 범위에 대해서는 건설산업기본법 시행령 제31조 참고).

제14호의 '하수급인'이란 건설공사 하도급관계에 있어서 도급을 받은 건설업자를 의미한다. 건설산업기본법상 하도급제도는 영세한 하수급인을 보호하고 건설업의 체질 개선 및 건설공사의 시공적정화를 도모하기 위해 필요한 제도이며, 이를 위한 실질적으로 구현하기 위한 제도적 장치로서 전문공사업 제도가 신설되었다.

　건설산업기본법 제2조제10호~제14호의 용어들을 요약하여 도식화하면 아래 [그림 1-1]과 같다.

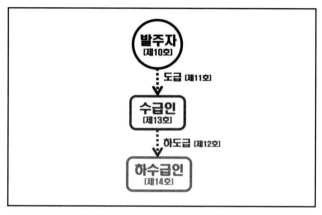

[그림 1-1] 건설산업기본법 제2조제10호~제14호 용어의 도식화

III. 건설근로자의 고용개선 등에 관한 법률(약칭: 건설근로자법) 주요 용어정리

건설근로자의 고용개선 등에 관한 법률(이하 건설근로자법)은 건설근로자의 고용안정과 직업능력의 개발·향상을 지원·촉진하고 건설근로자에게 퇴직공제금을 지급하는 등의 복지사업을 실시함으로써 건설근로자의 고용개선과 복지증진을 도모하고 건설산업의 발전에 이바지하는 것을 목적으로 한다(건설근로자법 제1조). 근로기준법이 직업의 종류를 불문하고 임금을 목적으로 근로를 제공하는 자, 즉 일반적인 근로자 전체를 보호하기 위한 법령이라면 건설근로자법은 건설업이라는 그 특수성을 반영하여, 건설업에 종사하는 근로자들을 보호하기 위해 제정된 특별법의 의미를 갖는다. 본 법률에서 사용되는 용어는 대부분 앞서 정리한 근로기준법이나 건설산업기본법상의 용어와 상당 부분 중복되므로, 두 법적 용어의 차이점을 중심으로 일독하는 것이 개념 정리에 도움이 되리라 생각한다.

건설근로자법 제2조(정의)

1. '사업주(事業主)'란 근로자를 고용하여 대통령령으로 정하는 건설업(이하 "건설업"이라 한다)을 하는 자로서 관계 법령에 따라 면허·허가·등록 등을 받거나 한 자를 말한다.

건설근로자법상 사업주란 근로자를 고용하여 대통령령으로 정하는 건설업을 하는 자로서 관계 법령에 따라 면허·허가·등록 등을 받거나 한 자를 말한다. 근로기준법상 사용자에 포함되는 사업주란 경영의 주체를 말하며 산안법 제2조 등에서는 사업주를 '근로자를 사용하여 사업을 하는 자'로 정의하고 있다. 즉, 개인기업의 경우 경영주 개인이, 법인기업의 경우 법인 그 자체가 사업주가 된다. 반면 건설근로자법에서는 그 내용이 건설업에 종사하는 근로자와 사업주와의 관계에 한정되므로 건설업체를 경영하는 주체만이 사업주가 된다. 여기서 '대통령령으

로 정하는 건설업'이란 「통계법」에 따라 통계청장이 고시하는 한국표준산업분류에 따른 건설업을 말한다(건설근로자법 시행령 제2조). 또한 관계 법령에 따라 면허·허가·등록을 받지 않은 사업주는 건설근로자법상 사업주에 해당하지 않는다.

건설근로자법 제2조(정의)

　2. '건설근로자'란 근로기준법 제2조에 따른 근로자로서 건설업에 종사하는 자를 말한다.

위 규정에서 보는 바와 같이 건설근로자법상 '건설근로자'의 개념은 '임금을 목적으로 사업이나 사업장에 근로를 제공하는 자'를 의미하는 근기법상 근로자의 개념과 사실상 동일하나, 그 주체를 건설업에 종사하는 자로만 한정하고 있다. 따라서 건설근로자 또한 근기법상 여러 보호 규정의 적용을 받게 되며, 건설근로자법상 사용자 또한 근로기준법 상의 제반 의무를 준수하여야 할 의무를 진다.

건설근로자법 제2조(정의)

　3. '원수급인(元受給人)'이란 발주자로부터 건설업의 공사를 도급받은 사업주를 말한다.

건설근로자법상 '원수급인'이란 발주자로부터 건설업의 공사를 도급받은 사업주를 말한다. 여기서 '발주자'란 건설산업기본법 제2조제10호에서 규정하는, 건설공사를 건설업자에게 도급하는 자이다(수급인으로서 도급받은 건설공사를 하도급하는 자는 제외). 따라서 건설근로자법상 원수급인은 사실상 건설산업기본법상의 '수급인(건설산업기본법 제2조제13호)'과 동일한 개념으로 보아야 한다.

건설근로자법 제2조(정의)

　4. '하수급인(下受給人)'이란 원수급인으로부터 건설업의 공사를 도급받은 사업주와 그로부터 건설업의 공사를 도급받은 사업주를 말한다.

건설근로자법상 '하수급인'이란 원수급인으로 건설업의 공사를 도급받은 사업주 및 그로부터 건설업의 공사를 도급받은 사업주를 총칭하는 개념이다. 이는 건설산업기본법상 하수급인의 개념(수급인으로부터 건설공사를 하도급받은 자)은 수급인(원수급인)으로부터 건설공사를 하도급받은 자에만 한정하고 있다는 점에서 차이가 있다. 이러한 차이는 건설산업기본법에서는 제29조제1항(건설업자는 도급받은 건설공사의 전부 또는 대통령령으로 정하는 주요 부분의 대부분을 다른 건설업자에게 하도급할 수 없다)에 의해 원칙적으로 재하도급을 금지하고 있으므로 인해 발생한다. 건설근로자법은 건설업에 종사하는 근로자의 고용안정과 직업능력개발, 복지사업 실시 등 건설업에 종사하는 근로자를 보호하기 위함이 주된 목적이므로(건설근로자법 제1조), 현실적으로 광범위하게 이루어지고 있는 재하도급 공사에 종사하는 건설근로자를 보호규정에서 배제하지 않도록 하기 위해 불가피한 입법적 고려로 판단된다.

건설근로자법 제2조(정의)

5. '퇴직공제(退職共濟)'란 사업주가 건설근로자를 피공제자로 하여 건설근로자공제회에 공제부금(共濟賦金)을 내고 그 피공제자가 건설업에서 퇴직하는 등의 경우에 건설근로자공제회가 퇴직공제금을 지급하는 것을 말한다.

건설근로자법의 정의 규정에서 특별히 '퇴직공제' 개념을 정의하고 있는 취지는, 건설근로자법에서 건설근로자 퇴직공제금의 지급을 주된 목적으로 명시하고 있기 때문이다. 위 정의 규정을 이해하기 위해서는 먼저 '건설근로자공제회', '퇴직공제금' 등에 대해 먼저 이해할 필요가 있다.

1. 건설근로자공제회

건설근로자공제회란 1996년 12월 건설근로자법 제8조[6]와 제9조[7]가 제정·시행됨에 따라 1997년 12월에 설립된 공공기관이다. 공제회의 주된 업무는 퇴직공제에 가입한 사업주 및 피공제자에 대한 기록의 관리·유지, 공제부금의 수납과 퇴직공제금의 지급, 피공제자에 대한 자금의 대부, 적립된 공제부금의 증식을 위한 사업, 건설근로자에 대한 복지시설의 설치·운영 등 복지증진 사업, 건설근로자의 고용안정, 직업능력의 개발·향상, 취업지원을 위한 사업 등(건설근로자법 제9조의2 제1항) 건설근로자법에서 건설근로자의 복지 증진 목적을 위해 규정한 사업을 수행한다. 이에 따라 1998년 1월에 퇴직공제사업을 시작으로 2015년 3월 고용노동부의 위탁으로 건설근로자 취업지원 사업, 건설근로자에 대한 복지시설의 설치 및 운영, 퇴직공제에 가입한 사업주 및 피공제자에 대한 기록의 관리, 유지 등의 사업을 수행하고 있다.

2. 퇴직공제금

건설근로자 퇴직공제제도란 일용·임시직 건설근로자가 퇴직공제 가입 건설현장에서 근로하면 건설사업주가 공제회로 근로일수를 신고하고 그에 맞는 공제부금을 납부하면 해당 근로자가 건설업에서 퇴직할 때 공제회가 퇴직공제금을 지급하는 제도를 말한다. 이 제도는 건설공사의 일회성, 간접적 고용방식으로 인한 사업장의 잦은 이동 등으로 건설업에 장기간 종사하였음에도 퇴직금 혜택을 제대로 받지 못했던 건설근로자들을 보호하기 위한 제도이다. 건설근로자법에서는 퇴직공제의 가입(건설근로자법 제10조), 소요비용의 원가계산(동법 제10조의3), 퇴직공제 관계의 신고(동법 제10조의4), 피공제자의 범위(동법 제10조의5), 퇴직공제부금의 납부(동

---

6) 건설근로자법 제8조(공제사업의 실시) 대통령령으로 정하는 건설업 관련 공제조합 및 사업주단체 중 대통령령으로 정하는 기준에 해당하는 자는 건설근로자의 고용안정과 복지증진을 위하여 퇴직공제에 관한 사업 등 건설근로자를 위한 공제사업을 공동으로 실시하여야 한다.

7) 건설근로자법 제9조(건설근로자공제회의 설립 등) ① 제8조에 따라 공제사업을 실시하는 자는 고용노동부장관의 인가를 받아 건설근로자공제회(이하 '공제회'라 한다)를 설립하여야 한다.
   ② 공제회는 법인으로 한다.
   ③ 공제회의 설립·운영 및 감독 등에 관하여는 「민법」 중 재단법인에 관한 규정을 준용한다.

법 제13조), 퇴직공제금의 지급(동법 제14) 등 퇴직공제제도의 제반 사항에 대해 법률로 규정하고 있다. 자세한 사항에 대해서는 제5장에서 설명하기로 한다.

요약하면, 건설근로자법 제2조제5호의 '퇴직공제'란 건설근로자 퇴직공제제도의 의무가입 및 임의가입 사업장에서 건설근로자공제회에서 공제부금을 납부하고 사업장에서 근로한 일용근로자의 퇴직 시 퇴직공제금을 지급하는 일련의 절차를 의미한다.

Ⅳ. 고용보험법

고용보험법은 고용보험의 시행을 통하여 실업의 예방, 고용의 촉진 및 근로자의 직업능력의 개발과 향상을 꾀하고, 국가의 직업지도와 직업소개 기능을 강화하며, 근로자가 실업한 경우에 생활에 필요한 급여를 실시하여 근로자의 생활안정과 구직 활동을 촉진함으로써 경제·사회 발전에 이바지하는 것을 목적으로 한다(고용보험법 제1조). 즉, 고용보험은 실업의 예방부터 근로자 직업능력개발 및 실업시 최소 생활에 필요한 급여를 실시하여 궁극적으로 국가 경제와 사회의 발전에 이바지하는 것이 그 목적이다. 따라서 정규직 뿐 아니라 기간제 근로자, 일용근로자 등 근로기준법상 근로자성이 인정되는 모든 근로자뿐 아니라 실업근로자까지 고용보험법의 적용대상에 해당한다 할 것이다. 지금부터 서술할 고용보험법상 용어의 정의 규정은 건설업 4대보험의 이해에 있어 중요한 내용이라 할 수 있다.

고용보험법 제2조(정의)

1. '피보험자'란 다음 각 목에 해당하는 자를 말한다.
   가. 「고용보험 및 산업재해보상보험의 보험료징수 등에 관한 법률」(이하 '보험료징수법'이라 한다) 제5조제1항·제2항, 제6조제1항, 제8조제1항·제2항에 따라 보험에 가입되거나 가입된 것으로 보는 근로자
   나. 보험료징수법 제49조의2제1항·제2항에 따라 고용보험에 가입하거나 가입된 것으로 보는 자영업자(이하 '자영업자인 피보험자'라 한다)

위 정의 규정 가목의 「고용보험 및 산업재해보상보험의 보험료징수 등에 관한 법률」(보험료징수법)에 따라 보험에 가입되거나 가입된 것으로 보는 근로자란 「고용보험법」을 적용받는 사업의 사업주와 근로자(보험료징수법 제5조)인 당연가입자와 고용보험의 당연가입자였으나 사업규모의 변동 등으로 적용 제외 사업에 해당하게 된 경우에도 고용보험 가입자로 보게 되는 사업

주 및 근로자(보험료징수법 제6조제1항), 그리고 사업주 일괄적용 조항(보험료징수법 제8조)에 의해 보험에 가입된 것으로 보는 사업주 및 근로자를 의미한다. 여기서 「고용보험법」을 적용받는 사업의 사업주와 근로자'란 근로자를 사용하는 모든 사업 또는 사업장(고용보험법 제8조)를 말한다.

위 정의 규정 나목의 '보험료징수법 제49조의2제1항·제2항에 따라 고용보험에 가입하거나 가입된 것으로 보는 자영업자'란 근로자를 사용하지 아니하거나 50명 미만의 근로자를 사용하는 사업주로서 대통령령으로 정하는 요건을 갖춘 자영업자로서 공단의 승인을 받아 자기를 이 법에 따른 근로자로 보아 고용보험에 가입한 자(보험료징수법 제49조의2 제1항)와 50명 이상의 근로자를 사용하게 된 경우에도 피보험자격을 유지하려는 자(동법 동조제2항)를 말한다. 즉, 고용보험법의 피보험자란 보험료징수법에 의해 당연가입에 해당하는 자와 당연가입 요건에 해당하지 않지만 일정 요건을 갖추어 근로복지공단의 승인을 통해 임의로 가입한 사업주 및 근로자를 총칭하는 개념이다.

고용보험법 제2조(정의)

2. '이직(離職)'이란 피보험자와 사업주 사이의 고용관계가 끝나게 되는 것을 말한다.

우리가 흔히 말하는 '이직'의 의미는 근로자의 입장에서 직장을 옮기거나 직업을 바꾸는 것을 의미하나, 고용보험법상 이직이란 고용보험 관계에 초점을 맞추어 피보험자(근로자)와 사업주 사이의 고용관계의 종료를 의미한다. 즉, 근로자가 직장을 옮기거나 직업을 바꿀 경우, 기존 사업주와의 보험관계는 종료되므로 고용보험법상 위 규정은 보험관계 종료에 초점을 맞춘 이직의 정의 규정이라 할 수 있다. 그러나 사실상 근로자가 직장을 옮긴다는 개념과는 동일한 개념으로 보아도 무방하다.

고용보험법 제2조(정의)

3. '실업'이란 근로의 의사와 능력이 있음에도 불구하고 취업하지 못한 상태에 있는 것을 말한다.

위 정의 규정에서 '실업'이란 '근로의 의사와 능력이 있음에도 불구하고' 취업하지 못한 상태에 있는 것을 말한다. 따라서 근로의 의사와 능력이 없는 취업 포기자, 학생, 군인 등은 실업 상태에 해당하지 않는다. 이러한 실업의 정의 규정을 통해 고용보험법은 '근로의 의사와 능력이 없는' 자에 대한 실업급여 수급 요건 등에 제한을 두고 있다.

참고로 근로기준법상 근로자 개념은 현실적으로 취업하고 있는 자에 한정되어 실업자를 제외하고 있으나, 노조법상 근로자 개념은 '임금·급료 기타 이에 준하는 수입에 의하여 생활하는 자'로 규정(노동조합 및 노동관계조정법 제2조제1호)하여 실업자도 근로자에 포함시켜 노동삼권 행사 주체로 인정하고 있다.

고용보험법 제2조(정의)

4. '실업의 인정'이란 직업안정기관의 장이 제43조에 따른 수급자격자가 실업한 상태에서 적극적으로 직업을 구하기 위하여 노력하고 있다고 인정하는 것을 말한다.

위 정의 규정의 '제43조에 따른 수급자격자'란 구직급여를 지급받으려는 자 중 구직급여의 수급요건을 갖추었다는 사실을 직업안정기관의 장에게 인정받은 자를 말한다(고용보험법 제43조). 따라서 '실업의 인정'의 대상자는 고용보험법 제43조에 따른 구직급여의 수급자격자이며 그 주체는 직업안정기관의 장이 된다. 또한 실업의 인정은 단순히 실업 상태에 빠져 있다는 정태적 상태를 의미하는 것이 아니라, '직업을 구하기 위하여 노력'하는 능동적 상황을 의미한다. 이는 고용보험법에서 실업의 정의가 '근로의 의사와 능력이 있을 것'을 전제로 한다는 사실과도 일맥상통한다. 이러한 정의 규정들은 고용보험법이 실업 상태에 빠진 근로자가 국가의 보호와 지원을 받기 위해서는 능동적이고 적극적으로 취업할 의사와 의지가 있을 것을 요구함을 보여준다.

고용보험법 제2조(정의)

5. '보수'란 「소득세법」 제20조에 따른 근로소득에서 대통령령으로 정하는 금품을 뺀 금액을 말한다. 다만, 휴직이나 그 밖에 이와 비슷한 상태에 있는 기간 중에 사업주 외의 자로부터 지급받는 금품 중 고용노동부장관이 정하여 고시하는 금품은 보수로 본다.

고용보험법상 '보수'란 근로기준법상의 임금과 유사한 개념이지만, 구체적인 금액의 산정과 정의에서는 다소 차이가 있다. 우선 「소득세법」 제20조에 따른 근로소득'이란 해당 과세기간에 발생한, 「소득세법」 제20조에서 정의한 각각의 소득을 의미한다.[8] 그리고 근로소득에서 제외하는 '대통령령으로 정하는 금품'이란 「소득세법」 제12조제3호에 따른 비과세 근로소득[9]을 말한

---

8) 소득세법 제20조(근로소득) ① 근로소득은 해당 과세기간에 발생한 다음 각 호의 소득으로 한다.
　1. 근로를 제공함으로써 받는 봉급·급료·보수·세비·임금·상여·수당과 이와 유사한 성질의 급여
　2. 법인의 주주총회·사원총회 또는 이에 준하는 의결기관의 결의에 따라 상여로 받는 소득
　3. 「법인세법」에 따라 상여로 처분된 금액
　4. 퇴직함으로써 받는 소득으로서 퇴직소득에 속하지 아니하는 소득
　5. 종업원 등 또는 대학의 교직원이 지급받는 직무발명보상금(제21조제1항제22호의2에 따른 직무발명보상금은 제외한다.)
　　② 근로소득금액은 제1항 각 호의 소득의 금액의 합계액(비과세소득의 금액은 제외하며, 이하 "총급여액"이라 한다)에서 제47조에 따른 근로소득공제를 적용한 금액으로 한다.
　　③ 근로소득의 범위에 관하여 필요한 사항은 대통령령으로 정한다.
9) 제12조제3호 근로소득과 퇴직소득 중 다음 각 목의 어느 하나에 해당하는 소득
　가. 대통령령으로 정하는 복무 중인 병(兵)이 받는 급여
　나. 법률에 따라 동원된 사람이 그 동원 직장에서 받는 급여
　다. 「산업재해보상보험법」에 따라 수급권자가 받는 요양급여, 휴업급여, 장해급여, 간병급여, 유족급여, 유족특별급여, 장해특별급여, 장의비 또는 근로의 제공으로 인한 부상·질병·사망과 관련하여 근로자나 그 유족이 받는 배상·보상 또는 위자(慰藉)의 성질이 있는 급여
　라. 「근로기준법」 또는 「선원법」에 따라 근로자·선원 및 그 유족이 받는 요양보상금, 휴업보상금, 상병보상금(傷病補償金), 일시보상금, 장해보상금, 유족보상금, 행방불명보상금, 소지품 유실보상금, 장의비 및 장제비
　마. 「고용보험법」에 따라 받는 실업급여, 육아휴직 급여, 육아기 근로시간 단축 급여, 출산전후휴가 급여 등, 「제대군인 지원에 관한 법률」에 따라 받는 전직지원금, 「국가공무원법」·「지방공무원법」에 따른 공무원 또는 「사립학교교직원 연금법」·「별정우체국법」을 적용받는 사람이 관련 법령에 따라 받는 육아휴직수당
　바. 「국민연금법」에 따라 받는 반환일시금(사망으로 받는 것만 해당한다) 및 사망일시금
　사. 「공무원연금법」, 「공무원 재해보상법」, 「군인연금법」, 「사립학교교직원 연금법」 또는 「별정우체국법」에 따라 받는 공무상요양비·요양급여·장해일시금·비공무상 장해일시금·비직무상 장해일시금·장애보상금·사망조위금·사망보상금·유족일시금·퇴직유족일시금·유족연금일시금·퇴직유족연금일시금·유족연금부가금·퇴직유족연금부가금·유족연금특별부가금·퇴직유족연금특별부가금·순직유족보상금·직무상유족보상금·위험직무순직유족보상금·재해부조금·재난부조금 또는 신체·정신상의 장해·질병으로 인한 휴직기간에 받는 급여
　아. 대통령령으로 정하는 학자금
　자. 대통령령으로 정하는 실비변상적(實費辨償的) 성질의 급여
　차. 외국정부(외국의 지방자치단체와 연방국가인 외국의 지방정부를 포함한다. 이하 같다) 또는 대통령령으로 정하는 국제기관에서 근무하는 사람으로서 대통령령으로 정하는 사람이 받는 급여. 다만, 그 외국정부가 그 나라에서 근무하는 우리나라 공무원의 급여에 대하여 소득세를 과세하지 아니하는 경우만 해당한다.
　카. 「국가유공자 등 예우 및 지원에 관한 법률」 또는 「보훈보상대상자 지원에 관한 법률」에 따라 받는 보훈급여금·학습보조비
　타. 「전직대통령 예우에 관한 법률」에 따라 받는 연금
　파. 작전임무를 수행하기 위하여 외국에 주둔 중인 군인·군무원이 받는 급여

다. 마지막으로 '고용노동부장관이 정하여 고시하는 금품'은 현재로써는 「노동조합 및 노동관계 조정법」 제24조에 따른 노동조합의 전임자가 그 전임기간 동안 노동조합으로부터 급여의 명목으로 지급받는 금품만이 고시되어 있다. 즉, 고용보험법상 보수란 소득세법에 따른 근로소득에서 비과세 근로소득을 제외하며, 그 외 고용노동부장관이 고시하는 금품(노동조합 전임자의 급여 명목으로 지급받는 보수 등)을 포함하는 금액이라 할 수 있다. 고용보험법의 보수는 보험료 및 각종 급여를 계산하는 기준이 된다.

고용보험법 제2조(정의)

6. '일용근로자'란 1개월 미만 동안 고용되는 자를 말한다.

일용근로자에 대해서는 각 법의 사안에 따라 그 정의를 달리하고 있다. 우선 근로기준법에서는 1주간 소정근로시간이 그 사업장의 같은 종류 업무에 종사하는 통상근로자의 1주 소정근로시간에 비해 짧은 근로자를 단시간근로자로 정의하고 있을 뿐(근로기준법 제2조제1항제9호), 일용근로자에 대해 정의하는 바는 없다. 소득세법 시행령에서는 일용근로자를 근로를 제공한 날 또는 시간에 따라 근로 대가를 계산하거나 근로를 제공한 날 또는 시간의 근로성과에 따라 급여를 계산하여 받는 사람(소득세법 시행령 제20조)으로 규정하고 있다.[10] 이에 비

하. 종군한 군인·군무원이 전사(전상으로 인한 사망을 포함한다. 이하 같다)한 경우 그 전사한 날이 속하는 과세기간의 급여

거. 국외 또는 「남북교류협력에 관한 법률」에 따른 북한지역에서 근로를 제공하고 받는 대통령령으로 정하는 급여

너. 「국민건강보험법」, 「고용보험법」 또는 「노인장기요양보험법」에 따라 국가, 지방자치단체 또는 사용자가 부담하는 보험료

더. 생산직 및 그 관련직에 종사하는 근로자로서 급여 수준 및 직종 등을 고려하여 대통령령으로 정하는 근로자가 대통령령으로 정하는 연장근로·야간근로 또는 휴일근로를 하여 받는 급여

러. 대통령령으로 정하는 식사 또는 식사대

머. 근로자 또는 그 배우자의 출산이나 6세 이하(해당 과세기간 개시일을 기준으로 판단한다) 자녀의 보육과 관련하여 사용자로부터 받는 급여로서 월 10만원 이내의 금액

버. 「국군포로의 송환 및 대우 등에 관한 법률」에 따른 국군포로가 받는 보수 및 퇴직일시금

서. 「교육기본법」 제28조제1항에 따라 받는 장학금 중 대학생이 근로를 대가로 지급받는 장학금(「고등교육법」 제2조제1호부터 제4호까지의 규정에 따른 대학에 재학하는 대학생에 한한다)

어. 「발명진흥법」 제2조제2호에 따른 직무발명으로 받는 다음의 보상금(이하 "직무발명보상금"이라 한다)으로서 대통령령으로 정하는 금액

10) 소득세법 제20조(일용근로자의 범위 및 주택임대소득의 산정 등) ① 법 제14조제3항제2호에서 "대통령령으로 정하는

해 고용보험법에서는 단순히 '일용근로자'를 1개월 미만 동안 고용되는 자로 정의하고 있다. 이러한 정의하에서 고용보험제도는 2004년 1월부터 고용기간이 1월 미만인 일용근로자에 대하여도 실업급여를 지급할 수 있도록 제도를 확대함으로써 사실상 모든 근로자가 고용형태나 고용기간에 상관없이 실업급여의 적용대상이 되도록 하였다. 이로 인해 일용근로자 중 특히 건설업에 종사하는 근로자들이 제도 확대의 주된 대상이 되었고, 제도의 운영과 관련된 주요 이슈들로 건설일용근로자들을 중심으로 전개되고 있다. 종전에는 1개월 미만 고용의 일용근로자들은 월 80시간(주 18시간) 이상인 경우에만 고용안정사업과 직업능력개발사업의 적용대상이었고 실업급여는 적용되지 않았으나, 법개정으로 인하여 1개월 미만 여부에 관계없이 3사업 모두 당연 적용되게 되었다.[11]

일용근로자"란 근로를 제공한 날 또는 시간에 따라 근로 대가를 계산하거나 근로를 제공한 날 또는 시간의 근로성과에 따라 급여를 계산하여 받는 사람으로서 다음 각호에 규정된 사람을 말한다.
1. 건설공사에 종사하는 자로서 다음 각목의 자를 제외한 자
  가. 동일한 고용주에게 계속하여 1년 이상 고용된 자
  나. 다음의 업무에 종사하기 위하여 통상 동일한 고용주에게 계속하여 고용되는 자
    (1) 작업준비를 하고 노무에 종사하는 자를 직접 지휘·감독하는 업무
    (2) 작업현장에서 필요한 기술적인 업무, 사무·타자·취사·경비 등의 업무
    (3) 건설기계의 운전 또는 정비업무
2. 하역작업에 종사하는 자(항만근로자를 포함한다)로서 다음 각목의 자를 제외한 자
  가. 통상 근로를 제공한 날에 근로 대가를 받지 아니하고 정기적으로 근로대가를 받는 자
  나. 다음의 업무에 종사하기 위하여 통상 동일한 고용주에게 계속하여 고용되는 자
    (1) 작업준비를 하고 노무에 종사하는 자를 직접 지휘·감독하는 업무
    (2) 주된 기계의 운전 또는 정비업무
3. 제1호 또는 제2호 외의 업무에 종사하는 자로서 근로계약에 따라 동일한 고용주에게 3월 이상 계속하여 고용되어 있지 아니한 자
11) 방하남(2008). 일용근로자 실업급여제도. 노동리뷰, 3-18.

V. 산업재해보상보험법

산업재해보상보험법(이하 산재보험법)은 산업재해보상보험 사업을 시행하여 근로자의 업무상의 재해를 신속하고 공정하게 보상하며, 재해근로자의 재활 및 사회 복귀를 촉진하기 위하여 이에 필요한 보험시설을 설치·운영하고, 재해예방과 그 밖에 근로자의 복지증진을 위한 사업을 시행하여 근로자 보호에 이바지하는 것을 목적으로 한다.

1953년 5월 10일에 법률 제286호로 제정, 공포된 근로기준법은 모든 사업 또는 사업장을 적용대상으로 하였고, 제8장에서 재해보상에 관한 규정을 두어 근로자의 업무상 부상 또는 질병에 대하여 사용자가 보상할 의무를 법률상의 의무로 규정하였다.[12] 이처럼 근로기준법에서 개별 사용자의 책임에 의한 재해보상제도를 규정하고 있었음에도 불구하고, 재해보상과 관련한 근로자의 무지, 전담인력의 부족 등 여러 현실적 문제점이 지적되었으며, 이를 보험제도의 도입에 의하여 해결하고자 함에 따라 사회보장제도로서의 산재보험을 도입하자는 논의가 대두되었다.

산재보험법 상의 용어는 주로 재해보상에 초점이 맞추어져 있어 4대보험 실무와는 다소 무관해 보일 수 있으나, 건설업 사업장에서 혹시 근로자에게 발생할지 모를 미연의 재해나 질병으로 인한 산재보상 업무를 처리하기 위해서는 이해하고 있는 것이 유익할 것이다.

산재보험법 제5조(정의): 이 법에서 사용하는 용어의 뜻은 다음과 같다.

3. '유족'이란 사망한 자의 배우자(사실상 혼인 관계에 있는 자를 포함한다. 이하 같다)·자녀·부모·손자녀·조부모 또는 형제자매를 말한다.

---

12) 노동부, 전게서, p. 13.

산재보험법상 '유족'에는 '사망한 자'의 배우자(사실혼 관계 포함) 및 자녀, 부모, 손자녀, 조부모 또는 형제자매를 말한다. 유족에 대한 정의 규정은 피재자의 사망에 이른 재해가 발생할 경우 각종 재해보상금의 수급 자격이 주어지는 자(수급권자)의 범위를 규정하기 위한 규정이다. 예를 들어 유족급여의 경우 근로자가 업무상 사유로 사망한 경우에 그 유족에게 지급하고(산재보험법 제62조제1항), 유족급여는 유족보상연금 또는 유족보상일시금으로 하며, 유족보상연금의 경우 근로자 사망 당시 생계를 같이하고 있던 유족에 한정된다(산재보험법 제63조제1항). 유족보상연금을 받을 유족 간 권리의 순위는 배우자·자녀·부모·손자녀·조부모 및 형제자매의 순이 된다(산재보험법 제63조제3항).

산재보험법 제5조(정의): 이 법에서 사용하는 용어의 뜻은 다음과 같다.

3. '치유'란 부상 또는 질병이 완치되거나 치료의 효과를 더 이상 기대할 수 없고 그 증상이 고정된 상태에 이르게 된 것을 말한다.

흔히 '치유'의 의미라 함은 치료하여 병을 완전히 낫게 한다는 의미로 이해하지만, 산재보험법상 치유의 정의는 부상 또는 질병이 완치된 상태이거나 '치료의 효과를 더 이상 기대할 수 없고 그 증상이 고정된 상태'까지 포괄하는 개념이다. 이에 산재보험법 제40조제3항에서는 증상이 완치된 경우뿐 아니라 증상이 고정되어 '더 이상 치료의 효과를 기대할 수 없는 경우'에도 요양급여의 지급을 중단하도록 규정하고 있다. 이는 증상의 호전을 기대할 수 없음에도 과잉 진료를 받으려는 도덕적 해이를 방지하고자 하는 규정이라 할 수 있다.

그러나 산재보험법에서는 치료의 효과를 기대할 수 없는 치유 상태나 장해(장해의 의미에 대해서는 산재보험법 제5조제4호 참조)가 남아 상실된 노동력에 대한 보상으로 장해급여를 지급할 수 있도록 하거나(산재보험법 제57조), 치유 후에도 상시 또는 수시로 간병이 필요하여 실제 간병을 받는 자에게는 간병급여를 지급할 수 있도록 규정(산재보험법 제61조)하여 완치된 피재자와의 차이를 두고 있다.

> **산재보험법 제5조(정의):** 이 법에서 사용하는 용어의 뜻은 다음과 같다.
>
> 5. '장해'란 부상 또는 질병이 치유되었으나 정신적 또는 육체적 훼손으로 인하여 노동능력이 상실되거나 감소된 상태를 말한다.

산재보험법 제5조제5호에서 규정하는 '장해'란 부상 또는 질병이 동법 동조 제4호에서 규정하는 '치유'상태이나 정신적 또는 육체적 훼손으로 인하여 노동능력이 상실되거나 감소된 상태를 말한다. 즉, 완치되지는 않았으나 더 이상 치료 효과를 기대할 수 없는 상태를 의미한다. 산재보험법은 이러한 장해에 대한 별도의 정의 규정을 두어 그에 따른 보상(장해급여)을 받을 수 있도록 근거를 마련해 두었다. 단, 장해의 등급을 구분하여 그 정도에 따라 급여액에 차이를 두고 있다. 장해등급을 구분하는 기준은 대통령령에 의한다(산재보험법 시행령 [별표 6]).

> **산재보험법 제5조(정의):** 이 법에서 사용하는 용어의 뜻은 다음과 같다.
>
> 6. '중증요양상태'란 업무상의 부상 또는 질병에 따른 정신적 또는 육체적 훼손으로 노동능력이 상실되거나 감소된 상태로서 그 부상 또는 질병이 치유되지 아니한 상태를 말한다.

산재보험법 제5조제6호에서 말하는 '중증요양상태'란 업무상 부상 또는 질병에 의한 정신적 또는 육체적 훼손으로 인해 노동능력이 상실되거나 감소된 상태이면서, 그 부상 또는 질병이 '치유되지 아니한 상태'를 말한다. 이에 따르면 산재보험법 제5조제5호에서 정의한 장해와의 차이는 업무상 부상 또는 질병의 '치유 여부'이다. 즉, 장해와 중증요양상태 모두 업무상의 부상 또는 질병으로 인한 정신적 또는 육체적 훼손으로 노동능력이 상실되거나 감소된 상태이나, 장해의 경우 치유된 상태(즉, 치료의 효과를 기대할 수 없고 증상이 고정된 상태)이지만 '중증요양상태'의 경우 치유되지 않은 상태(즉, 치료의 효과를 기대할 수 있거나 증상이 고정되지 않아 진행 가능성이 있는 상태)를 말한다.

이처럼 산재보험법에서 장해와 중증요양상태를 구분하는 이유는, 업무상 부상 또는 질병의 치유 여부에 따라 재해보상금을 달리하기 위함이다. 즉, 증상이 완치되거나 그 치료의 효과를 더 이상 기대할 수 없는 상태는 '장해'로 판정하여 산재보험법 제57조에 따른 장해급여를 지급하고, 증상이 치유되지 않아 치료의 효과를 기대할 수 있는 상태이며 그 증상으로 인해 노동력이 상실된 경우, 산재보험법 제66조에 따른 '상병보상연금'을 지급하게 된다. 상병보상연금은 요양급여를 받는 근로자가 요양을 시작한 지 2년이 지난 날 이후에 ① 그 부상이나 질병이 치유되지 않은 상태이고, ② 그 부상이나 질병에 따른 중증요양상태의 정도가 대통령령(산재보험법 시행령 제65조)으로 정하는 중증요양상태등급 기준에 해당하며, ③ 요양으로 인해 취업하지 못한 경우에 지급한다(산재보험법 제66조제1항).

산재보험법 제5조(정의): 이 법에서 사용하는 용어의 뜻은 다음과 같다.

7. '진폐'(塵肺)란 분진을 흡입하여 폐에 생기는 섬유증식성(纖維增殖性) 변화를 주된 증상으로 하는 질병을 말한다.

진폐증(塵肺症, pneumoconiosis)은 의학적 측면에서는 분진을 흡입함으로써 폐에 생기는 섬유증식성 변화를 주증상으로 하는 질병을 의미하며, 법률적 측면에서는 산재보험법 제5조제7호에서 분진을 흡입하여 폐에 생기는 섬유증식성(纖維增殖性) 변화를 주된 증상으로 하는 질병으로 규정되어 있다. 「진폐의 예방과 진폐근로자의 보호 등에 관한 법률」(진폐법) 제2조제1호 또한 산재법 제5조제7호의 내용과 동일하게 규정하고 있다. 즉, 진폐증은 눈에 보이지 않을 정도로 작은 크기의 먼지가 숨을 쉴 때에 코, 기관지를 통해 폐로 들어가 쌓이게 되어 정상적인 폐가 굳어지고 제 역할을 하지 못하게 되는 병을 말한다.[13]

근로자가 진폐에 걸릴 우려가 있는 작업으로서 암석, 금속이나 유리섬유 등을 취급하는 작업 등 고용노동부령으로 정하는 분진작업(이하 '분진작업'이라 한다)에 종사하여 진폐에 걸리면 산재보험법 제37조제1항제2호 가목에 따른 업무상 질병으로 본다(산재보험법 제91조의2). 제91조의2에 의해 진폐가 업무상 질병으로 인정되면, 피재자는 동법 제91조의3에 의거하여 진폐보상연금을 지급받게 되며, 진폐보상연금을 받던 사람이 그 진폐장해등급이 변경된 경우에는 변경된 날이 속한 달의 다음 달부터 기초연금과 변경된 진폐장해등급에 해당하는 진폐장해연

---

13) 이영만(2016). 진폐보상제도의 법적 쟁점에 관한 연구. 노동연구, 32, 103-139.

금을 합산한 금액을 지급한다. 만약 진폐로 피재자가 사망할 경우 그 유족에게 진폐유족연금이 지급된다(동법 제91조의4).

산재보험법 제5조(정의): 이 법에서 사용하는 용어의 뜻은 다음과 같다.

  8. '출퇴근'이란 취업과 관련하여 주거와 취업장소 사이의 이동 또는 한 취업장소에서 다른 취업장소로의 이동을 말한다.

산재보험법에서 위 정의 규정에서 특별히 '출퇴근'에 대한 정의를 명시하고 있는 이유는, 출퇴근 시 발생한 사고를 업무상 재해로 인정하고 있기 때문이다. 즉, 산재보험법은 취업과 관련하여 주거와 취업장소 사이의 이동 또는 한 취업장소에서 다른 취업장소로의 이동 중 발생한 사고에 대해 법적요건을 갖춘 경우 업무상 재해로 인정하여 보상할 것을 명시하고 있다.

구체적으로 출퇴근 시 발생한 사고가 업무상 재해로 인정되기 위해서는 사업주가 제공한 교통수단이나 그에 준하는 교통수단을 이용하는 등 사업주의 지배관리하에서 출퇴근하는 중 발생한 사고(산재보험법 제37조제3호 가목)이거나 그 밖에 통상적인 경로와 방법으로 출퇴근하는 중 발생한 사고(동법 동조 동호 나목)이어야 한다. 2018년 1월 1일 이전에는 근로자가 사업주 지배관리 아래 출퇴근하던 중 발생한 사고로 부상 등이 발생한 경우만 업무상 재해로 인정하고 있었으나, 도보나 자기 소유 교통수단 또는 대중교통수단 등을 이용하여 출퇴근하는 산재보험 가입 근로자는 사업주가 제공하거나 그에 준하는 교통수단을 이용하여 출퇴근하는 산재보험 가입 근로자와 같은 근로자인데도 사업주의 지배관리 아래 있다고 볼 수 없는 통상적 경로와 방법으로 출퇴근하던 중에 발생한 재해를 업무상 재해로 인정받지 못한다는 점에 차별취급이 존재한다는 헌법재판소의 헌법불합치 결정 선고[14]로 인해 2018년 1월 1일부터 산재보험법이 개정되어 통상적인 경로와 방법으로 출퇴근하는 중 발생한 사고 또한 업무상 재해로 인정되기에 이르렀다. 다만, 출퇴근 경로 일탈 또는 중단이 있는 경우에는 해당 일탈 또는 중단 중의 사고 및 그 후의 이동 중의 사고에 대하여는 출퇴근 재해로 보지 아니하나, 일탈 또는 중단이 일상생활에 필요한 행위로서 대통령령으로 정하는 사유가 있는 경우에는 출퇴근 재해로 본다(산재보험법 제37조제3항).

---

14) 헌재 2016.9.29., 2014헌바254 다수의견.

Ⅵ. 고용보험 및 산업재해보상보험의 보험료징수 등에 관한 법률 (고용산재보험료징수법)

고용보험 및 산업재해보상보험의 보험료징수 등에 관한 법률(이하 고용산재보험료징수법)은 고용보험과 산업재해보상보험의 보험관계의 성립·소멸, 보험료의 납부·징수 등에 필요한 사항을 규정함으로써 보험사무의 효율성을 높이는 것을 목적으로 한다(고용산재보험료징수법 제1조). 이 법은 실제 고용산재보험 신고 및 납부에 필요한 요건 및 절차 등을 규정한 법률로서, 건설업 4대보험 실무를 담당하고 있는 담당자라면 반드시 일독해야 할 주요 법률 중 하나이다. 본 장에서는 고용산재보험료징수법을 이해하기 위해 알아야 할 몇몇 용어의 정의 규정에 대해 알아보고, 자세한 고용산재보험 신고 및 납부를 위해 필요한 법령들은 제2장에서 자세히 살펴보도록 한다.

고용산재보험료징수법 제2조(정의): 이 법에서 사용하는 용어의 뜻은 다음과 같다.

1. '보험'이란 「고용보험법」에 따른 고용보험 또는 「산업재해보상보험법」에 따른 산업재해보상보험을 말한다.

우리가 흔히 말하는 보험이란 재해나 각종 사고 등이 발생할 경우의 경제적 손해에 대비하여, 공통된 사고의 위협을 피하고자 하는 사람들이 미리 일정한 돈을 함께 적립하여 두었다가 사고를 당한 사람에게 일정 금액을 주어 손해를 보상하는 제도를 의미한다. 이러한 보험의 의미에는 국가에서 의무 또는 임의가입 여부를 결정하는 공적 보험과 민간 보험사에서 제공하는 사적 보험 모두가 포함된다. 그러나 고용산재보험료징수법에서 정의하는 '보험'이란 「고용보험법」에 따른 고용보험 또는 「산업재해보상보험법」에 따른 산업재해보상보험에 한정된다. 즉, 고용보험법과 산업재해보상보험법에 따라 국가에서 설계한 고용보험과 산업재해보상보험만이 이 법

에서 말하는 '보험'의 의미이다.

고용산재보험료징수법 제2조(정의): 이 법에서 사용하는 용어의 뜻은 다음과 같다.

2. '근로자'란 「근로기준법」에 따른 근로자를 말한다.

고용산재보험료징수법상 근로자란 근로기준법에서 정의하는 근로자, 즉 직업의 종류와 관계 없이 임금을 목적으로 사업이나 사업장에 근로를 제공하는 자(근로기준법 제2조제1항제1호)와 동일한 개념이다.

이처럼 고용산재보험료징수법에서 근로자 개념이 근로기준법상 근로자 개념을 준용하는 이 유는 사회보험의 특성상 근로자의 소득을 기반으로 재원이 형성되는 것에서 기인하는 측면을 가진다. 이에 대해 근로관계와 근로자의 개념은 사회보험 자체의 목적을 고려하지 아니한 채 노동법에서의 개념을 그대로 적용함으로써 적용대상뿐 아니라 재정 부담에 대한 비중이 왜곡 되는 문제를 초래한다는 시각도 존재한다.[15]

고용산재보험료징수법 제2조(정의): 이 법에서 사용하는 용어의 뜻은 다음과 같다.

2. '보수'란 「소득세법」 제20조에 따른 근로소득에서 대통령령으로 정하는 금품을 뺀 금액을 말한 다. 다만, 제13조제1항제1호에 따른 고용보험료를 징수하는 경우에는 근로자가 휴직이나 그 밖 에 이와 비슷한 상태에 있는 기간 중에 사업주 외의 자로부터 지급받는 금품 중 고용노동부장관 이 정하여 고시하는 금품은 보수로 본다.

위 정의 규정에서 '소득세법 제20조에 따른 근로소득'이란 근로 제공의 반대급부인 봉급·급 료·보수·세비·임금·상여·수당과 이와 유사한 성질의 급여, 법인의 주총, 사원총회 등에서 결 의에 따라 상여로 받는 금액 등 일체의 상여와 퇴직소득 등을 포함한다.[16] 또한 근로소득에서

---

15) 이윤진. (2016). 사회보험에서의 '근로자성'에 대한 연구: 고용보험 재심사 사례를 중심으로. 사회정책연합 공동학술대 회 자료집, 2016(0), 863-891.

16) 소득세법 제20조(근로소득) ① 근로소득은 해당 과세기간에 발생한 다음 각 호의 소득으로 한다.
1. 근로를 제공함으로써 받는 봉급·급료·보수·세비·임금·상여·수당과 이와 유사한 성질의 급여

제외하도록 명시된 "대통령령으로 정하는 금품"이란 아래 표에 나열한 바와 같이 「소득세법」 제12조제3호에 따른 비과세 근로소득을 말한다.

소득세법 제12조제3호: (비과세소득) 근로소득과 퇴직소득 중 다음 각 항목의 어느 하나에 해당하는 소득

가. 대통령령으로 정하는 복무 중인 병(兵)이 받는 급여

나. 법률에 따라 동원된 사람이 그 동원 직장에서 받는 급여

다. 「산업재해보상보험법」에 따라 수급권자가 받는 요양급여, 휴업급여, 장해급여, 간병급여, 유족급여, 유족특별급여, 장해특별급여, 장의비 또는 근로의 제공으로 인한 부상·질병·사망과 관련하여 근로자나 그 유족이 받는 배상·보상 또는 위자(慰藉)의 성질이 있는 급여

라. 「근로기준법」 또는 「선원법」에 따라 근로자·선원 및 그 유족이 받는 요양보상금, 휴업보상금, 상병보상금(傷病補償金), 일시보상금, 장해보상금, 유족보상금, 행방불명보상금, 소지품 유실보상금, 장의비 및 장제비

마. 「고용보험법」에 따라 받는 실업급여, 육아휴직 급여, 육아기 근로시간 단축 급여, 출산전후휴가 급여 등, 「제대군인 지원에 관한 법률」에 따라 받는 전직지원금, 「국가공무원법」·「지방공무원법」에 따른 공무원 또는 「사립학교교직원 연금법」·「별정우체국법」을 적용받는 사람이 관련 법령에 따라 받는 육아휴직수당

바. 「국민연금법」에 따라 받는 반환일시금(사망으로 받는 것만 해당한다) 및 사망일시금

사. 「공무원연금법」, 「공무원 재해보상법」, 「군인연금법」, 「사립학교교직원 연금법」 또는「별정우체국법」에 따라 받는 공무상요양비·요양급여·장해일시금·비공무상 장해일시금·비직무상 장해일시금·장애보상금·사망조위금·사망보상금·유족일시금·퇴직유족일시금·유족연금일시금·퇴직유족연금일시금·유족연금부가금·퇴직유족연금부가금·유족연금특별부가금·퇴직유족연금특별부가금·순직유족보상금·직무상유족보상금·위험직무순직유족보상금·재해부조금·재난부조금 또는 신체·정신상의 장해·질병으로 인한 휴직기간에 받는 급여

---

2. 법인의 주주총회·사원총회 또는 이에 준하는 의결기관의 결의에 따라 상여로 받는 소득
3. 「법인세법」에 따라 상여로 처분된 금액
4. 퇴직함으로써 받는 소득으로서 퇴직소득에 속하지 아니하는 소득
5. 종업원 등 또는 대학의 교직원이 지급받는 직무발명보상금(제21조제1항제22호의2에 따른 직무발명보상금은 제외한다.)
   ② 근로소득금액은 제1항 각호의 소득의 금액의 합계액(비과세소득의 금액은 제외하며, 이하 '총급여액'이라 한다)에서 제47조에 따른 근로소득공제를 적용한 금액으로 한다.
   ③ 근로소득의 범위에 관하여 필요한 사항은 대통령령으로 정한다.

아. 대통령령으로 정하는 학자금

자. 대통령령으로 정하는 실비변상적(實費辨償的) 성질의 급여

차. 외국정부(외국의 지방자치단체와 연방국가인 외국의 지방정부를 포함한다. 이하 같다) 또는 대통령령으로 정하는 국제기관에서 근무하는 사람으로서 대통령령으로 정하는 사람이 받는 급여. 다만, 그 외국정부가 그 나라에서 근무하는 우리나라 공무원의 급여에 대하여 소득세를 과세하지 아니하는 경우만 해당한다.

카. 「국가유공자 등 예우 및 지원에 관한 법률」 또는 「보훈보상대상자 지원에 관한 법률」에 따라 받는 보훈급여금·학습보조비

타. 「전직대통령 예우에 관한 법률」에 따라 받는 연금

파. 작전임무를 수행하기 위하여 외국에 주둔 중인 군인·군무원이 받는 급여

하. 종군한 군인·군무원이 전사(전상으로 인한 사망을 포함한다. 이하 같다)한 경우 그 전사한 날이 속하는 과세기간의 급여

거. 국외 또는 「남북교류협력에 관한 법률」에 따른 북한지역에서 근로를 제공하고 받는 대통령령으로 정하는 급여

너. 「국민건강보험법」, 「고용보험법」 또는 「노인장기요양보험법」에 따라 국가, 지방자치단체 또는 사용자가 부담하는 보험료

더. 생산직 및 그 관련직에 종사하는 근로자로서 급여 수준 및 직종 등을 고려하여 대통령령으로 정하는 근로자가 대통령령으로 정하는 연장근로·야간근로 또는 휴일근로를 하여 받는 급여

러. 대통령령으로 정하는 식사 또는 식사대

머. 근로자 또는 그 배우자의 출산이나 6세 이하(해당 과세기간 개시일을 기준으로 판단한다) 자녀의 보육과 관련하여 사용자로부터 받는 급여로서 월 10만원 이내의 금액

버. 「국군포로의 송환 및 대우 등에 관한 법률」에 따른 국군포로가 받는 보수 및 퇴직일시금

서. 「교육기본법」 제28조제1항에 따라 받는 장학금 중 대학생이 근로를 대가로 지급받는 장학금(「고등교육법」 제2조제1호부터 제4호까지의 규정에 따른 대학에 재학하는 대학생에 한한다.)

어. 「발명진흥법」 제2조제2호에 따른 직무발명으로 받는 다음의 보상금(이하 "직무발명보상금"이라 한다)으로서 대통령령으로 정하는 금액

    1) 「발명진흥법」 제2조제2호에 따른 종업원 등(이하 이 조, 제20조 및 제21조에서 "종업원 등"이라 한다)이 같은 호에 따른 사용자 등으로부터 받는 보상금

    2) 대학의 교직원 또는 대학과 고용관계가 있는 학생이 소속 대학에 설치된 「산업교육진흥 및 산학연협력촉진에 관한 법률」 제25조에 따른 산학협력단(이하 이 조에서 '산학협력단'이라 한다)으로부터 같은 법 제32조제1항제4호에 따라 받는 보상금

즉, 고용산재보험법상 '보수'란 소득세법상 근로소득에서 소득세법에서 비과세소득으로 정의한 소득 금액을 제외한 금액을 말한다. 고용산재보험법상 보수는 납부하게 될 고용산재보험료 계산의 기준 금액이 되므로, 포함되는 소득액과 제외되는 비과세소득 금액을 정확하게 이해하고 있어야 정확한 보험료 산정이 가능하다.

또한 제2호 후단의 '제13조제1항제1호에 따른 고용보험료를 징수하는 경우'란 고용안정·직업능력개발사업 및 실업급여의 보험료를 징수하는 경우(즉, 고용보험료는 고용안정·직업능력개발사업 보험료와 실업급여 보험료를 합한 금액이다)를 말하며, '그 밖에 이와 비슷한 상태에 있는 기간 중에 사업주 외의 자로부터 지급받는 금품 중 고용노동부장관이 정하여 고시하는 금품'이란 「노동조합 및 노동관계조정법」 제24조에 따른 노동조합의 전임자가 그 전임기간 동안 노동조합으로부터 급여의 명목으로 지급받는 금품(고용노동부고시 제2016-76호, 2016.12.28.)을 의미한다. 즉 이 조항은 고용안정·직업능력개발사업 및 실업급여의 보험료를 징수하는 경우에 근로자가 휴직 및 이와 비슷한 상태에 있는 기간 중, 노동조합의 전임자가 그 전임기간 동안 노동조합으로부터 급여의 명목으로 지급받는 금품 또한 고용산재보험료 산정의 기준이 되는 '보수'로 본다는 의미이다.

「노동조합 및 노동관계조정법」 제24조에 따른 노동조합의 전임자가 그 전임기간 동안 노동조합으로부터 급여의 명목으로 지급받는 금품에 대해 정확히 이해하기 위해서는, 노조전임자의 근로시간면제 제도에 대한 대략적인 이해가 필요하다. 노동조합 및 노동관계조정법(노조법) 제24조제1항에 의하면 근로자는 단체협약으로 정하거나 사용자의 동의가 있는 경우 소정의 근로를 제공하지 아니하고 노동조합의 업무에만 종사할 수 있다. 또한 동법 동조 제2항에 따르면 이러한 노조전임자는 사용자로부터 어떠한 급여도 지급받아서는 안 된다고 규정하고 있다. 다만, 제2항에도 불구하고 단체협약에서 정하거나 사용자의 동의가 있는 경우 사업 또는 사업장별로 조합원 수 등을 고려하여 근로시간면제심의위원회에서 결정한 근로시간 면제 한도를 초과하지 아니하는 범위 내에서 노동조합의 유지·관리업무를 할 수 있다(노조법 제24조제4항).

따라서 위 고용산재보험료징수법 제2조제2호에서 말하는 '그 밖에 이와 비슷한 상태에 있는 기간 중에 사업주 외의 자로부터 지급받는 금품 중 고용노동부장관이 정하여 고시하는 금품'이란 노조전임자가 근로시간면제 한도 내에서 지급받는 금품을 말하며, 동 조항은 그러한 금액은 고용산재보험료 산정기준이 되는 보수에 해당함을 명시하고 있다. 또한 사용자가 노조전임자에게 근로시간면제 한도를 초과하는 급여를 지급하는 것이 노조법을 위반하는 행위라 하더라도, 그에 대한 위법성과 처벌 여부는 논외로 하고 그 초과한 급여 일체를 보험료 산정의 기준이 되는 보수로 보겠다는 의미이기도 하다.

고용산재보험료징수법 제2조(정의): 이 법에서 사용하는 용어의 뜻은 다음과 같다.

4. '원수급인'이란 사업이 여러 차례의 도급에 의하여 행하여지는 경우에 최초로 사업을 도급받아 행하는 자를 말한다. 다만, 발주자가 사업의 전부 또는 일부를 직접 하는 경우에는 발주자가 직접 하는 부분(발주자가 직접 하다가 사업의 진행경과에 따라 도급하는 경우에는 발주자가 직접 하는 것으로 본다)에 대하여 발주자를 원수급인으로 본다.

고용산재보험료징수법상 '원수급인'이란 사업이 여러 차례의 도급(여기서 도급은 건설공사의 도급뿐 아니라 일반적인 계약관계에서의 도급을 말한다)에 의하여 행하여지는 경우에 최초로 사업을 도급받아 행하는 자를 말하며, 발주자가 사업의 전부 또는 일부를 직접 하는 경우 발주자가 직접 수행하는 부분에 대해서는 발주자를 원수급인으로 본다. 앞서 살펴본 건설관계기본법에서는 '도급', '하도급', '수급인' 등에 대해서만 정의하고 있었을 뿐 원수급인에 대한 직접적인 규정은 없었으며, 건설근로자법에서는 원수급인을 단순히 발주자로부터 건설업의 공사를 도급받은 사업주로만 정의하고 있다. 고용산재보험료징수법에서 원수급인에 대해 구체적으로 정의하고 있는 이유는, 고용산재보험료징수법에서 건설업 등 대통령령으로 정하는 사업이 여러 차례의 도급에 의하여 시행되는 경우 원칙적으로 원수급인을 이 법을 적용받는 사업주(보험의 가입 및 보험료 납부 주체)로 규정하고 있기 때문이다. 다만 원수급인이라 하더라도 대통령령으로 정하는 바에 따라 공단의 승인을 받은 경우에는 하수급인을 이 법의 적용을 받는 사업주로 본다(고용산재보험료징수법 제9조). 고용산재보험료법의 적용을 받아 보험관계 성립 및 보험료 납부 주체를 명확히 하는 것은 보험 운용에 있어서 핵심적인 사항 중 하나이므로, 고용산재보험료법은 다른 법령에 비하여 원수급인을 보다 명확히 정의하고 있다.

> **고용산재보험료징수법 제2조(정의):** 이 법에서 사용하는 용어의 뜻은 다음과 같다.
>
> 5. '하수급인'이란 원수급인으로부터 그 사업의 전부 또는 일부를 도급받아 하는 자와 그자로부터 그 사업의 전부 또는 일부를 도급받아 하는 자를 말한다.

건설산업기본법상 '하수급인'이란 수급인으로 건설공사를 하도급받는 자를 말하며(건설산업기본법 제2조제14호), 건설근로자법상 하수급인은 원수급인으로부터 건설업의 공사를 도급받은 사업주와 그로부터 건설업의 공사를 도급받은 사업주(건설근로자법 제2조제4호)를 말한다. 이에 비하여 고용산재보험료징수법에서는 하수급인을 사업의 전부를 도급받은 자뿐 아니라 일부를 도급받아 수행하는 자까지 포함하는 개념으로 상세하게 규정하고 있다. 이는 앞서 언급한 바와 같이 이 법의 적용을 받는 사업주를 명확하게 규정하기 위함이며, 앞서 사업의 전부 또는 일부를 수행하는 발주자를 원수급인으로 본다는 원수급인에 관한 규정과도 일맥상통한다.

한 가지 주목할 점은 고용산재보험료징수법에서는 건설산업기본법에서 원칙적으로 재하도급을 금지하고 있는 것과는 달리 하수급인으로부터 전부 또는 일부를 도급받아 하는 자(이른바 재하수급인) 또한 하수급인의 개념에 명시적으로 포함시키고 있다는 점이다. 이로 인해 재하수급인 또한 하수급인 사업주 인정승인 등과 같은 하수급인에게 적용되는 제반 규정의 주체가 될 수 있는지 등이 문제가 된다. 이에 대해 자세한 사항은 제2장 고용산재보험 관련 주요 법령 해설 부분에서 다루게 될 것이다.

> **고용산재보험료징수법 제2조(정의):** 이 법에서 사용하는 용어의 뜻은 다음과 같다.
>
> 6. '정보통신망'이란 「정보통신망 이용촉진 및 정보보호 등에 관한 법률」에 따른 정보통신망을 말한다.

고용산재보험료징수법 제2조제6호에서 말하는 「정보통신망 이용촉진 및 정보보호 등에 관한 법률」에 따른 정보통신망'이란 「전기통신사업법」 제2조제2호에 따른 전기통신설비를 이용하거나 전기통신설비와 컴퓨터 및 컴퓨터의 이용기술을 활용하여 정보를 수집·가공·저장·검색·송신 또는 수신하는 정보통신체제를 말한다. 고용산재보험료징수법에서 '정보통신망'에 대한 정의 규정을 별도로 두고 있는 이유는 이 법에 따른 신고 및 신청을 고용노동부장관이 정하여 고시하는 정보통신망(이하 '고용··산재정보통신망'이라 한다)을 이용하여 할 수 있도록 규정하고 있기 때문이다(고용산재보험료징수법 제4조의2 제1항). '고용노동부장관이 정하여 고시하는 정보통신망'이라 함은 고용·산재정보통신망 이용에 관한 고용노동부 고시(고용노동부고시 제2018-85호, 2018.12.28.)를 의미한다.

쉽게 말해 고용산재보험의 신고 및 신청은 고용산재정보통신망 이용에 관한 고시에 의한 고용·산재보험토탈서비스(total.kcomwel.or.kr)를 통해 가능하며, 이러한 정보통신망에 의한 신고를 법적으로 규정하기 위해 고용산재보험료징수법 제2조제6호에 '정보통신망'에 관한 정의 규정을 별도로 두고 있는 것이다.

고용산재보험료징수법 제2조(정의): 이 법에서 사용하는 용어의 뜻은 다음과 같다.

7. '보험료 등'이란 보험료, 이 법에 따른 가산금·연체금·체납처분비 및 제26조에 따른 징수금을 말한다.

고용산재보험료징수법상 '보험료 등'이란 보험료와 이 법에 따른 가산금·연체금·체납처분비 및 제26조에 따른 징수금 일체를 말한다. 여기서 '제26조에 따른 징수금'이란 사업주가 보험관계 성립신고를 게을리 한 중에 발생한 재해, 사업주가 산재보험료 납부를 게을리 한 기간 중에 발생한 재해에 대해 근로복지공단이 산재보험급여를 지급하는 경우 대통령령으로 정하는 바에 따라 그 급여에 해당하는 금액의 전부 또는 일부를 징수하도록 한 금액을 말한다(고용산재보험료징수법 제26조제1항). 이는 이른바 미가입 산재(사업주가 산재보험 성립 및 보험료 납부를 게을리 한 상태에서 그 사업장에서 근로자에게 발생한 산재)라 하더라도 근로자 보호 차원에서 근로자의 직접 산재 신청을 통해 보상받을 수 있는 길을 열어두고, 그로 인해 보상한 금액에 대해 일정 부분을 사용자의 책임을 물어 징수할 수 있도록 명시한 것이다.

Ⅶ. 국민연금법

국민연금법은 국민의 노령, 장애 또는 사망에 대하여 연금급여를 실시함으로써 국민의 생활 안정과 복지증진에 이바지하는 것을 목적으로 한다(국민연금법 제1조). 대한민국뿐 아니라 여러 선진국의 공적연금제도는 전통적으로 가입자의 노후 소득을 보장하는 보험기능과 고소득 층에서 저소득층으로 재분배하는 복지 프로그램적 기능을 지향하고 있다.[17] 국민연금법에 따른 국민연금 사업은 보건복지부장관이 맡아 주관하며(동법 제2조), 국가는 이 법에 따른 연금 급여가 안정적·지속적으로 지급되도록 필요한 시책을 수립·시행하여야 할 책무를 진다(동법 제3조의2). 이하에서는 국민연금법에서 사용되는 주요 용어를 분석하고 이해하여 이후 본격적으로 국민연금의 가입대상, 절차 등 주요 규정을 숙지하기 위한 기본 지식을 습득한다.

> **국민연금법 제3조(정의 등) 제1항:** 이 법에서 사용하는 용어의 뜻은 다음과 같다.
>
> 1. '근로자'란 직업의 종류가 무엇이든 사업장에서 노무를 제공하고 그 대가로 임금을 받아 생활하는 자(법인의 이사와 그 밖의 임원을 포함한다)를 말한다. 다만, 대통령령으로 정하는 자는 제외한다.

다른 4대보험 관련 법령과 마찬가지로, 국민연금법에서 가장 먼저 '근로자'에 대한 정의 규정을 명시하고 있는 이유는 보험 가입의 주요 대상이 되는 계층을 명확히 하기 위함이다. 근로자에 해당하는 경우 그 근로자는 국민연금의 사업장가입자에 해당되어 사업장가입자가 아닌 지역가입자 등과는 몇몇 다른 규정을 적용받게 된다.

---

17) 김상호. (2004). 국민연금법 개정(안)의 세대 내 소득재분배 효과 분석. 경제학연구, 52(3), 123-144.

■ 근로기준법상 근로자와의 비교

국민연금법상 '근로자'란 직업의 종류가 무엇이든 사업장에서 노무를 제공하고 그 대가로 임금을 받아 생활하는 자(법인의 이사와 그 밖의 임원을 포함)를 말한다(국민연금법 제3조제1호). 이는 '직업의 종류와 관계없이 임금을 목적으로 사업 또는 사업장에 근로를 제공하는자'를 의미하는 근로기준법상 근로자(근로기준법 제2조제1항제1호)와 유사한 듯 보이나 차이가 있다.

우선 근로기준법상 근로자의 판단에 있어서는 사용자의 실질적 지휘·감독 여부가 핵심적인 부분이다. 따라서 정의 규정에 명시하고 있지는 않으나, 근로기준법상 근로자에는 법인의 이사와 그 밖의 임원은 회사로부터 일정한 사무처리의 위임을 받고 있는 것이므로 고용관계로 보지 않아 근로자성을 부인하는 경우가 많다(단, 그 지위 또는 명칭이 형식적, 명목적인 것에 그치고 실질적으로 임금을 목적으로 근로를 제공해왔다면 근로기준법상 근로자에 해당하기도 한다).[18] 반면 국민연금법에서는 정의 규정에 명시적으로 '법인의 이사와 그 밖의 임원을 포함한다'고 규정하고 있다. 이러한 차이는 근로기준법상 근로자 개념이 근로기준법의 각종 보호를 받는 대상의 범위를 확정하기 위한 정의 규정이라면, 국민연금법상 근로자 개념은 국민연금법의 적용을 받는 대상의 범위를 확정하기 위한 규정이라는 목적상의 차이에서 발생한다. 즉, 국민연금법에서는 이사와 그 밖의 임원 등을 국민연금의 가입대상 범위로 확정하여, 가입대상 판단에 있어서 분쟁의 소지를 제거하였다는데 의의가 있다.

근로기준법상 근로자와 국민연금법상 근로자의 공통점은 모두 실업자를 포함하지 않는다는 점이다. 근로기준법과 국민연금법 모두 근로자는 '(사업 또는)사업장에서 노무(근로)를 제공'해야 하기에 사용자에게 현실적으로 고용되어 있는 취업자만이 근로자에 해당되고, 실업자나 해고자는 이에 포함되지 않는다. 또한 근기법과 국민연금법 모두 '임금을 목적으로 근로를 제공하는' 자 또는 '노무 제공의 대가로 임금을 받아 생활하는 자'를 근로자의 개념에 포함시켜, 무상 또는 임금 이외의 목적으로 근로를 제공하는 자를 근로자로 보지 않는다. 다만, 현재 임금을 받지 않고 있다 하더라도 상병으로 인하여 휴양중인 자, 휴직중인 자 또는 노동조합의 전임간부와 같이 근로계약관계를 유지하고 있다면 근로자로 본다고 해석함이 타당하다.

---

18) 대판 2003.9.26., 2002다64681; 대판 2002.9.4., 2002다4429

■ 근로자에서 제외되는 자

국민연금법 제3조제1호 후단에서는 국민연금법상 근로자에서 제외되는 자에 대해서 대통령령으로 정할 것을 규정하고 있다. 여기서 대통령령으로 정하는 제외되는 자란 다음과 같다.

(1) 일용근로자나 1개월 미만의 기한을 정하여 사용되는 근로자

일용근로자와 1개월 미만의 기한을 정하여 사용되는 근로자에서 제외된다(국민연금법 시행령 제2조제1호). 다만, 1개월 이상 계속 사용되면서 다음 중 어느 하나에 해당하는 사람은 근로자에 포함된다.

> 가. 「건설산업기본법」 제2조제4호 각 목 외의 부분 본문에 따른 건설공사의 사업장 등 보건복지부장관이 정하여 고시하는 사업장에서 사용되는 경우: 1개월 동안의 근로일수가 8일 이상인 사람
> 나. 가목 외의 사업장에서 사용되는 경우: 1개월 동안의 근로일수가 8일 이상이거나 1개월 동안의 근로시간이 60시간 이상인 사람

위 가, 나 항목은 건설업 현장에서 매우 중요한 의미를 갖는다. 2018년 8월 1일 이전에는 위 규정의 8일에 해당하는 근로일수가 20일로 규정되어 20일 미만을 근로하는 건설일용근로자들은 건강보험 가입대상에서 제외되었으나. 그러나 이후 법 개정으로 인해 2018년 8월 1일부터 건설공사계약기간이 시작되는 공사건에 대해서는 8일 이상을 근로하는 건설일용근로자는 모두 건강보험 가입대상에 해당하게 되었다. 이에 해당 규정을 미처 숙지하지 못하거나 해당 규정의 의미를 제대로 파악하지 못한 건설업 사업장에서 과거 가입대상에 해당하였으나 미처 가입하지 못한 건설일용근로자의 거액의 건강보험료를 소급하여 납부해야하는 상황이 빈번히 발생하였다. 이에 위 규정에 대한 명확한 의미를 이해하는 것이 중요하며, 이에 대해서는 다음 장에서 자세히 설명하기로 한다.

(2) 소재지가 일정하지 아니한 사업장에 종사하는 근로자

대부분 건설업 사업장은 일정한 소재지를 두고 있으므로 본 조항은 큰 의미는 없다.

(3) 법인의 이사 중 제3조제1항제2호에 따른 소득이 없는 사람

원칙적으로 법인의 의사 또한 국민연금법상 근로자에 해당되나, 법인의 이사 중 국민연금법 시행령 제3조제1항제2호에 따른 소득이 없는 사람은 근로자에서 제외된다. 여기서 '시행령 제3조제1항제2호에 따른 소득'이란 「소득세법」 제20조제1항에 따른 근로소득에서 같은 법 제12조제3호에 따른 비과세 근로소득(「조세특례제한법」 제18조의2에 따라 과세하지 아니하는 금액을 포함한다)을 뺀 소득을 말한다. 즉, 급여의 항목이 대부분 비과세 근로소득으로 구성되어 소득세법상 근로소득에서 비과세 근로소득을 제외한 과세 대상 근로소득이 없는 법인의 이사의 경우에는 국민연금법상 근로자성이 부인되어 사업장가입자에서 제외된다.

(4) 1개월 동안의 소정근로시간이 60시간 미만인 단시간근로자

1개월 동안의 소정근로시간이 60시간 미만인 단시간근로자인 경우, 1개월 이상을 근로한다 하더라도 국민연금법상 근로자에서 제외되어 사업장가입자에 해당하지 않는다. 다만, 해당 단시간근로자 중 다음 각 목의 어느 하나에 해당하는 사람은 근로자에 포함된다.

> 가. 생업을 목적으로 3개월 이상 계속하여 근로를 제공하는 사람으로서 「고등교육법 시행령」 제7조제3호에 따른 시간강사.
> 나. 생업을 목적으로 3개월 이상 계속하여 근로를 제공하는 사람으로서 사용자의 동의를 받아 근로자로 적용되기를 희망하는 사람.
> 다. 둘 이상 사업장에 근로를 제공하면서 각 사업장의 1개월 소정근로시간의 합이 60시간 이상인 사람으로서 1개월 소정근로시간이 60시간 미만인 사업장에서 근로자로 적용되기를 희망하는 사람.

위 가목의 시간강사에 대한 근로자 해당 조항은 대학 시간강사에 대한 처우 개선이 사회적으로 이슈화되면서 포함된 규정으로, 생업을 목적으로 3개월 이상 대학에서 강의한 시간강사의 경우 여러 강의를 배정받지 못해 1개월간 소정근로시간이 60시간 미만이라 하더라도 근로자로 보아 사업장가입자로 인정한다는 의미이다.

그리고 나목은 월 소정근로시간이 60시간 미만이라 하더라도 생업을 목적으로 3개월 이상 계속 근로한 자가 근로자(사업장가입자)로 적용되기를 희망하여 사용자의 동의를 받은 경우 근로자로 보고 사업장가입자로 인정한다는 예외조항이다.

그리고 다목은 둘 이상의 사업장에 근로하여 월 총 소정근로시간이 60시간 이상이나 각각 개별 사업장에서 월 소정근로시간이 60시간 미만인 경우, 어느 사업장에서도 근로자로 인정받지 못해 사업장가입자에서 배제되는 불합리함을 배제하기 위한 규정이다.

국민연금법 제3조(정의 등) 제1항: 이 법에서 사용하는 용어의 뜻은 다음과 같다.

2. '사용자'(使用者)란 해당 근로자가 소속되어 있는 사업장의 사업주를 말한다.

국민연금법상 '사용자'란 해당 근로자가 소속되어 있는 사업장의 사업주만 포함하는, 협의의 사용자를 의미한다. 협의의 사용자 개념으로서 '사업주'라 함은 경영의 주체, 즉 개인기업의 경우 경영주 개인을, 법인기업의 경우 법인 그 자체를 말한다. 근로기준법에서는 사용자를 사업주뿐 아니라 사업의 경영담당자 또는 그 사업의 근로자에 관한 사항에 대하여 사업주를 위하여 행위하는 자까지 포함시키는 광의의 개념이라는 점에서 국민연금법상 사용자 개념과 차이가 있다. 이러한 차이는 근로기준법상 사용자 개념이 실질적으로 근로자를 지휘·감독하는 지위에 있는 자까지 근로기준법상 근로자에 대한 제반 의무를 부담하도록 하여 실질적으로 근로자를 보호하기 위한 정의 규정인 반면, 국민연금법에서는 국민연금 관계의 성립 및 부담금 부담 주체를 명확히 지정하기 위한 정의 규정이라는 점에서 발생한다.

국민연금법 제3조(정의 등) 제1항: 이 법에서 사용하는 용어의 뜻은 다음과 같다.

6. '사업장가입자'란 사업장에 고용된 근로자 및 사용자로서 제8조에 따라 국민연금에 가입된 자를 말한다.
7. '지역가입자'란 사업장가입자가 아닌 자로서 제9조에 따라 국민연금에 가입된 자를 말한다.
8. '임의가입자'란 사업장가입자 및 지역가입자 외의 자로서 제10조에 따라 국민연금에 가입된 자를 말한다.
9. '임의계속가입자'란 국민연금 가입자 또는 가입자였던 자가 제13조제1항에 따라 가입자로 된 자를 말한다.

국민연금법 제3조제6호~제9호는 국민연금 가입자의 종류에 관한 정의 규정이다. 이해를 돕기 위해 먼저 국민연금 가입자 종류에 대한 정의 규정을 설명한 뒤, 나머지 정의 규정에 대해 설명하도록 한다. 제2장에서 자세히 설명하겠지만, 국민연금의 가입대상은 원칙적으로 국내에 거주하는 18세 이상 60세 미만 국민 전체이다. 다만 공무원, 군인, 교직원 및 별정우체국 직원, 그 밖에 대통령령으로 정하는 자는 제외된다(국민연금법 제6조). 이러한 국민연금의 가입대상은 크게 사업장가입자, 지역가입자, 임의가입자 및 임의계속가입자로 구분된다(국민연금법 제7조). 위 정의 규정의 제6호~제9호는 이러한 국민연금 가입대상을 구분하는 용어의 정의에 대한 규정이다.

먼저 국민연금법에서 말하는 '사업장가입자'란 사업장에 고용된 근로자와 사용자로서 제8조에 따라 국민연금에 가입된 자를 말한다(국민연금법 제3조제4호). 여기서 '제8조에 따라 국민연금에 가입된 자'란 사업의 종류, 근로자의 수 등을 고려하여 대통령령으로 정하는 사업장(당연적용사업장)[19]의 18세 이상 60세 미만인 근로자와 사용자를 의미한다(국민연금법 제8조). 즉, 사업장가입자란 당연적용사업장에서 근로하는 근로자와 그 사용자 모두를 포함하는 개념이다. 단, 「공무원연금법」, 「공무원 재해보상법」, 「사립학교교직원 연금법」 또는 「별정우체국법」에 따른 퇴직연금, 장해연금 또는 퇴직연금일시금이나 「군인연금법」에 따른 퇴역연금, 상이연금, 퇴역연금일시금을 받을 권리를 얻은 자(이하 '퇴직연금등수급권자'라 한다)에 해당하는 자는 제외된다. 그러나 이에 해당하더라도 퇴직연금 등 수급권자가 「국민연금과 직역연금의 연계에 관한 법률」 제8조에 따라 연계 신청을 한 경우에는 그러하지 아니하다(국민연금법 제8조제1항제1호). 또한 18세 미만이라 하더라도 국민연금에 가입된 사업장에 종사하는 근로자라면 사업장가입자가 되는 것으로 보나, 본인이 원하지 않을 경우 그러하지 아니하며(국민연금법 제8조제2항), 제8조제1항에 따라 사업장가입자에 해당하나 「국민기초생활 보장법」 제7조제1항제1호에 따른 생계급여 수급자 또는 같은 항 제3호에 따른 의료급여 수급자는 본인의 희망에 따

---

19) 국민연금법 시행령 제19조(당연적용사업장) ① 법 제8조제1항에 따른 당연적용사업장은 다음 각 호의 어느 하나에 해당하는 사업장으로 한다.
   1. 1명 이상의 근로자를 사용하는 사업장
   2. 주한 외국 기관으로서 1명 이상의 대한민국 국민인 근로자를 사용하는 사업장
   ② 사업장 상호 간에 본점과 지점·대리점·출장소 등의 관계에 있고 그 사업 경영이 일체로 되어 있는 경우에는 이를 하나의 사업장으로 보아 제1항을 적용한다.

라 사업장가입자가 되지 아니할 수 있다(국민연금법 제8조제1항).

　다음으로 제3조제7호의 '지역가입자'란 18세 이상 60세 미만인 자이나 사업장가입자가 아닌 자를 말한다. 다만, 「공무원연금법」, 「군인연금법」, 「사립학교교직원 연금법」 및 「별정우체국법」을 적용받는 공무원, 군인, 교직원 및 별정우체국 직원, 그 밖에 대통령령으로 정하는 자로서 국민연금법 적용 제외 대상인 자의 배우자로서 별도의 소득이 없는 자, 그리고 사업장가입자, 지역가입자 및 임의계속가입자, 노령연금 수급권자 및 퇴직연금등수급권자 등의 배우자로서 별도의 소득이 없는 자는 제외되며, 퇴직연금등수급권자, 18세 이상 27세 미만인 자로서 학생 이거나 군 복무 등의 이유로 소득이 없는 자(연금보험료를 납부한 사실이 있는 자는 제외한다), 「국민기초생활 보장법」 제7조제1항제1호에 따른 생계급여 수급자 또는 같은 항 제3호에 따른 의료급여 수급자, 1년 이상 행방불명된 자 등도 지역가입자에서 제외된다(국민연금법 제9조).

　국민연금법 제3조제8호의 '임의가입자'란 사업장가입자, 지역가입자 외의 자로서 18세 이상 60세 미만인 자이면서 보건복지부령으로 정하는 바에 따라 국민연금공단에 가입을 신청한 자를 말한다. 여기서 '보건복지부령으로 정하는 바에 따라 국민연금공단에 가입을 신청한 자'란 국민연금법 시행규칙 별지 제5호서식에 따라 임의가입신청서를 국민연금공단에 제출한 자를 의미한다.

　마지막으로 제3조제9호의 '임의계속가입자'란 사업장가입자, 지역가입자, 임의가입자 중 어느 하나에 해당하는 가입자였던 자가 60세 이상이 되었으나 법적 요건을 충족할 경우[20], 보건복지부령으로 정하는 바에 따라 국민연금공단에 가입을 신청하여 65세가 될 때까지 가입자 자격이 유지된 자를 말한다. 이러한 경우 기입 신청이 수리된 날에 그 자격을 취득한다(국민연금법 제13조제1항).

---

20) 임의계속가입자가 되기 위한 요건은 다음과 같다(국민연금법 제13조제1항).
　1. 국민연금 가입자 또는 가입자였던 자로서 60세가 된 자. 다만, 다음 각 목의 어느 하나에 해당하는 자는 제외한다.
　　가. 연금보험료를 납부한 사실이 없는 자
　　나. 노령연금 수급권자로서 급여를 지급받고 있는 자
　　다. 제77조제1항제1호에 해당하는 사유로 반환일시금을 지급받은 자
　2. 전체 국민연금 가입기간의 5분의 3 이상을 대통령령으로 정하는 직종의 근로자로 국민연금에 가입하거나 가입하였던 사람(이하 "특수직종근로자"라 한다)으로서 다음 각 목의 어느 하나에 해당하는 사람 중 노령연금 급여를 지급받지 않는 사람
　　가. 제61조제1항에 따라 노령연금 수급권을 취득한 사람
　　나. 법률 제3902호 국민복지연금법개정법률 부칙 제5조에 따라 특례노령연금 수급권을 취득한 사람

> **국민연금법 제3조(정의 등) 제1항:** 이 법에서 사용하는 용어의 뜻은 다음과 같다.
>
> 3. '소득'이란 일정한 기간 근로를 제공하여 얻은 수입에서 대통령령으로 정하는 비과세소득을 제외한 금액 또는 사업 및 자산을 운영하여 얻는 수입에서 필요경비를 제외한 금액을 말한다.
> 4. '평균소득월액'이란 매년 사업장가입자 및 지역가입자 전원(全員)의 기준소득월액을 평균한 금액을 말한다.
> 5. '기준소득월액'이란 연금보험료와 급여를 산정하기 위하여 국민연금가입자(이하 "가입자"라 한다)의 소득월액을 기준으로 하여 정하는 금액을 말한다.

국민연금법 제3조제3호의 '소득'에 대한 정의 규정은 국민연금 부담금 및 기여금의 산정기초가 되는 금액을 명확히 하기 위한 규정으로, 고용보험법 및 고용산재보험료징수법상의 '보수'와 유사한 개념이라 할 수 있다. 위의 정의 규정에서 '일정한 기간 근로를 제공하여 얻은 수입'이란 급여, 봉급, 임금 등 형식상 명칭과는 무관하게 근로 제공의 대가로 제공받은 일체의 금액을 의미하는 것으로 보아야 하며, 제외하는 '대통령령으로 정하는 비과세소득'이란 고용산재보험료징수법의 '보수'에서 제외되는 금액과 동일한, 소득세법 제12조제3호에서 규정하는 일체의 비과세소득을 의미한다(자세한 비과세소득 항목에 대해서는 위 소득세법 제12조제3호 표 참조). 그리고 위 조항 후반부의 '사업 및 자산을 운영하여 얻는 수입에서 필요경비를 제외한 금액' 근로소득 외 사업소득이나 기타소득 또한 국민연금 부담금 및 기여금 산정의 기초가 되는 소득에 포함하기 위해서이다. 국민연금은 원칙적으로 국내에 거주하는 국민으로서 18세 이상 60세 미만인 자는 국민연금의 가입대상이 되므로(국민연금법 제6조), 근로소득 외 모든 수입을 소득의 정의 규정에 포함시킨 것이다.

다음으로 제3조제4호의 '평균소득월액'이란 앞서 설명한 사업장가입자와 지역가입자 전원의 기준소득월액을 평균한 금액을 말하며, 여기서 기준소득월액이란 연금보험료와 급여를 산정하기 위해 국민연금가입자의 소득월액을 기준으로 하여 정하는 금액을 말한다(국민연금법 제3조제5호). 여기서 소득월액이란 앞서 1개월 동안 제3조제3호에서 정의한 '소득'에 해당하는 금액을 의미한다.

> **국민연금법 제3조(정의 등) 제1항:** 이 법에서 사용하는 용어의 뜻은 다음과 같다.
>
> 10. '연금보험료'란 국민연금사업에 필요한 비용으로서 사업장가입자의 경우에는 부담금 및 기여금의 합계액을, 지역가입자·임의가입자 및 임의계속가입자의 경우에는 본인이 내는 금액을 말한다.
> 11. '부담금'이란 사업장가입자의 사용자가 부담하는 금액을 말한다.
> 12. '기여금'이란 사업장가입자가 부담하는 금액을 말한다.

먼저 국민연금법 제3조제11호의 '부담금'이란 사업장가입자의 '사용자'가 부담하는 금액을 말하며, 제12호의 '기여금'이란 사업장가입자 '본인'이 부담하는 금액을 말한다. 동법 동조 제10호의 '연금보험료'는 사업장가입자의 경우 부담금과 기여금 두 금액의 합계액을, 그리고 나머지 가입자(지역가입자, 임의가입자, 임의계속가입자)에 대해서는 본인이 내는 금액을 말한다. 쉽게 말해, 사업장가입자의 경우 국민연금보험료는 사용자와 사업장가입자 본인(근로자)이 분담하며, 그 외 가입자는 본인이 전액 부담함을 의미한다.

> **국민연금법 제3조(정의 등) 제1항:** 이 법에서 사용하는 용어의 뜻은 다음과 같다.
>
> 13. '사업장'이란 근로자를 사용하는 사업소 및 사무소를 말한다.

국민연금법 제3조제13호의 '사업장'이란 근로자를 사용하는 사업소(사업을 행하는 장소) 및 사무소(사무를 보는 곳)를 말하는 것으로서, 사업을 영위하기 위해 필요한 인적·물적 설비를 갖추고 계속하여 사업을 영위하는 장소적 의미로 봄이 타당하다.

> **국민연금법 제3조(정의 등) 제1항:** 이 법에서 사용하는 용어의 뜻은 다음과 같다.
>
> 14. '수급권'이란 이 법에 따른 급여를 받을 권리를 말한다.
> 15. '수급권자'란 수급권을 가진 자를 말한다.
> 16. '수급자'란 이 법에 따른 급여를 받고 있는 자를 말한다.

국민연금법 제3조제14호의 '수급권'이란 이 법에 따른 급여를 받을 권리를, 제15호의 '수급권자'란 그러한 수급권을 가진 자를 말한다. 제14호의 '급여'란 국민연금법 제49조에서 나열하는 노령연금, 장애연금, 유족연금, 반환일시금과 같이 국민연금가입자가 일정한 법적 요건을 갖춘 경우 수급권자의 청구에 따라 국민연금공단이 지급하는 금액을 의미한다. 제16호의 수급자는 '수급권'을 갖게 된 '수급권자'가 공단에 청구하여 법에 따른 급여를 지급받고 있는 자를 말한다.

국민연금법 제3조(정의 등) 제1항: 이 법에서 사용하는 용어의 뜻은 다음과 같다.

17. '초진일'이란 장애의 주된 원인이 되는 질병이나 부상에 대하여 처음으로 의사의 진찰을 받은 날을 말한다. 이 경우 질병이나 부상의 초진일에 대한 구체적인 판단기준은 보건복지부장관이 정하여 고시한다.

18. '완치일'이란 장애의 주된 원인이 되는 질병이나 부상이 다음 각 목 중 어느 하나에 해당하는 날을 말한다. 이 경우 증상의 종류별 완치일에 대한 구체적인 판단기준은 보건복지부장관이 정하여 고시한다.

　가. 해당 질병이나 부상이 의학적으로 치유된 날

　나. 더 이상 치료효과를 기대할 수 없는 경우로서 그 증상이 고정되었다고 인정되는 날

　다. 증상의 고정성은 인정되지 아니하나, 증상의 정도를 고려할 때 완치된 것으로 볼 수 있는 날

국민연금법 제3조제17호의 '초진일'이란 장애의 주된 원인이 되는 질병이나 부상에 대하여 처음으로 의사의 진찰을 받은 날을 말한다. 국민연금법 제49조에서는 국민연금 급여의 종류 중 한 가지로 장애급여를 들고 있는데, 이 장애급여 지급 요건 중 한 가지가 '질병이나 부상으로 인한 신체상 또는 정신상 장애'가 있어야 한다는 것이다. '초진일'은 이러한 장애급여 수급 자격 여부를 판정하기 위한 기준일의 의미를 갖는다. 예를 들어 국민연금법 제67조제1항제1호에서는 장애연금 수급권자가 되기 위한 요건 중 한 가지로 '해당 질병 또는 부상의 초진일 당시 연령이 18세 이상이고 노령연금 지급 연령 미만일 것'을 들고 있다. 또한 제17조 후단에서 말하는 '보건복지부장관이 정하여 고시'하는 초진일에 대한 구체적 판단기준이란 국민연금 장애심사규정에 따라 고시(보건복지부 고시 제2017-30호)한 국민연금 장애유형별 심사기준을 말한다.

제18호의 '완치일'이란 장애의 주된 원인이 되는 질병이나 부상이 의학적으로 치유되거나(제18호 가목), 더 이상 치료효과를 기대할 수 없는 경우로서 그 증상이 고정되었다고 인정되는

날(제18호 나목) 또는 증상의 고정성은 인정되지 아니하나, 증상의 정도를 고려할 때 완치된 것으로 볼 수 있는 날(제18호 다목)을 의미한다. 즉, 국민연금법에서의 '완치'란, 산재보험법에서 완치와 증상의 고정을 포함한 개념인 '치유'와 유사한 개념이다. 이에 더해 국민연금법상 완치 개념에는 증상의 고정성이 인정되지 않지만 증상의 정도를 고려할 때 완치된 것으로 볼 수 있는 경우까지 포함하여 산재보험법의 '치유'보다 더욱 광범위한 최광의 개념으로 해석할 수 있다. 이 완치일 개념은 장애 정도 결정의 기준일이 된다는 점에서 중요한 개념이라 할 수 있다. 제18조 후단의 '보건복지부장관이 정하여 고시'하는 완치일에 대한 구체적인 판단기준이란 초진일과 마찬가지로 국민연금 장애심사규정에 의해 고시(보건복지부 고시 제2017-30호)된 국민연금 장애유형별 심사기준을 의미한다.

국민연금법 제3조(정의 등) 제1항: 이 법에서 사용하는 용어의 뜻은 다음과 같다.

19. '가입대상기간'이란 18세부터 초진일 혹은 사망일까지의 기간으로서, 다음의 각 목에 해당하는 기간을 제외한 기간을 말한다. 다만, 18세 미만에 가입자가 된 경우에는 18세 미만인 기간 중 보험료 납부기간을 가입대상기간에 포함하고, 초진일이나 사망일 이전에 나목과 다목에 해당되는 기간에 대하여 제92조에 따라 보험료를 추후 납부하였을 경우에는 그 추후 납부한 기간을 가입대상기간에 포함한다.
    가. 제6조 단서에 따라 가입대상에서 제외되는 기간
    나. 18세 이상 27세 미만인 기간 중 제9조제3호에 따라 지역가입자에서 제외되는 기간
    다. 18세 이상 27세 미만인 기간 중 제91조제1항 각 호에 따라 연금보험료를 내지 아니한 기간(제91조제1항제2호의 경우는 27세 이상인 기간도 포함)

■ 원칙

국민연금법 제3조제19호에 따른 국민연금의 '가입대상기간'이란 원칙적으로 18세부터 초진일 혹은 사망일까지의 기간을 의미한다. 국민연금의 가입대상자의 대원칙은 18세 이상 60세 미만 모든 국민이므로, 18세가 되는 시점부터 '가입대상기간'에 해당하게 된다. 그리고 초진일부터는 장애연금의 수급권을 갖게 되어 '가입자'가 아닌 '수급자'에 해당하게 되며, 사망하게 되면 가입대상에서 당연 제외되므로 초진일 혹은 사망일을 가입대상기간의 종기로 규정한 것이다.

■ 제외되는 기간

(1) 국민연금법 제6조 단서에 따라 제외되는 기간

위에서 설명한 원칙적 가입대상기간에 해당한다 하더라도, 국민연금법 제6조 단서에 따라 「공무원연금법」, 「군인연금법」, 「사립학교교직원 연금법」 및 「별정우체국법」을 적용받는 공무원, 군인, 교직원 및 별정우체국 직원, 그 밖에 대통령령으로 정하는 자에 해당하는 경우 그 해당하는 기간은 가입대상기간에서 제외된다. '그 밖에 대통령령으로 정하는 자'란 국민연금법 제61조제1항 및 법률 제8541호 국민연금법 전부개정법률 부칙 제2조에 따라 노령연금의 수급권을 취득한 자 중 60세 미만의 특수직종 근로자 또는 국민연금법 제61조제2항에 따른 조기노령연금의 수급권을 취득한 자를 말한다(단, 법 제66조제1항에 따라 조기노령연금의 지급이 정지 중인 자는 제외). 즉, 노령연금 수급권을 취득하였으면서 60세 미만의 특수 직종 근로자에 해당하는 기간, 또는 조기농령연금의 수급권을 취득한 자에 해당하는 기간 동안 또한 가입대상기간에서 제외된다.

(2) 18세 이상 27세 미만인 기간 중 제9조제3호에 따라 지역가입자에서 제외되는 기간

제9조제3호에 따라 지역가입자에서 제외되는 기간이란 18세 이상 27세 미만인 자로서 학생이거나 군복무 등의 이유로 소득이 없는 자에 해당하는 기간을 말한다. 단, 이러한 기간에 해당한다 하더라도 연금보험료를 납부한 사실이 있다면 가입대상기간에 포함된다.

3) 18세 이상 27세 미만인 기간 중 제91조제1항 각호에 따라 연금보험료를 내지 아니한 기간

제9조제1항 각호에 따라 연금보험료를 내지 아니한 기간이란 ① 사업 중단, 실직 또는 휴직 중인 경우, ②「병역법」 제3조에 따른 병역의무를 수행하는 경우, ③「초·중등교육법」 제2조나「고등교육법」 제2조에 따른 학교에 재학 중인 경우, ④「형의 집행 및 수용자의 처우에 관한 법률」 제11조에 따라 교정시설에 수용 중인 경우, ⑤ 종전의「사회보호법」에 따른 보호감호시설이나「치료감호법」에 따른 치료감호시설에 수용 중인 경우, ⑥ 1년 미만 행방불명된 경우(행방불명의 인정 기준 및 방법은 대통령령[국민연금법 시행령 제20조]으로 정함), ⑦ 재해·사고 등으로 소득이 감소되거나 그 밖에 소득이 있는 업무에 종사하지 아니하

는 경우로서 대통령령으로 정하는 경우를 말한다. 본 조항은 사업 중단, 실직 혹은 교정시설의 수용, 학업, 군복무, 행방불명 등 사정상 소득이 없거나 부족한 기간 동안은 국민연금 가입대상기간에서 제외하겠다는 상식적인 취지의 조항이다.

VIII. 국민건강보험법

국민건강보험법은 국민의 질병·부상에 대한 예방·진단·치료·재활과 출산·사망 및 건강증진에 대하여 보험급여를 실시함으로써 국민보건 향상과 사회보장 증진에 이바지함을 목적으로 한다. 건강보험제도는 질병이나 부상으로 인해 발생한 고액의 진료비로 가계에 과도한 부담이 되는 것을 방지하기 위하여, 국민들이 평소에 보험료를 내고 보험자인 국민건강보험공단이 이를 관리·운영하다가 필요시 보험급여를 제공함으로써 국민 상호간 위험을 분담하고 필요한 의료서비스를 받을 수 있도록 하는 사회보장제도이다.

본 절에서는 국민건강보험법의 주요 용어들을 이해하고 관련 규정들을 살펴봄으로써 앞으로 건강보험의 체계에 대한 기본 지식을 얻기 위한 기반을 마련한다.

국민연금법 제3조(정의 등) 제1항: 이 법에서 사용하는 용어의 뜻은 다음과 같다.

1. '근로자'란 직업의 종류와 관계없이 근로의 대가로 보수를 받아 생활하는 사람(법인의 이사와 그 밖의 임원을 포함한다)으로서 공무원 및 교직원을 제외한 사람을 말한다.
4. '공무원'이란 국가나 지방자치단체에서 상시 공무에 종사하는 사람을 말한다.
5. '교직원'이란 사립학교나 사립학교의 경영기관에서 근무하는 교원과 직원을 말한다.

---

1. 건강보험법상 근로자

국민건강보험법에서 정의하는 '근로자'란 직업의 종류와 관계없이 근로의 대가로 보수를 받아 생활하는 사람(법인의 이사와 그 밖의 임원을 포함한다)으로서 공무원 및 교직원을 제외한 사람을 말한다. 국민건강보험법상 근로자의 정의는 국민연금법상 근로자와 이사 및 그 밖의 임원을 포함한다는 점에서 거의 동일하나, 공무원 및 교직원을 명시적으로 제외하고 있다. 건강보험법에서 공무원 및 교직원을 근로자에서 제외하고 별도의 정의 규정을 두고 있는 이유는, 이들이 사업장가입자로 적용되어 사용자와 근로자 간 건강보험료 부담률 계산 시, 일반 사업장가입자와 공무원 및 교직원의 부담률이 달리 적용되기 때문이다. 이는 일반 사업장가입자의 사용자는 사업주인 반면 공무원의 사용자는 국가 및 지방자치단체이며, 사립학교 교직원의 경우에도 국가에서 사용자부담분을 일정률로 분담하고 있기 때문이다. 이에 대한 자세한 사항 또한 다음 장에서 설명하게 될 것이다.

2. 공무원 및 교직원

국민건강보험법상 근로자에 포함하지 않고 별도로 정의하고 있는 '공무원'이란 국가나 지방자치단체에서 상시 공무에 종사하는 사람을 말하며(국민건강보험법 제3조제4호) '교직원'이란 사립학교나 사립학교의 경영기관에서 근무하는 교원과 직원을 말한다(동법 동조제5호). 이에 따르면 국민건강보험법상으로는 공립학교에 근무하는 교원과 직원은 '교직원'이 아닌 '공무원'에 해당하는 것으로 보아야 한다.

국민연금법 제3조(정의 등) 제1항: 이 법에서 사용하는 용어의 뜻은 다음과 같다.

  2. '사용자'란 다음 각 목의 어느 하나에 해당하는 자를 말한다.
      가. 근로자가 소속되어 있는 사업장의 사업주
      나. 공무원이 소속되어 있는 기관의 장으로서 대통령령으로 정하는 사람
  다. 교직원이 소속되어 있는 사립학교(「사립학교교직원 연금법」 제3조에 규정된 사립학교를 말한다. 이하 이 조에서 같다)를 설립·운영하는 자

앞서 국민건강보험법상 근로자 개념에서는 공무원 및 교직원을 근로자에서 제외하여 별도로 구분한 것과 마찬가지로, 사용자 개념 또한 근로자에 대한 사용자와 공무원 및 교직원에 대한 사용자로 구분하고 있다. 이는 위에서 설명한 바와 같이 공무원 및 (사립학교)교직원에 대해서는 국가 혹은 지자체가 건강보험료의 일정 부분을 부담하도록 별도로 규정하고 있기 때문

이다.

근로자에 대한 사용자란 근로자가 소속되어 있는 사업장의 사업주를 말한다(국민건강보험법 제3조제2호 가목). 그리고 공무원의 사용자란 공무원이 소속되어 있는 기관의 장으로서 대통령령으로 정하는 사람을 의미한다(동법 동조 동호 나목). 여기서 '대통령령으로 정하는 사람'이란 국민건강보험법 시행령 [별표 1]에 따른 기관장을 말한다. 다만, 법 제13조에 따른 국민건강보험공단은 소관 업무를 능률적으로 처리하기 위하여 필요하다고 인정할 때에는 기관의 소재지, 인원, 그 밖의 사정을 고려하여 [별표 1]에 따른 기관장에게 소속되어 있는 기관의 장을 사용자인 기관의 장으로 따로 지정할 수 있다. [별표 1]에 따른 공무원이 소속되어 있는 기관의 장은 아래와 같다.

사용자인 기관장(제2조 관련)

구분	기관장
1. 입법부	국회사무총장, 국회도서관장
2. 행정부	가. 감사원장, 대통령비서실장, 국가정보원장, 방송통신위원회위원장 나. 국무조정실장, 공정거래위원회 위원장, 금융위원회 위원장, 국민권익위원회 위원장 다. 중앙행정기관의 장 라. 특별시장, 광역시장, 도지사, 특별자치도지사, 시장, 군수, 구청장(자치구의 구청장을 말한다.) 마. 대학교 및 대학의 장, 전문대학의 장 바. 교육감, 교육장
3. 사법부	법원행정처장, 각급 법원 및 법원 지원(支院)의 장
4. 헌법재판소	사무처장
5. 선거관리위원회	중앙선거관리위원회 사무총장, 특별시·광역시·도선거관리위원회, 선거관리위원회 사무처장

[별표 1] 국민건강보험법 시행령

마지막으로 교직원에 대한 사용자란 교직원이 소속되어 있는 사립학교(「사립학교교직원 연금법」 제3조에 규정된 사립학교[21]를 말한다)를 설립·운영하는 자를 말한다.

---

21) 사립학교교직원연금법 제3조(적용범위)

① 이 법은 다음 각호에 규정된 학교기관에서 근무하는 교직원에게 적용한다.

1. 「사립학교법」 제3조에 따른 사립학교 및 이를 설치·경영하는 학교경영기관

2. 「초·중등교육법」 제2조의 특수학교 중 사립학교 및 이를 설치·경영하는 학교경영기관

3. 제1호와 제2호에 해당하지 아니하는 사립학교 및 학교경영기관 중 특히 교육부장관이 지정하는 사립학교와 이를 설치·경영하는 학교경영기관

② 제1항에도 불구하고 이 법은 다음 각 호의 어느 하나에 해당하는 사람에 대해서는 적용하지 아니한다.

1. 「공무원연금법」의 적용을 받는 공무원

2. 「군인연금법」의 적용을 받는 군인

3. 2017년 1월 1일 이후 교직원으로 신규 임용(제2조제1항제3호 단서에 따른 경우는 제외한다)되는 경우로서 임용

> **국민건강보험법 제3조(정의 등):** 이 법에서 사용하는 용어의 뜻은 다음과 같다.
>
> 3. '사업장'이란 사업소나 사무소를 말한다.

국민건강보험법 제3조제13호의 '사업장'이란 사업소(사업을 행하는 장소) 및 사무소(사무를 보는 곳)를 말하는 것으로서, 국민연금법상 사업장의 의미와 거의 동일하나 '근로자를 사용하는'이라는 문구가 삭제되어 있다. 이는 국민건강보험법에서는 사업장가입자를 근로자와 공무원 및 교직원으로 구분하고 있기 때문이며, 이 외 실질적 의미는 동일하다. 즉, 국민건강보험법상 사업장 또한 사업을 영위하기 위해 필요한 인적·물적 설비를 갖추고 계속하여 사업을 영위하는 장소적 의미로 본다.

당시 다음 각 목의 구분에 따른 정년을 초과한 교직원
    가. 교원: 「교육공무원법」 제47조제1항에 따라 교육공무원에게 적용되는 정년
    나. 사무직원: 「국가공무원법」 제74조제1항에 따라 일반직공무원에게 적용되는 정년

건설업 4대보험 관련 각종 서식

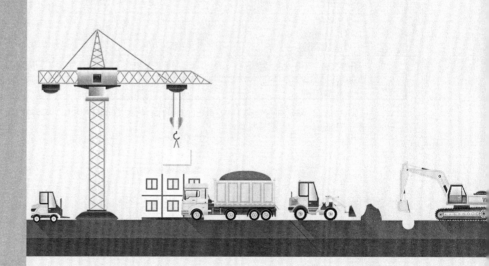

일용근로자 가입 제외 확인서

접수번호		접수일자		처리기간 5일
사업장관리번호		사업자등록번호		작성자연락처
사업장 / 사업장명		작성자명		전화번호
소재지 (주소)				FAX번호

연번	근로자성명 생년월일	근로년도 근로월	가입신고 제외 사유 (제외사유 코드는 아래 표 참조)
1		년	• 제외사유코드 (ex. 13)　• 상세사유 (ex. 사업주 배우자　　　)
		월	• 기 신고 근로자(제외코드 39번)인 경우 신고 관리번호 (　　　　)
2		년	• 제외사유코드 (　　　)　• 상세사유 (　　　　　　)
		월	• 기 신고 근로자(제외코드 39번)인 경우 신고 관리번호 (　　　　)
3		년	• 제외사유코드 (　　　)　• 상세사유 (　　　　　　)
		월	• 기 신고 근로자(제외코드 39번)인 경우 신고 관리번호 (　　　　)
4		년	• 제외사유코드 (　　　)　• 상세사유 (　　　　　　)
		월	• 기 신고 근로자(제외코드 39번)인 경우 신고 관리번호 (　　　　)
5		년	• 제외사유코드 (　　　)　• 상세사유 (　　　　　　)
		월	• 기 신고 근로자(제외코드 39번)인 경우 신고 관리번호 (　　　　)

[제외사유 코드]

코드	제외사유	코드	제외사유	코드	제외사유
11	사업주	25	공무원신분 산업기능요원 및 전문요원, 사회복무요원	34	항운노조원
12	사외이사, 비상근고문, 등기이사				
13	사업주 동거친족	26	노동부 실시 연수지원제에 의한 연수생	35	현장실습생
14	월 60시간미만 근로자 (※ 단, 3개월 이상 근로시 가입신고 대상)	27	성직자, 미체용 근로자	37	별정우체국법 적용 별정우체국 직원
		31	주민번호 오류		
15	적용제외 외국인 근로자	33	신고기관 자료 취소	98	기타 적용제외자
20	사학연금, 공무원연금, 군인연금법 적용자	39	기 신고 근로자		

위와 같이 가입신고 제외대상임을 확인하며, 가입신고 제외 근로자가 신고 대상이 되는 경우 다음 달 15일까지 「근로내용 확인신고서」를 제출하겠습니다.

.　　　　　.

사업주:　　　　　　　(서명 또는 인)

근로복지공단　　　지역본부(지사장) 귀하

일용 근로내용 ☐ 정정 ☐ 취소 신청서

접수번호		접수일자			처리기간 7일			
사업장관리번호								
하수급인관리번호				공사명				
사업장	사업장명					전화번호		
	소재지					FAX번호		

보험구분	성명	생년월일	성별	외국인여부	정정·취소 내용				
					부호	일용근로 년 월	정정 전	정정 후	정정(취소)사유
☐고용 ☐산재			☐남 ☐여	☐		년 월			
☐고용 ☐산재			☐남 ☐여	☐		년 월			
☐고용 ☐산재			☐남 ☐여	☐		년 월			
☐고용 ☐산재			☐남 ☐여	☐		년 월			
☐고용 ☐산재			☐남 ☐여	☐ ☐		년 월			
제출서류	▸ 상기 사실을 입증할 수 있는 자료(근로계약서, 작업일지, 노무비명세서 등 근로일 확인이 가능한 서류)를 첨부하여 제출								

작성방법

[보험구분] 정정 또는 취소하고자 하는 해당보험에 √표시(고용·산재보험 동시 정정 시 양쪽 모두 √표시)
[부호]
▸ 취소부호: 1. 근로내용 취소(일용근로년월의 취소인 경우 정정 전, 정정 후 난은 미기재)
▸ 정정부호: 1. 근로일수 2. 보수총액 3. 임금총액 4. 사업장관리번호(하수급인관리번호) 5. 일평균근로시간
[정정(취소)사유] 정정 및 취소사유를 구체적으로 기재

유의사항

피보험자격 등에 관한 사항을 거짓으로 신고한 경우에는 『고용보험법』 제118조 및 『고용보험 및 산업재해보상보험의 보험료 징수 등에 관한 법률』 제50조에 따라 300만원 이하의 과태료가 부과될 수 있습니다.

위와 같이 정정·취소 신청합니다.

.   .   .

신청인(사업주 또는 보험사무대행기관):   (서명 또는 인)

근로복지공단 00지역본부(지사장) 귀하

[ ]고용보험 [ ]산재보험 근로내용 확인신고서 (　년　월분)

※ 제2쪽의 유의사항과 작성방법을 읽고 작성하여 주시기 바라며, [ ]에는 해당되는 곳에 "√" 표시를 합니다.　　(제1쪽)

접수번호	접수일		처리기간: 7일

공통 사업장	사업장관리번호		명칭	
	사업자등록번호(국세청에 일용근로소득지급명세서 제출을 갈음하고자 할 때 필히 기재)		하수급인관리번호(건설공사등 미승인 하수급인에 한함)	
	소재지		보험사무대행기관 번호	보험사무대행기관 명칭
	전화번호　(유선)　　　　(휴대전화)		FAX번호	
	공사명	고용관리 책임자 (※건설업만 해당)	(성명)　　　　　　　(주민등록번호)　　　　　　　(직위) (직무내용)　　　(근무지)[ ]본사 [ ]해당 사업장(현장) [ ]다른 사업장(현장)	

성명				
주민등록번호 (외국인등록번호)	－	－	－	－
국적	체류자격			
전화번호(휴대전화)				
직종 부호				

근로일수 ('○'표시)	1 2 3 4 5	1 2 3 4 5	1 2 3 4 5	1 2 3 4 5
	6 7 8 9 10	6 7 8 9 10	6 7 8 9 10	6 7 8 9 10
	11 12 13 14 15	11 12 13 14 15	11 12 13 14 15	11 12 13 14 15
	16 17 18 19 20	16 17 18 19 20	16 17 18 19 20	16 17 18 19 20
	21 22 23 24 25	21 22 23 24 25	21 22 23 24 25	21 22 23 24 25
	26 27 28 29 30	26 27 28 29 30	26 27 28 29 30	26 27 28 29 30
	31	31	31	31

근로 일수	일평균 근로시간	일　　시간	일　　시간	일　　시간	일　　시간
보수지급기초일수		일	일	일	일
보수총액(과세소득)		원	원	원	원
임금총액		원	원	원	원
이직사유 코드					
보험료부과구분 (해당자만)	부호				
	사유				

국세청 일용근로 소득 신고	지급월	월	월	월	월
	총지급액 (과세소득)	원	원	원	원
	비과세소득	원	원	원	원
	원천 징수 액 소득세	원	원	원	원
	지방소득세	원	원	원	원
일자리안정자금 지원 신청		[ ]예　[ ]아니오	[ ]예　[ ]아니오	[ ]예　[ ]아니오	[ ]예　[ ]아니오

「고용보험법」 시행령 제7조제1항 후단 및 같은 법 시행규칙 제5조제2항, 「고용보험 및 산업재해보상보험의 보험료징수 등에 관한 법률 시행규칙」 제16조의6 후단에 따라 위와 같이 확인하여 신고합니다.

년　　　월　　　일

신고인(사용자·대표자)　　　　　　　　　　　　　　(서명 또는 인)

[ ] 보험사무대행기관

(서명 또는 인)

근로복지공단○○지역본부(지사)장 귀하

피보험자 · 고용정보 내역 정정 신청서

접수번호		접수일자			처리기간 7일					
사업장관리번호										
사업장	사업장명				전화번호					
	소재지				FAX번호					

보험구분	성명	생년월일	성별	외국인여부	정정 내용				
					정정부호	정정 전	정정 후	변경일	정정사유
□고용 □산재			□ 남 □ 여	□					
□고용 □산재			□ 남 □ 여	□					
□고용 □산재			□ 남 □ 여	□					
□고용 □산재			□ 남 □ 여	□					
□고용 □산재			□ 남 □ 여	□					
제출서류	▸ 상기 사실을 입증할 수 있는 근로계약서, 급여대장, 급여계좌이체내역, 출근부 등 자료를 구비하여 제출								

작성방법

[보험구분] 정정하고자 하는 해당보험에 √표시(고용·산재보험 동시 정정 시 양쪽 모두 √표시)

[정정부호]
▸ 공통사항: 3. 취득일(고용일) 4. 상실일(고용종료일) 5. 전근일(전보일) 6. 휴직시작일 8. 휴직사유 9. 보험료 부과구분
▸ 고용보험: 1. 주소정근로시간 2. 직종 등 기타 취득신고 내용 3. 상실사유 4. 이직사유(이직확인서) 5. 평균임금 등 기타 이직 확인 내용

[변경일] 노조로부터 금품을 지급받는 노조전임자의 신분변동(일반근로자↔노조전임자 상호신분변동)시에만 기재

[정정사유] 정정사유를 구체적으로 기재

유의사항

1. 피보험자격 등에 관한 사항을 거짓으로 신고한 경우에는 『고용보험법』 제118조 및 『고용보험 및 산업재해보상보험의 보험료 징수 등에 관한 법률』 제50조에 따라 300만원 이하의 과태료가 부과될 수 있습니다.
2. 성명, 주민등록번호, 자활근로종사자 보장자격, 휴직종료일의 변경은 「피보험자 내역변경신고서·근로자 정보변경신고서」를 작성하여 제출하시기 바랍니다.
3. 국민연금, 건강보험 관련 사항은 별도로 해당기관으로 각각 신고하시기 바랍니다.

위와 같이 정정 신청합니다.

. . .

신청인(사업주 또는 보험사무대행기관):   (서명 또는 인)

근로복지공단 ○○지역본부(지사장) 귀하

피보험자 · 고용정보 내역 취소 신청서

접수번호		접수일자					처리기간 7일	
사업장관리번호								

사업장	사업장명						전화번호	
	소재지						FAX번호	

보험구분	성명	생년월일	성별	외국인여부	취소부호	취소내용	취소사유
□고용 □산재			□ 남 □ 여	□			
□고용 □산재			□ 남 □ 여	□			
□고용 □산재			□ 남 □ 여	□			
□고용 □산재			□ 남 □ 여	□			
□고용 □산재			□ 남 □ 여	□			

거래은행 계좌번호 신고서	은행명		예금주명	피보험자 및 고용정보 취소 등으로 보험료 반환금액이 발생할 경우 입금될 계좌입니다.
	계좌번호			

작성방법

1. [보험구분] 취소하고자 하는 해당보험에 √표시(고용·산재보험 동시 정정 시 양쪽 모두 √표시)
2. [취소부호] 1. 취득일(고용일) 2. 상실일(고용종료일) 3. 전근일(전보일) 4. 휴직일 5. 이직확인
3. [취소내용] 피보험자 및 고용정보 내역의 항목 중 취소하고자 하는 내용을 작성
4. [취소사유] 취소사유를 구체적으로 기재
5. 근로계약서, 급여대장, 급여계좌이체내역, 출근부 등 사실관계 확인할 수 있는 증빙서류 제출

유의사항

1. 피보험자격 등에 관한 사항을 거짓으로 신고한 경우에는 『고용보험법』 제118조 및 『고용보험 및 산업재해보상보험의 보험료 징수 등에 관한 법률』 제50조에 따라 300만원 이하의 과태료가 부과될 수 있습니다.
2. 국민연금, 건강보험 관련 사항은 별도로 해당기관으로 각각 신고하시기 바랍니다.

위와 같이 취소 신청합니다.

.   .   .   .

신청인(사업주 또는 보험사무대행기관):   (서명 또는 인)

 근로복지공단 00지역본부(지사장) 귀하

■ 고용보험법 시행규칙 [별지 제5호서식] <개정 2019. 7. 16.>

국민연금 [ ] 사업장가입자 자격취득 신고서   건강보험 [ ] 직장가입자 자격취득 신고서
고용보험 [ ] 피보험자격취득 신고서   산재보험 [ ] 근로자 고용 신고서

(제1쪽)

※ 유의사항 및 작성방법은 제2쪽을 참고해 주시기 바라며, 색상이 어두운 란은 신고인이 적지 않습니다.
※ [ ]에는 해당되는 곳에 '√' 표시를 합니다.
※ 같은 사람의 4대 사회보험 각각의 자격취득일 또는 월 소득액(소득월액, 보수월액, 월평균근로수액)이 서로 다른 경우 줄을 달리하여 적습니다.

| 접수번호 | | 접수일 | | | 처리기간 : 3일(고용보험은 5일) |

사업장	사업장관리번호			명칭	단위사업장 명칭	영업소 명칭
	소재지					우편번호 ( )
	전화번호			명칭	팩스번호	

| 보험사무대행기관 | 번호 | | | 명칭 | 하수급인 관리번호(건설공사 등의 미승인 하수급인만 해당함) |

구분	성명	주민등록번호 (외국인등록번호, 국내거소신고번호)	국적 체류자격	대표자 여부	자격취득일 (YYYY.MM.DD)	월 소득액 (소득월액, 보수월액, 월평균근로수액) (원)	국민연금			건강보험					고용보험·산재보험			
							자격취득 부호	특수직종 부호	직역연금 급여부호	자격취득 부호	보험료 감면 부호	공무원·교직원		직종 부호	1주 소정 근로 시간	계약직 여부(계약직만 작성)	보험료 부과구분(해당자만 작성)		일자리 안정자금 지원신청
												회계명/부호	직종명/부호				부호	사유	
1				[ ]예 [ ]아니오			[ ]국민연금 ([ ]취득 월 납부 희망)			[ ]건강보험	[ ]피부양자 신청	[ ]피부양자 신청				[ ]고용보험(계약직 여부[[ ]예 [ ]아니오) [ ]산재보험			[ ]예 [ ]아니오
2				[ ]예 [ ]아니오			[ ]국민연금 ([ ]취득 월 납부 희망)			[ ]건강보험	[ ]피부양자 신청	[ ]피부양자 신청				[ ]고용보험(계약직 여부[[ ]예 [ ]아니오) [ ]산재보험			[ ]예 [ ]아니오
3				[ ]예 [ ]아니오			[ ]국민연금 ([ ]취득 월 납부 희망)			[ ]건강보험	[ ]피부양자 신청	[ ]피부양자 신청				[ ]고용보험(계약직 여부[[ ]예 [ ]아니오) [ ]산재보험			[ ]예 [ ]아니오
4				[ ]예 [ ]아니오			[ ]국민연금 ([ ]취득 월 납부 희망)			[ ]건강보험	[ ]피부양자 신청	[ ]피부양자 신청				[ ]고용보험(계약직 여부[[ ]예 [ ]아니오) [ ]산재보험			[ ]예 [ ]아니오

위와 같이 자격취득을 신고합니다.

년 월 일

신고인(사용자·대표자)   (서명 또는 인)/ [ ]보험사무대행기관   (서명 또는 인)

년 월 일

국민연금공단 이사장/국민건강보험공단 이사장/근로복지공단 ○○지역본부(지사)장 귀하   / [ ]보험사무대행기관 (서명 또는 인)

■ 고용보험법 시행규칙[별지 제19호서식] <개정 2018. 7. 11.>

국민연금 [□]사업장가입자 내용변경 신고서
건강보험 [□]직장가입자 내용변경 신고서
고용보험 [□]피보험자 내용변경 신고서
산재보험 [□]근로자 정보변경 신고서

※ 유의사항 및 작성방법은 뒷면을 참고하여 주시기 바라며, 색상이 어두운 란은 신고인이 적지 않습니다.　　　　　　　(앞면)

접수번호	접수일		처리기간　3일

사업장	사업장관리번호 □□□ - □□ - □□□□□ - □	
	명칭	
	전화번호	FAX번호
	소 재 지	
	우편번호(　　　　　)	

보험사무 대행기관	번호	명칭

하수급인 관리번호	※ 건설공사 등의 미승인 하수급인의 경우만 해당함

일련 번호	성명	주민(외국인)등록번호· 국내거소신고번호	변경내용			
			연월일 (YYYY.MM.DD)	부호	변경 전	변경 후

건강보험증 수령지	[　]사업장 주소지　　　　[　]해당 직장가입자 주민등록표 등본의 주소지

위와 같이 신고합니다.

　　　　　　　　　　　　　　　　　　　　　　　　　　　　　　　　　　년　　　월　　　일

　　　　　　　　　　　　　　　신고인(대표자)　　　　　　　　　　(서명 또는 인)

　　　　　　　　　　[　]보험사무대행기관

　　　　　　　　　　　　　　　　　　　　　　　　　　　　　　　　(서명 또는 인)

국민연금공단 이사장 · 국민건강보험공단 이사장 · 근로복지공단 ○○지역본부(지사)장　귀하

■ 고용보험법 시행규칙[별지 제8호서식] <개정 2019. 7. 16.>

피보험자 이직확인서

※ 뒤쪽의 작성요령을 읽고 적으시기 바랍니다.   (앞쪽)

접수번호		접수일자		처리기간

①사업장관리번호			②보험사무대행기관번호	
사업장	③명 칭		④전화번호	
	⑤소재지			

⑥하수급인관리번호(건설공사등의 미승인 하수급인인 경우에만 해당)				
피보험자 (이직자)	⑦성 명		⑧주민등록번호	－
	⑨주 소		⑩휴대전화번호	

⑪피보험자격취득일 (입 사 일)		⑫이직일 (근로제공 마지막 날)	

⑬이직사유 구분 코드		(구체적 사유, 글자 수 13자 이상 기재)	

⑭피보험단위기간 산정대상기간 (이직일 포함 180일이 되는 기간까지 만 월별 작성)	⑮보수지급 기초일수	⑰기준기간연장 (아래 사유코드 참조)	사유
			기간
~		<기준기간 연장사유 코드> 1. 질병·부상 2. 사업장 휴업 3. 임신·출산·육아 4. 기타 사유	

평 균 임 금 산 정 명 세

⑭	⑮		부터 까지	부터 까지	부터 까지	부터 까지	계
~		⑱임금계산기간					
~		⑲총 일수	일	일	일	일	일
~		⑳임금내역 기본급	원	원	원	원	원
~		그 밖의 수당	원	원	원	원	원
		상여금	(* 이직 전 12개월간 지급된 금액*3/12			)	원
~		연차수당	(* 이직 전 12개월간 지급된 금액*3/12			)	원
		기타					원
~		㉑통상임금					원
~		㉒기준보수 * 기준보수로 납부한 경우만 기재					원

⑯통산피보험단위기간	일	㉓1일 소정근로시간	□ 4시간 이하, □ 5시간, □ 6시간, □ 7시간, □ 8시간 이상

「고용보험법」 제16조제1항 및 같은 법 시행규칙 제5조제3항 본문에 따라 위와 같이 제출합니다.

확인일   년   월   일

확인자 □ 사 업 장 명   (서명 또는 인)

□ 보험사무대행기관

(서명 또는 인)

근로복지공단 ○○지역본부(지사)장 귀하

※ 아래 란은 적지 아니합니다.

처리 내용	

210mm×297mm(백상지 80g/㎡)

하수급인 명세서

(앞 쪽)

접수번호			접수일자		처리기간 : 5일	

원수급인	사업주	①본사사업장관리번호		②상호 또는 법인명칭		
		③소재지		(전화번호:)(휴대전화:)		
		④대표자				
	사업장	⑤사업장(현장)관리번호				
		⑥명칭(공사명)		⑦보험사무대행기관		
		⑧소재지		(전화번호:)(휴대전화:)		
하수급인 (1)	사업주	⑨사업장관리번호				
		⑩상호 또는 법인명칭		(사업자등록번호:)		
		⑪소재지		(전화번호:)(휴대전화:)		
		⑫대표자		(주민등록번호:)		
	⑬하도급금액					
	※ 하수급인관리번호					
하수급인 (2)	사업주	⑨사업장관리번호				
		⑩상호 또는 법인명칭		(사업자등록번호:)		
		⑪소재지		(전화번호:)(휴대전화:)		
		⑫대표자		(주민등록번호:)		
	⑬하도급금액					
	※ 하수급인관리번호					

「고용보험법」 제15조제2항 각호 외의 부분 후단 및 같은 법 시행규칙 제4조제1항에 따라 위와 같이 제출합니다.

년   월   일

사업장명
소재지
대표자   (서명 또는 인)
보험사무대행기관
소재지
대표자   (서명 또는 인)

근로복지공단 ○○지역본부(지사)장 귀하

※ 표시란은 적지 아니합니다.

※ 처리	하수급인(1)	하수급인관리번호:
	하수급인(2)	하수급인관리번호:

210mm×297mm(백상지 80g/㎡)

■ 고용보험법 시행규칙[별지 제1호서식]

외국인 고용보험 [ ]가 입 신청서
[ ]가입탈퇴

※ 첨부서류 및 작성방법은 뒷면을 참고하여 주시기 바라며, 색상이 어두운 란은 신청인이 적지 않습니다.
　※ '일용근로자'란 1개월 미만 동안 고용되는 사람을 의미합니다.

(제1쪽)

접수번호		접수일자	처리기간: 5일
사업장관리번호		하수급인관리번호	
보험사무대행기관번호		보험사무대행기관명	

신청인	성명	영 문		성 별	[ ]남 [ ]여
		한글표기			
	외국인등록번호			국 적	
	생년월일			체류자격	

채용일	직종 부호	주 소정근로시간
일용근로자 여부 [ ]예 [ ]아니오	월평균보수(원) 원	

　　「고용보험법 시행령」 제3조제2항제1호나목·라목 및 같은 법 시행규칙 제2조에 따라 위와 같이 ([ ]가입, [ ]가입탈퇴) 신청합니다.

년   월   일

신청인　　　　　　　　　　　　　　　　　　　　　　　　(서명 또는 인)

　　　사업장명　　　　　　　　　　　　(전화번호 :　　　　　)

　　　소재지

　　　대표자 또는 선임　　　　　　　　　　　　　　　(서명 또는 인)

　　　대리인

　　　보험사무대행기관　　　　　　　　(전화번호 :　　　　　)

　　　소재지

　　　대표자　　　　　　　　　　　　　　　　　　(서명 또는 인)

근로복지공단 ○○지역본부(지사)장 귀하

※ 아래 란은 적지 아니합니다.

처리	승인 여부	1. 승인 2. 불승인	외국인등록번호	
	미승인 사유		자격취득일 또는 가입·탈퇴일	

210mm×297mm(백상지 80g/㎡)

■ 고용보험법 시행규칙[별지 제6호서식] <개정 2018. 7. 11.>

국민연금 [ ]사업장가입자 자격상실 신고서　건강보험 [ ]직장가입자 자격상실 신고서
고용보험 [ ]피보험자격상실 신고서　산재보험 [ ]근로자 고용종료 신고서

(앞쪽)

※ 유의사항 및 작성방법은 뒤쪽을 참고하시기 바라며, 바탕색이 어두운 란은 신고인이 적지 않습니다.
※ 같은 사람의 4대 사회보험이 상실 연월일이 다른 경우 유의사항을 참고하여 작성하여 주시기 바랍니다.

| 접수번호 | | 접수일자 | | | 처리기간 3일(고용보험은 7일) |

| 사업장 | 사업장관리번호 | | 명칭 | 전화번호 | FAX번호 |
| | 소재지 | | | | 우편번호( ) |

| 보험사무대행기관 | | 번호 | | 하수급인관리번호(건설공사등의 미승인 하수급인에 한함) |

<table>
<tr><td rowspan="3">일련
번호</td><td rowspan="3">성명</td><td rowspan="3">주민(외국인)등록번호
·국내거소신고번호</td><td rowspan="3">전화번호
(휴대전화번호)</td><td rowspan="3">상실
연월일
(YYYY.MM.DD)</td><td colspan="2">국민연금</td><td rowspan="3">건강보험
상실
부호</td><td colspan="5">[ ]고용보험 [ ]산재보험</td></tr>
<tr><td rowspan="2">상실
부호</td><td rowspan="2">초일취득·
당월상실자
납부여부</td><td>해당 연도
보수총액</td><td>전년도
보수총액</td><td>상실사유</td><td>해당 연도
보수총액</td></tr>
<tr><td>근무
개월수</td><td>근무
개월수</td><td>구체적 사유</td><td>구분
코드</td></tr>
<tr><td></td><td></td><td></td><td></td><td></td><td></td><td>희망
[ ]</td><td></td><td></td><td></td><td></td><td></td></tr>
<tr><td></td><td></td><td></td><td></td><td></td><td></td><td>희망
[ ]</td><td></td><td></td><td></td><td></td><td></td></tr>
<tr><td></td><td></td><td></td><td></td><td></td><td></td><td>희망
[ ]</td><td></td><td></td><td></td><td></td><td></td></tr>
<tr><td></td><td></td><td></td><td></td><td></td><td></td><td>희망
[ ]</td><td></td><td></td><td></td><td></td><td></td></tr>
<tr><td></td><td></td><td></td><td></td><td></td><td></td><td>희망
[ ]</td><td></td><td></td><td></td><td></td><td></td></tr>
</table>

위와 같이 자격 상실 신고를 합니다.

년　월　일

신고인·확인인(사용자·대표자)　　　　　　　　　　　(서명 또는 인)/ [ ]보험사무대행기관　　　　(서명 또는 인)

국민연금공단 이사장/국민건강보험공단 이사장/근로복지공단 ○○지역본부(지사)장 귀하

297㎜×210㎜[백상지(80g/㎡) 또는 중질지(80g/㎡)]

■ 고용보험 및 산업재해보상보험의 보험료징수 등에 관한 법률 시행규칙[별지 제23호서식] <개정 2013.12.30>　　고용·산재보험 토탈서비스(http://total.kcomwel.or.kr)에서도 신고할 수 있습니다.

( )년도 고용·산재보험료 보험료(임금채권부담금 등) 신고서

(앞쪽)

※ 뒷면의 유의사항과 작성방법을 읽고 작성하여 주시기 바라며, [ ]에는 해당되는 곳에 "√" 표를 합니다.

| 접수번호 | | 접수일 | | | | | 처리기간　5일 |

신고
사업장

사업장관리번호:
사업장명칭:
전화번호:　　　　　휴대전화:　　　　　대표자:
FAX:

공사명(건설공사):
소재지:
E-mail:

구분		산정기간	①보수총액	②보험료율	③확정보험료액 (①×②)	개산보험료액		⑥추기납부할 금액(③-④)	⑦초과액(⑤-③)
						④신고액	⑤납부액		충당액	반환액
( )년 확정보험료	산재보험 (임금채권부담금 등 포함)	～		/1,000					
	고용보험 실업급여	～		/1,000					
	고용안정·직업능력개발	～		/1,000					
	계								

구분		산정기간	⑧보수총액	⑨보험료율	⑩개산보험료액 (⑧×⑨)	⑪분할납부 여부
( )년 개산보험료 (추정보험료)	산재보험 (임금채권부담금 등 포함)	～		/1,000		일시납부 [ ] 분할납부 [ ]
	고용보험 실업급여	～		/1,000		일시납부 [ ] 분할납부 [ ]
	고용안정·직업능력개발	～		/1,000		
	계					

※ 확정보험료 보수총액 대비 개산보험료 보수총액이 감소(30% 초과)한 사유
[ ] 근로자 감소　[ ] 휴업
[ ] 그 밖의 사유(　　　)

※ 퇴직보험 등에 가입한 사업장은 별도로 부담금 경감신청서를 제출하여 임금채권부담금을 경감받으시기 바랍니다.

※ 분할납부는 개산보험료로 한정하며, 분할납부를 원하는 경우 횟수란의 분할납부신청서 작성
※ 일시납부를 하는 경우 보험료의 3% 할인

「고용보험 및 산업재해보상보험의 보험료징수 등에 관한 법률 시행령」 제20조, 제26조 및 같은 법 시행규칙 제17조, 제22조제1항에 따라 위와 같이 신고합니다.

년　월　일

신고인(보험가입자)　　　　(서명 또는 인)
[ ]보험사무대행기관　　　　(서명 또는 인)

근로복지공단 ○○지역본부(지사)장 귀하

( )년도 확정보험료 산정 기초 보수총액

구분	산재보험		고용보험	
	인원	보수총액	인원	보수총액
1월	명	원	명	원
2월	명	원	명	원
3월	명	원	명	원
4월	명	원	명	원
5월	명	원	명	원
6월	명	원	명	원
7월	명	원	명	원
8월	명	원	명	원
9월	명	원	명	원
10월	명	원	명	원
11월	명	원	명	원
12월	명	원	명	원
합계	명	원	명	원
월평균	명	원	명	원

297mm×210mm[백상지 80g/㎡(재활용품)]

■ 고용보험 및 산업재해보상보험의 보험료징수 등에 관한 법률 시행규칙[별지 제22호의4서식]

[ ]산재보험 [ ]고용보험 ( )년도 보수총액신고서

(앞쪽)

※ 신고방법은 고용·산재 토탈서비스(total.kcomwel.or.kr) 또는 전자매체(CD)를 이용하여 신고합니다.(단, 10인 미만 사업장은 서면신고 가능)
※ 작성방법은 뒤쪽을 참고하시기 바라며, 바탕색이 어두운 칸은 신고인이 적지 않습니다.

| 접수번호 | | 접수일자 | | 처리기간 5일 |

관리번호				신재 종류		최종생산품( )
사업장소재지	사업장명		대표자			팩스번호
			전화번호:			전화:

작성자명:

연번	성 명	주민(외국인) 등록번호	①보험료 부과구분	①-1(산재) 건설·벌목업 근무이력자	산재보험			③-1	고용보험		
					상실일	취득일	②연간보수총액(원)	근무지코드	상실일	취득일	③연간보수총액(원)
1				Y( )							
2				Y( )							
3				Y( )							
4				Y( )							
5				Y( )							
6				Y( )							
7				Y( )							
8				Y( )							
9				Y( )							
합 계											

■ 국민연금법 시행규칙 [별지 제6호서식] <개정 2019. 6. 12.>

국민연금 [ ] 사업장가입자 자격취득 신고서 건강보험 [ ] 직장가입자 자격취득 신고서
고용보험 [ ] 피보험자격취득 신고서 산재보험 [ ] 근로자 고용 신고서

(제1쪽)

※ 유의사항 및 작성방법은 제2쪽을 참고해 주시기 바라며, 색상이 어두운 란은 신고인이 적지 않습니다.
※ [ ]에는 해당되는 곳에 "√" 표시를 합니다.
※ 같은 사람의 4대 사회보험 각각의 자격취득 일자가 다른 경우 취득월액(소득월액, 보수월액, 월평균근로수액)이 서로 다른 경우 종종 달리하여 적습니다.

처리기간: 3일[고용보험은 5일]

접수번호		접수일시			

사업장	사업장관리번호		명칭	단위사업장 명칭	영업소 명칭
	소재지				우편번호 ( )
	전화번호		팩스번호		

보험사무 대행기관	번호		명칭	

하수급인 관리번호(건설공사 등의 미승인 하수급인만 해당함)

구분	성명 주민등록번호 (외국인등록번호·국내거소신고번호)	국적	체류 자격	대표자 여부	월 소득액 (소득월액·보수월액 액·월평균근로수액) (원)	자격 취득일 (YYYY. MM.DD)	국민연금				건강보험			고용보험·산재보험			
							자격 취득 부호	특수 직종 부호	직역 연금 부호	자격 취득 월 납부 여부	자격 취득 부호	보험료 감면 부호	회계명 /부호 직종명 /부호	공무원·교직원	직종 부호	1주 소정 근로 시간	계약직 여부(계약직만 작성)	보험료 부과구분 (해당자만 작성)	일자리 안정자금 지원 신청
																	부호 사유	
1				[ ]예 [ ]아니오			[ ]국민연금 ([ ]취득 월 납부 희망)				[ ]건강보험 [ ]피부양자 신청			[ ]고용보험(계약직 여부 [ ]예, [ ]아니오) [ ]산재보험			[ ]예 [ ]아니오		[ ]예 [ ]아니오
2				[ ]예 [ ]아니오			[ ]국민연금 ([ ]취득 월 납부 희망)				[ ]건강보험 [ ]피부양자 신청			[ ]고용보험(계약직 여부 [ ]예, [ ]아니오) [ ]산재보험			[ ]예 [ ]아니오		[ ]예 [ ]아니오
3				[ ]예 [ ]아니오			[ ]국민연금 ([ ]취득 월 납부 희망)				[ ]건강보험 [ ]피부양자 신청			[ ]고용보험(계약직 여부 [ ]예, [ ]아니오) [ ]산재보험			[ ]예 [ ]아니오		[ ]예 [ ]아니오
4				[ ]예 [ ]아니오			[ ]국민연금 ([ ]취득 월 납부 희망)				[ ]건강보험 [ ]피부양자 신청			[ ]고용보험(계약직 여부 [ ]예, [ ]아니오) [ ]산재보험			[ ]예 [ ]아니오		[ ]예 [ ]아니오

위와 같이 자격취득 사항을 신고합니다.

년 월 일

신고인(사용자·대표자) (서명 또는 인) / [ ]보험사무대행기관 (서명 또는 인)

국민연금공단 이사장/국민건강보험공단 이사장/근로복지공단 이사장 ○○지역본부(지사)장 귀하

297mm×210mm[백상지(80g/㎡) 또는 중질지(80g/㎡)]

■ 국민연금법 시행규칙 [별지 제13호서식] <개정 2019. 6. 12.>

국민연금 [ ]사업장가입자 내용변경 신고서
건강보험 [ ]직장가입자 내용변경 신고서
고용보험 [ ]피보험자 내용변경 신고서
산재보험 [ ]근로자 정보변경 신고서

※ 유의사항 및 작성방법은 뒤쪽을 참고해 주시기 바라며, 색상이 어두운 란은 신고인이 적지 않습니다.　　　　(앞쪽)

접수번호		접수일		처리기간	3일

사업장	사업장관리번호		명칭	
	전화번호		팩스번호	
	소재지 　　우편번호(　　　　　)			

보험사무 대행기관	번호	명칭

하수급인 관리번호	※ 건설공사 등의 미승인 하수급인의 경우만 해당함

일련 번호	성명	주민등록번호 (외국인등록번호· 국내거소신고번호)	변경 내용			
			연월일 (YYYY.MM.DD)	부호	변경 전	변경 후

[변경 내용부호]: 1.성명 2.주민등록번호(외국인등록번호 · 국내거소신고번호) 3.특수직종근로자 해당 여부(국민연금만 해당)
　　　　4.자격취득일자(국민연금 · 건강보험만 해당) 5.자활근로종사자의 보장자격[생계급여 수급자에서 「국민기초생
　　　　활보장법」 제14조의2에 따른 급여의 특례에 해당하는 자, 차상위계층 또는 주거·의료·교육급여 수급자로 변경되
　　　　는 경우 또는 그 반대의 경우](고용보험만 해당) 6.휴직 종료일(고용 · 산재보험만 해당) 7.자격상실일자(국
　　　　민연금 · 건강보험만 해당)

※ 건강보험 자격상실일을 변경할 경우에는 국민건강보험공단의 「직장보험료 부과관리 업무처리지침」에 따른 "직장가입자 보험료
　　정산내역 착오자 변경 신청서"를 작성하여 국민건강보험공단에 제출하시기 바랍니다.

건강보험증 수령지	[ ]사업장 주소지　　　　　[ ]해당 직장가입자 주민등록표 등본의 주소지

위와 같이 신고합니다.

　　　　　　　　　　　　　　　　　　　　　　　　　　　　　　　　　년　　　　월　　　　일

　　　　　　　　　　　　　신고인(대표자)　　　　　　　　　　　　　(서명 또는 인)
　　　　　　　　　　[ ]보험사무대행기관　　　　　　　　　　　(서명 또는 인)

국민연금공단 이사장·국민건강보험공단 이사장·근로복지공단 ○○지역본부(지사)장 귀하

210mm×297mm[백상지(80g/㎡) 또는 중질지(80g/㎡)]

■ 국민연금법 시행규칙 [별지 제7호서식]

국민연금 [ ] 사업장가입자 자격상실신고서   건강보험 [ ] 직장가입자 자격상실신고서
고용보험 [ ] 피보험자격상실신고서   산재보험 [ ] 근로자 고용 종료신고서

(앞쪽)

※ 유의사항 및 작성방법은 뒷면을 참고하여 주시기 바라며, 색상이 어두운 난은 신청인이 적지 않습니다.
※ 같은 사람의 4대 사회보험의 상실 연월일이 다른 경우 각각 줄을 달리하여 작성합니다.

| 접수번호 | | 접수일자 | | 처리기간 3일(고용보험은 7일) |

| 사업장 | 사업장관리번호 | 명칭 | 전화번호 | 팩스번호 |
| | 소재지 | | | 우편번호(—) |

보험사무대행기관: 번호 [ ] 명칭 [ ]

하수급인 관리번호(건설공사등의 미승인하수급인만 해당합니다)

일련번호	성명	주민등록번호 (외국인등록번호·국내거소신고번호)	전화번호 (휴대전화번호)	상실 연월일 (YYYY.MM.DD)	국민연금		건강보험					[ ] 고용보험 [ ] 산재보험		
					상실 부호	초일취득·당월상실자 납부여부	상실 부호	연간 보수 총액		전년도		상실 사유		해당 연도 보수 총액
								해당 연도		전년도		구체적 사유	구분 코드	
								보수 총액	근무 개월 수	보수총액	근무 개월 수			
						[ ]								
						[ ]								
						[ ]								
						[ ]								

위와 같이 자격상실(고용종료) 사항을 신고합니다.

신고인·확인인(사용자·대표자)   (서명 또는 인)

[ ]보험사무대행기관   (서명 또는 인)

년   월   일

국민연금공단 이사장/국민건강보험공단 이사장/근로복지공단 지역본부(지사)장 귀하

297mm×210mm[백상지(80g/㎡) 또는 중질지(80g/㎡)]

국민연금 [ ]사업장 내용변경신고서
건강보험 [ ]사업장(기관) 변경신고서
고용보험 [ ]산재보험[ ]보험관계 변경신고서

※ 유의사항 및 작성방법은 뒤쪽을 참고하시기 바라며, 바탕색이 어두운 난은 신청인이 적지 않습니다.

(앞쪽)

접수번호		접수일자			처리기간	3일
사업개시번호	고용보험			산재보험		

사업장	사업장관리번호			전화번호(유선/휴대전화)	
	명칭				
	소재지				

보험사무 대행기관 (고용·산재)	명칭		번호	

사용자(대표자)	성명		주민등록번호(외국인등록번호·국내거소신고번호)	

	변경 항목	변경일(YYYY.MM.DD)	변경 전	변경 후
사용자 (대표자/ 공동대표자)	성명			
	주민등록번호 (외국인등록번호·국 내거소신고번호)			
	주소			
	전화번호			

	변경항목	변경일(YYYY.MM.DD)	변 경 내 용	
사업장	명칭			
	전화번호			
	팩스번호			
	전자우편주소			
	소재지			
	우편물 수령지			
	사업자등록번호			
	법인등록번호			
	종류(업종)			
	사업의 기간			
	그 밖의 사항			

건강보험증 수령지	[ ]사업장 주소지 [ ]해당 직장가입자 주민등록표 등본의 주소지

행정정보 공동이용 동의서

본인은 이 건 업무처리와 관련하여 담당 직원이 「전자정부법」 제36조제2항에 따른 행정정보의 공동이용을 통하여 담당 직원 확인사항란의
제1호 및 제2호의 행정정보를 확인하는 것에 동의합니다.   *동의하지 않는 경우에는 신고인이 직접 관련 서류를 제출해야 합니다.

신고인   (서명 또는 인)

위와 같이 신고합니다.

년   월   일

신고인(가입자)   (서명 또는 인)
[　]보험사무대행기관(고용·산재보험만 해당)   (서명 또는 인)
국민연금공단 이사장/국민건강보험공단 이사장/근로복지공단 지역본부(지사장) 귀하

210mm×297mm[백상지(80g/㎡) 또는 중질지(80g/㎡)]

국민연금 [ ]당연적용사업장 해당신고서
건강보험 [ ]사업장(기관) 적용신고서
고용보험 ([ ]보험관계성립신고서 [ ]보험가입신청서)
산재보험 ([ ]보험관계성립신고서 [ ]보험가입신청서)

※ 유의사항 및 작성방법은 제1쪽 뒷면을 참고하여 주시기 바라며, 색상이 어두운 난은 신고인(신청인)이 적지 않습니다.　　　　　　(제1쪽 앞면)

접수번호		접수일		처리기간	국민연금·건강보험 3일, 고용·산재보험 5일

공통	사업장	사업장관리번호		명칭		사업장 형태	[ ]법인 [ ]개인
		소재지　　우편번호( )					
		우편물 수령지　우편번호( )				전자우편주소	
		전화번호	(휴대전화)			팩스번호	
		업태		종목	(주생산품)	업종코드	
		사업자등록번호		법인등록번호			
		주거래 은행　(은행명)		(예금주명)		(계좌번호)	
	사용자 (대표자)	성명	주민(외국인)등록번호			전화번호	
		주소					
	보험료 자동이체신청	은행명		계좌번호			
		예금주명		예금주 주민등록번호(사업자 등록번호)			
	전자고지 신청	고지 방법	[ ]전자우편　[ ]휴대전화 [ ]전자문서교환시스템　[ ]인터넷 홈페이지(사회보험통합징수포털)			4대 사회보험 합산고지	
		수신처 (전자우편주소, 휴대전화번호 또는 인터넷 홈페이지에 가입한 아이디)				[ ] 신청 [ ] 미신청	
		수신자 성명		수신자 주민등록번호			

국민연금/건강보험	건설현장사업장	[ ]해당 [ ]비해당	건설현장 사업기간	~

연금(고용)보험료 지원 신청	「국민연금법」 제100조의3 또는 「고용보험 및 산업재해보상보험의 보험료징수 등에 관한 법률」 제21조에 따라 아래와 같이 연금(고용)보험료 지원을 신청합니다[근로자 수가 10명 미만인 사업(장)만 해당합니다]. 국민연금 [ ]　　고용보험 [ ]

국민연금	근로자 수		가입대상자 수		적용 연월일(YYYY.MM.DD)
	분리적용사업장	[ ]해당 [ ]비해당	본점사업장관리번호		

건강보험	적용대상자 수		본점사업장관리번호		적용 연월일		
	사업장 특성부호		회계종목(공무원 및 교직원기관만 작성)		1	2	3

고용보험	상시근로자 수		피보험자 수		성립일	
	보험사무대행기관 (명칭)			(번호)		
	주된 사업장	명 칭		사업자등록번호		
		우선지원 대상기업	[ ]해당 [ ]비해당	관리번호		

산재보험	상시근로자 수		성립일		사업종류코드	
	사업의 형태	[ ] 계속 [ ] 기간이 정하여져 있는 사업(사업기간: ~)				
	성립신고(가입신청)일 현재 산업재해발생여부			[ ]있음 [ ]없음		
	주된 사업장 여부	[ ]해당 [ ]비해당	주된 사업장 관리번호			
	원사업주 사업장관리번호 또는 사업개시번호 (사내하도급 수급사업주인 경우만 기재)					

행정정보 공동이용 동의서
본인은 이 건 업무처리와 관련하여 담당 직원이 「전자정부법」 제36조제2항에 따른 행정정보의 공동이용을 통하여 담당 직원 확인사항의 행정정보를 확인하는 것에 동의합니다. *동의하지 않는 경우에는 신고인(신청인)이 직접 관련 서류를 제출하여야 합니다.　　　　　　　　신고인(신청인)　　　　　　　　　　　　　　(서명 또는 인)

위와 같이 신고(신청)합니다.

　　　　　　　　　　　신고인·신청인(사용자·대표자)　　　　　　　　　　　　　　년　　　월　　　일
　　　　　　　　　[ ]보험사무대행기관(고용·산재보험만 해당)　　　　　　　　　　　(서명 또는 인)
　　　　　　　　　　　　　　　　　　　　　　　　　　　　　　　　　　　　　　(서명 또는 인)
국민연금공단 이사장/국민건강보험공단 이사장/근로복지공단 지역본부장(지사장) 귀하

210mm×297mm[백상지(80g/㎡) 또는 중질지(80g/㎡)]

보험료 일괄경정고지 신청서

사 업 장	명 칭		
	사업장 관리번호	건강보험	
		국민연금	
	주 소		전화번호
신 청 인	성 명	생년월일	사업장과의 관계

일괄 경정고지 신청내역	신청사유		건설현장 사업장(건설일용근로자 정산)
	해당기간		사업장 당연적용 해당 월 ~ 탈퇴 월
	경정 고지내역	경정일자	매월 6일 * 6일이 토일공휴일인 경우에는 전일
		발송방법	EDI(경정고지 내역서 및 전자납부번호 등)

※ 사업장에서는 매월 6일 EDI시스템에서 일괄경정고지 내역서 수신 후 경정고지금액으로 납부

< 건설현장 경과조치 사업장 확인 >

건설공사의 입찰공고 또는 도급계약이 '2018. 8. 1.' 전입니까?	( )아니오		
	( ) 예 (경과조치 사업장)	최초 발주형태	해당 연월일
		( )입찰공고 ( )도급계약	년 월 일

※ 해당되는 곳에 √표 하고 '해당 연월일자'를 작성합니다.
※ 경과조치 건설현장 사업장으로 인정받기 위해서는
  증빙자료(입찰공고문, 도급계약서 등)를 제출하여 주시기 바랍니다.

◆ **건설현장 경과조치 사업장이란?**
- 2018. 8. 1. 전에 발주자가 수급인과 계약을 체결하였거나 입찰공고를 시작한 공사현장 사업장으로 2020.7.31.까지는 종전 규정 (월 20일 이상 근로 시 사업장 가입대상)을 적용하는 사업장

위와 같이 보험료 일괄경정고지를 신청합니다.

신 청 일 : 20 년 월 일

신청인(사용자):   (인)

국민건강보험공단 / 국민연금공단   지사장 귀하

공단이 수집.이용하고 있는 개인정보는 개인정보보호법에 따른 경우에만 제3자에게 제공됩니다.

	결재	차장	부장	지사장
	처리	조회필	입력필	확인필

* 접수번호

국민연금 (□사업장) 가입자 내용변경(정정)
□지 역 신고서

처리기간 및 기재요령은 뒷면을 참고하시기 바랍니다.

사업장관리번호				
사업장 (가입자)	명칭(성명)		전화번호	
	소재지(주소)		FAX번호	

연번	성 명	주민(외국인)등록번호	변경내용			
			연월일	부호	변경 전	변경 후

[사업장 가입자 변경부호]
3. 기준소득월액 4. 취득일 5. 취득사유 6. 상실일 7. 상실사유 8. 납부재개예정일 10. 납부예외일 11. 국적
15. 체류자격 16. 납부예외사유 17. 납부재개사유 22. 취득월고지희망여부 24. 납부재개일변경
25. 상실월고지희망여부

[지역 가입자 변경부호]
4. 취득일 5. 취득사유 6. 상실일 7. 상실사유 8. 납부예외일 9. 납부예외사유 10. 납부재개일 11. 납부재개사유
12. 납부재개예정일 15. 업종 16. 전화번호 20. 세대주내역 21. 국적 24. 종별변경 25. 재직사업장관리번호
26. 직업코드 27. 탈퇴예정일 28. 취득월고지희망여부 29. 상실월고지희망여부

접 수 인	위와 같이 신고합니다.
	신고인(사용자.가입자): (서명 또는 인)
	국민연금공단이사장 귀하

*접수번호		*접수일		수수료 없음

210mm×297mm(일반용지 60g/㎡(재활용품))

■ 국민연금법 시행규칙 [별지 제2호의2서식] <개정 2017. 12. 29.>

(앞쪽)

[ ]국민연금 사업장가입자 기준소득월액 변경신청서
[ ]국민건강보험 직장가입자 보수월액 변경신청서
[ ]고용·산재보험 월평균보수 변경신고서

※ 유의사항 및 작성방법은 뒷면을 참고하시기 바라며, 어두운 란은 신청인이 적지 않습니다.

접수번호		접수일			처리기간	

사업장	사업장관리번호	명칭		전화번호	팩스번호	전자우편주소	휴대폰번호
	소재지						

성명	주민등록번호 (외국인등록번호·국내거소신고번호)	국민연금 (소득이 보건복지부장관이 고시하는 비율 이상 변동됨 경우만 신청)			국민건강보험			고용보험 및 산재보험			일자리안정 자금 지원 신청
		현재 기준소득월액	변경 후 기준소득월액	근로자 동의 (서명 또는 인)	보수 변경 월	변경 후 보수월액	변경사유	변경 후 월평균보수		변경사유	
								고용보험	산재보험		
											[ ]예 [ ]아니오
											[ ]예 [ ]아니오
											[ ]예 [ ]아니오
											[ ]예 [ ]아니오
											[ ]예 [ ]아니오

「국민연금법 시행령」 제9조제5항 및 같은 법 시행규칙 제2조제1항제13호, 「국민건강보험법 시행령」, 「국민건강보험법 시행규칙 제2조제2항 및 같은 법 시행규칙 제36조제2항 및 같은 법 시행규칙 제41조, 「고용보험 및 산업재해보상보험의 보험료징수 등에 관한 법률」 제16조의3제4항 및 같은 법 시행규칙 제16조의2에 따라 위와 같이 기준소득월액(보수월액, 월평균보수)의 변경을 신청(신고)합니다.

* 국민연금 사업장가입자 기준소득월액 변경 요건

- 기준소득월액 대비 실제 소득이 보건복지부장관이 고시하는 비율 이상 변동(상승·하락)된 사업장가입자만 기능(근로자의 동의 필요)
- 변경된 기준소득월액은 신청일이 속하는 달의 다음 달부터 다음 연도 6월까지 적용되며, 변경된 기준소득월액이 과세 자료 등을 통해 확인되는 실제 소득과 일치하는지 확인하여 과부족분에 대해서는 사후정산

신청(신고)인(사용자·대표자)

년   월   일

(서명 또는 인)

근로자(고용보험 및 산재보험)

(서명 또는 인)

[ ] 보험사무대행기관(고용보험 및 산재보험)   귀하

국민연금공단 이사장 / 국민건강보험공단 이사장 / 근로복지공단 ○○지역본부(지사)장   귀하

297mm×210mm[백상지 80g/㎡) 또는 중질지(백상지 80g/㎡)]

참고문헌

건강보험공단(2018). 「건설일용근로자 직장가입 기준 개선에 따른 건설현장 건강보험 실무안내」, 건강보험공단.

건강보험공단(2019). 「2019 사업장업무편람 - 업무처리지침 및 제신고서식」, 건강보험공단.

건설근로자공제회(2019). 「건설근로자 퇴직공제제도 현장 업무처리 해설서」, 건설근로자공제회.

국민연금공단(2018). 「건설 일용근로자 국민연금 실무안내」, 국민연금공단.

국민연금공단(2019). 「2019년 알기쉬운 국민연금 사업장 실무안내」, 국민연금공단.

근로복지공단(2019). 「산재고용보험 가입 및 부과업무 실무편람」, 근로복지공단.

김동헌(2009). 고용보험 현황 및 정책과제. 노동저널 : 새로운 노동운동의 지평을 여는, 2009(12), 136-144.

김기범(2019). 「이론·판례 노동법」, 법학사.

김상호. (2004). 국민연금법 개정(안)의 세대 내 소득재분배 효과 분석. 경제학연구, 52(3), 123-144.

남진권(2019). 「건설산업기본법해설」, 도서출판금호.

박지순(2005). 사회보험의 인적 적용범위에 관한 고찰 -사회보험법과 노동법상의 근로자개념을 중심으로-. 노동법학, (20), 161-200.

이달휴(2016). 사회보장법으로서의 산업안전보건법. 노동법논총, 37, 1-33.

이병희(2015). 고용보험 20년의 평가와 과제 : 사각지대와 실업급여를 중심으로. 한국사회보장학회 정기학술발표논문집, 2015(1), 125-155.

이영만(2016). 진폐보상제도의 법적 쟁점에 관한 연구. 노동연구, 32, 103-139.

이윤진. (2016). 사회보험에서의 '근로자성'에 대한 연구: 고용보험 재심사 사례를 중심으로. 사회정책연합 공동학술대회 자료집, 2016(0), 863-891.

정철(2011). 한국 사회법의 변화. 사회법연구, 17, 31-62.

정희선(2011). 2005~2009년 사회보험 가입 실태의 변화. 보건복지포럼, 181(0), 24-32.